法律和社会科学

LAW AND SOCIAL SCIENCES

第16卷　第2辑（2017）　苏力 主编　葛岩 执行主编

法律出版社
LAW PRESS·CHINA

法律和社会科学　　第16卷第2辑（2017）

投稿信箱：lss_2006@yeah.net
本刊微信号：LSS_2014
主办单位：北京大学比较法和法律社会学研究所

法律和社会科学　　第16卷第2辑(2017)

目　录

“法律与认知科学”专号

论文

评论

LAW AND SOCIAL SCIENCES

Volume 16 Number 2 2017

Contents

Symposium on Law and Cognitive Science

Articles

Comments

《法律和社会科学》(2017)
第16卷第2辑,第1~45页

认知科学在法学研究中的应用述评

秦裕林　葛　岩　林喜芬*

摘要:认知科学对法学的影响体现在理论和工具两个方面。在理论方面,认知研究解释了公平、正义等基本概念的心理机制和神经基础,刻画了自动守规等亲社会行为的发生机理,也展示出认知偏见对涉法思维的影响、冤假错案的产生在认知层面的原因。在工具方面,认知科学提供了一组如控制实验、核磁共振成像、事件相关电位测谎技术、群体行为模拟等研究方法,为理解涉法行为的心理—神经过程、司法判断,以及长程制度效果评估带来新的可能。述评选取有关样例,分析了认知科学对法学研究可能的贡献,以及二者之间的张力。

认知心理学的研究对象是人的思维的信息加工过程,而司法实践说到底是人的思维的产物。因此,认知心理学、认知神经科学与法学的交集在于人的思维。20世纪初,法律现实主义领军人物弗兰

---

* 秦裕林系上海交通大学凯原法学院特聘访问教授,葛岩系上海交通大学凯原法学院法律与认知科学研究中心首席专家,林喜芬系上海交通大学凯原法学院教授。本研究由上海交通大学文理交叉重点项目基金(13JCRZ03)支持。

克(Frank)就开始倡导心理学在法学中的应用。这个运动成效不大的一个重要的原因,是当时的心理学自身并不出色:彼时流行的弗洛伊德的精神分析不是一门严谨的科学。在美国心理学占主导地位的行为主义学派,更是排斥对行为背后的内在心理机制的研究。其代表人物华生说:

> "行为主义声明意识既不是一个明确的概念,也不是一个有用的概念。作为训练有素的实验家的行为主义者更进一步强调,相信意识的存在意味着倒退到迷信和巫术的远古时代……
>
> 行为主义者将所有中世纪的概念清除到一边,开始他们自己对心理学问题的系统陈述。他们将诸如感觉、知觉、表象、欲望、目的甚至思维和情绪等所有主观术语全部从科学词汇中删除掉,因为它们都是主观界定的。"①

对于关注行为的内在动机、意志和情绪等的法律研究而言,囿于如此进路的心理学很难提供太多帮助。第二次世界大战期间诞生了信息科学和计算机技术,在它们影响下发生于1950年代至1970年代的认知革命,颠覆了行为主义对心理学的统治,形成以探讨人类行为与思维(包括情感与意志)的内在信息加工的机制与过程为宗旨的认知心理学。1990年代,脑功能成像技术得到突破性发展,使人们有可能"看到"思维的过程在人脑中怎样实现。它催生了认知神经科学,也使认知心理学可能处在像认知革命那样意义重大的变革之中。

更重要的是,对于理解其他社会科学同样关注的人类行为而言,理解支配思维的基本机制有十分普遍的意义。这样,在信息加工的层面上,认知心理学成为"所有其他社会科学的基础,就如同物理学是其他自然科学的基础。"②法律的目的是规范人类行为,同时法律由人来制

---

① Watson, J. *Behaviorism*. New York: W. W. Norton, 1930, pp. 2, 5 – 6,转引自注②,第8页。

② [美]约翰·安德森:《认知心理学及其启示》(第7版),秦裕林、程瑶、周海燕、徐玥译,人民邮电出版社2012年版,第3页。

定与执行。对产生法律行为的认知基础的研究，难免成为法学家需要关注的问题。

十年前，《法律和社会科学》发表了戴昕关于心理学与法律研究的关系的综述。该综述简介了学科发展史，从横向和纵向两方面梳理了法律心理学的知识框架和存在问题，指出了法律经济学，尤其是行为法经济学的发展带来从"经济理性人"到"心理认知人"的转变，使心理学有可能对法律研究产生广泛而深刻的影响，"应该被视为心理学介入法律研究这一世纪潮流近来最重要的一种表现形式。"①

这一看法与葛岩从方法、知识和学术建制三个方面观察认知—行为科学对法学之渗透的现状与展望时的观点相近。葛岩也认为法律经济学直接推动了认知—行为科学在法学界的引进。② 在同一时期，经胡传鹏，肖杰文和郭春镇等诸多年轻学者积极介绍，认知神经科学的理论与方法在法学研究中得以应用，从不同维度促进了认知科学介入法律研究的潮流。③

近年来，我国法学研究者从观望、考察、呼吁，开始进入以应用认知科学的方法来研究中国法学问题的阶段（本专号是对这一趋势的反映）。为适应这一发展的需要，本文拟通过选择若干实例，进一步介绍认知科学在法学研究中的应用。按照通常的定义，本文所谓的认知科学，主要是指认知心理学、社会认知心理学和认知神经科学等领域的研究。一般情况下，人工智能也被认为是认知科学的重要组成部分，但由于篇幅限制，除在最后部分简单介绍可以用于检验立法的长程效应的群体行为的计算机模拟以外，本文基本不予涉及。

---

① 戴昕：《心理学对法律研究的介入》，载《法律和社会科学》（第2卷），法律出版社2007年版，第1～49页。

② 葛岩：《法学研究与认知——行为科学》，载《上海交通大学学报》（哲学社会科学版）2013年第4期，第18～33页。

③ 胡传鹏、邓晓红、周治金、邓小刚：《神经法学：年轻的认知神经科学与古老的法学联姻》，载《科学通报》2011年第6期，第3041～3053页；肖杰文：《法与神经科学研究述评——兼论认知科学与法》，载《河南财经政法大学学报》2013年第3期，第163～175页；郭春镇：《法律和认知神经科学：法学研究的新动向》，载《环球法律评论》2014年第6期，第146～159页。

本文分三部分。第一部分介绍认知科学在法学应用性研究中的应用,包括司法决策过程与影响因素,证人证言的可靠性,测谎的神经科学新思路,神经科学证据与确定刑事责任的关系,直觉与启发式思维对立法的影响。第二部分介绍认知科学在法学基础性研究中的应用,主要内容是简介我们采用功能性磁共振(fMRI)技术对亲社会行为的研究。第三部分介绍有可能用于预测法律、法规的长期效用的群体行为计算模型。

一、认知科学与法学的应用性研究

(一)司法决策过程与影响因素

同案同判是司法公平的基本要求。实证研究表明,法官判决的实际情况要复杂得多。例如,北京高院胡昌明法官以1060个刑事判决为样本,发现法官与被告之间的与案情无关的相关关系在影响法官的判决:女性法官对于构成轻罪的女性被告人的平均刑法强度为5.18,男性被告人则是8.31,高了60%,男性法官则是相应地从6.23变成8.34,高了34%;法官对构成轻罪的“老乡”被告人的平均刑法强度为6.23,异籍的被告人则是8.23,高了约32%;对于构成轻罪的老年被告人,中年法官的平均刑法强度为6.31,而青年法官则是9.36,高了将近一半(48%)。[①] 李学尧等人发现,哪怕只是案件文本因字体、格式造成的阅读困难程度和办案时间的紧迫程度,超过了一定限度,也会影响到刑期判决。[②] 要理解和解决这类问题,需要研究司法决策的实际过程与影响因素,找出产生这类问题的认知层次的原因。

---

① 胡昌明:《社会结构对法官裁判的影响,以1060个刑事判决为样本》,社会科学文献出版社2015年版,第95页、第98页和第108页。原书没有统计分析,报告的数据只有平均值,没有标准差,没有作平均值差异的显著性检验。为了使引用的数据有较大的把握接近总体的情况,我们选用了案件数目通常比较大的轻罪案例。在“不同年龄法官对老年被告人裁判影响比较”中,对构成轻罪的老年被告人的平均刑法强度,青年法官(9.36)比老年法官(4.61)高出一倍,但由于老年法官只有4名,样本太小,没有在正文中引用。

② 李学尧、葛岩、何俊涛、秦裕林:《认知流畅度对司法裁判的影响》,载《中国社会科学》2014年第5期,第148~162页。

一个逻辑清晰的进路是使用贝叶斯决策理论建立司法决策过程的理论框架,在这个框架之下考察影响司法决策过程的因素。这也是波斯纳在《法官如何思考》一书中采用的进路。①

1. 贝叶斯决策理论

为了说明贝叶斯决策理论,波斯纳曾举一个无陪审团且证人是原告本人的关于性别歧视诉讼案件为例。在这个案件中,法官必须判断在多大程度上相信这个证人的证言。用贝叶斯决策理论的术语来说,法官需要判断假设 H(Hypothesis)为真(在本例中是证人讲真话)的概率大小。形成这个判断的过程有三个阶段:

(1)形成先验概率。

在证人开始作证以前,有理由相信,法官对这个证人讲真话的可能性(概率)大小会有一个估计。影响这一估计的因素很多,从证人的背景,证人在现场的态度、情绪,甚至证人宣誓作证时站立的姿势,到法官本人的经验和素质等,都可能产生或多或少的影响。其中,很多影响是无意识的。这种在证人作证前进行的概率估计,通常被称为假设 H(证人讲的是真话)为真的先验概率(prior probability),或事前概率,记为 $p(H)$。如果用 $\sim H$ 表示假设 H 为假(证人没有讲真话),因为 H 和 $\sim H$ 两者必居其一,那么 $\sim H$ 的先验概率为 $p(\sim H)=1-p(H)$。然后用 odds 表示事件为真的概率与事件为假的概率之比(真假的概率比,本文译为真假比),记为 ΩΩ。这样,假设 H(证人讲的是真话)的先验真假比为 $\Omega(H)=p(H)/p(\sim H)$,或者 $\Omega(H)=p(H)/(1-p(H))$。人们在打赌的时候,常常会考虑 odds 有多大。知道了真假比 $\Omega(H)$,可以方便地得到概率 $p(H)$,即 $p(H)=\Omega(H)/(1+\Omega(H))$。波斯纳假设,这位法官认为原告兼证人讲真话的先验概率为 $p(H)=0.25$,或者说先验真假比 $\Omega(H)=1/3$。

(2)估计假设 H 与证人证言的关系。

如果把证人证言带来的信息记为 E(Evidence),获得 E 以后,就需

① [美]理查德·波斯纳:《法官如何思考》,苏力译,北京大学出版社 2009 年版,第 61~67 页。

要知道联系证据E与假设H的两个条件概率:(1)在证人讲真话(假设H为真)的条件下,观察到E的概率,记为p(E|H)。(2)在证人讲假话(假设H为假)的条件下,观察到E的概率,记为p(E|~H)。很明显,这两个概率的估计也与法官的经验密切相关。在本例中,波斯纳假设这位法官估计的p(E|H)=0.6,p(E|~H)=0.3(注意,通常p(E|~H)不等于1-p(E|H))。(3)基于贝叶斯公式,计算在证据E的条件下,假设H为真的概率,记为p(H|E)。由于这个概率是法官在获得证据E以后产生的,通常又称为在有了证据E的条件下,假设H为真的后验概率(posterior probability),或者译为事后概率。波斯纳使用的贝叶斯公式是先计算后验真假比:Ω(H|E)=Ω(H)*p(E|H)/p(E|~H)(后验真假比等于先验真假比乘以条件概率之比),他称之为"最简版的贝叶斯定理"[①]。然后再由p(H|E)=Ω(H|E)/(1+Ω(H|E))[②]得到后验概率p(H|E)。

在本例中,Ω(H|E)=(1/3)*(0.6/0.3)=2/3,因而有后验概率p(H|E)=2/(3+2)=0.4。也就是说,在听了证人的证言后,法官认为原告兼证人讲真话的概率比起听证言以前的先验概率(0.25)提高了不少,但仍然不到50%。如此看来,这位原告兼证人很可能败诉。然而,如果是另外一位法官,他的先验真假比为Ω(H)=2/1,在同样的条件概率比之下,后验真假比Ω(H|E)=(2/1)*2=4/1。因而有后验概率p(H|E)=4/(1+4)=0.8,这位原告兼证人胜诉的概率明显增加。波斯纳指出,"有关司法事实发现是一种贝叶斯过程这类学术文献很广泛",并给出了参考文献。[③]

---

① 在只有真(H)、假(~H)两种可能的情况下,一般概率论教材里的贝叶斯公式是P(H|E)=p(E|H)*p(H)/(p(E|H)*p(H)+p(E|~H)p(~H))。可以证明它与这里的波斯纳使用的贝叶斯公式是一致的。参见秦裕林、葛岩、林喜芬:《波斯纳写错了贝叶斯公式吗?》,载《交大法学》2016年第4期,第100页。

② 它的简化形式是p(H|E)等于Ω(H|E)的分子除以Ω(H|E)的分母与分子的和(见数字计算例)。

③ [美]理查德.波斯纳:《法官如何思考》,苏力译,北京大学出版社2009年版,第64页。

2. 司法决策的认知过程以及非法条主义因素的影响

贝叶斯决策理论把司法决策过程分解成三部分,指出先验概率和两个条件概率决定法官的最终判决(图 1,A),这为从认知过程角度探讨司法决策中影响法官判案的非法条主义因素提供了研究进路。

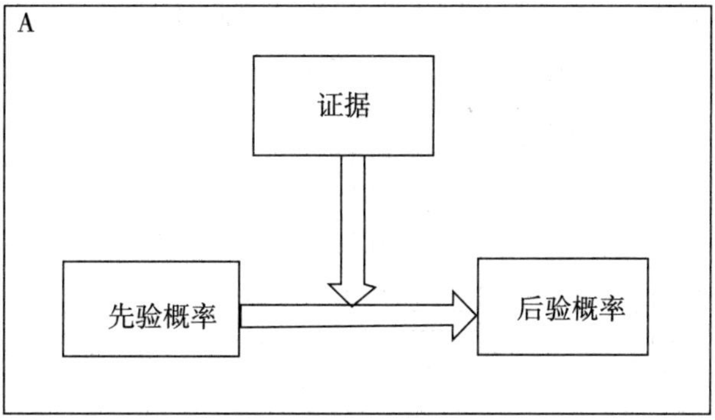

图 1,A　贝叶斯决策理论及其具体化

对于先验概率,波斯纳列举了在初审的事实发现中可能有的五种影响因素:(1)“清醒的造假”;(2)受经验、气质、意识形态等影响的诸多因素;(3)认知偏差;(4)“没有合适的位置写进司法决定中的一些反应”,“例如不喜欢某律师”;(5)“扭曲事实以最小化判决被撤销的可能性。”①

认知心理学假设记忆里储存大量故事模型(原型)或样板,在相关场合会参考这些模型,形成表征事物的图式(schema)。彭宁顿(Pennington)和赫斯蒂(Hastie)使用故事模型(Story Model)理论显示,②在刑事审判中,陪审团成员选用与证据最贴切的故事样板来组织和解释证据,做出基于这种解释的决策(图 1,B)。实际上,这一故事模型理论给出了记忆在估算与证据有关的条件概率时的作用,刻画出刻

① [美]理查德·波斯纳:《法官如何思考》,苏力译,北京大学出版社 2009 年版,第 64~66 页。

② Pennington, N. and Hastie, R., “Explaining the Evidence: Tests of the Story Model for Juror Decision Making”, *Journal of Personality and Social Psychology*, Vol. 62, No. 2, 1992, pp. 189 -206.

板印象对司法决策的影响。由于证据呈现与故事样板的选择是一个动态过程,即,若先呈现的证据导致某一故事样板的选择,由于证实偏差(confirmation bias,详见下一小节)的作用,被选择的故事样板便更可能被应用于解释之中,并因此造成证据呈现顺序对司法决策的影响。①

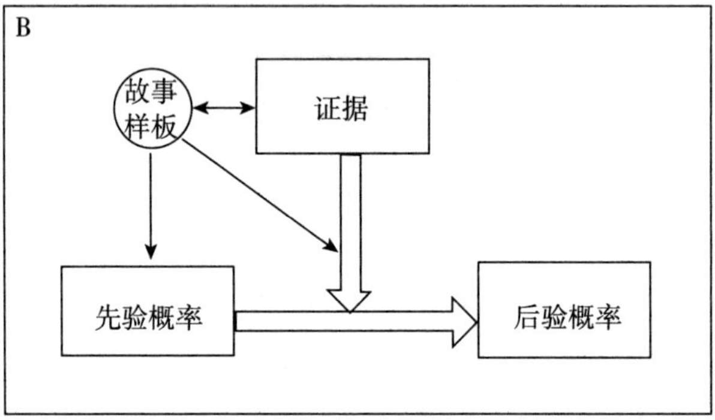

图1,B 贝叶斯决策理论及其具体化

赫伯特·西蒙(Herbert Simon)和艾伦·纽厄尔(Alien Newell)系统研究了人类解决问题的过程。② 在他们看来,一个问题在任何时候都有它的状态。对这个状态执行的一个操作,可以是按照规则或规范操作,也可以是按照经验法则(rules of thumb)——又叫作启发式(heuristics)的操作,可以是有意识的,也可以是无意识的,其结果是使问题变成一个新的状态。一个问题的所有可能状态的集合,称为该问题的问题空间。解决一个问题的过程,实际上就是在问题空间中搜索一条从起始状态到目标状态的通路。③ 从这一角度来看,科学发现也是一个解决问题的过程。只是在科学发现中,要搜索两个问题空间,一个是假设空间,另一个是证据空间。问题解决者需要针对假设空间的一个假设,在证据空间搜索检验这个假设是否成立的证据。如果证据

① Kahan,D.,Laws of cognition and the cognition of law,*Cognition*, Vol. 135,2015,p. 58.

② Newell,A. and Simon,H.,*Human Problem Solving*,Prentice-Hall,1972.

③ [美]约翰·安德森:《认知心理学及其启示》(第7版),秦裕林、程瑶、周海燕、徐玥译,人民邮电出版社2012年版,第227~231页。

否定了这个假设,则需要回到假设空间,搜索下一个假设。如此循环往复,直到找到满意的假设。①

与此类似,基思·霍利约克(Keith Holyoak)、丹·西蒙(Dan Simon)和斯蒂夫·里德(Steve Read)等人提出所谓一致性推理(Coherence-based reasoning)理论,他们认为决策过程是一个双向推理的过程,不仅前提和事实决定结论,反过来,结论也影响对前提和事实的认识。在面对大量可能是相互矛盾、不清晰、不完备的事实,以及控辩双方所依据的可能是相互对立的原则与价值考量的复杂任务中,司法人员需要得到清晰、具体的决策。这是一个多次迭代的贝叶斯决策过程。随着双向推理过程的展开,证据的权重也在变化,能够形成一致性结论的证据逐步凸显出来,从而将复杂问题变成相对简单,使决策者形成有高度自信的结论。在这一双向推理过程中,如丹·卡亨(Dan Kahen)所言,先呈现的证据容易起到导向的作用。如果改变证据呈现顺序,有可能导致不同的结论。②

有人认为,这些理论自使用非法官被试的实验中产生,或适用于解释未受过法律训练的陪审团成员。它们是否适用于专业法官,仍需更多地以法官为被试的实验来检验。③ 不久前,采用真实案件,以32名法官为被试的一项司法决策实验显示,在以一般人为被试的实验中观察到的认知现象,在法官那里很可能存在。④ 李学尧等人在一项关于认知负荷对司法裁判影响的研究中也发现,虽然法官抗击认知负荷的能力明显强于法学院学生,但当认知负荷超过一定限度以后,法官被试

---

① [美]约翰·安德森:《认知心理学及其启示》(第7版),秦裕林、程瑶、周海燕、徐玥译,人民邮电出版社2012年版,第314~315页。

② Simon, D., A Third View of the Black Box: Cognitive Coherence in Legal Decision Making, *The University of Chicago Law Review*, Vol. 71, No. 2, 2004, pp. 511－586.

③ Kahan, D., Laws of cognition and the cognition of law, *Cognition*, Vol. 135, 2015, pp. 59－60.

④ Spamann, H. and Klohn, L., Justice is less blind, and less legalistic, than we thought: Evidence from an experiment with real judges. *Journal of Legal Studies*, Vol. 45, No. 2, 2016, pp. 255－280.

的判决也会受到影响。①

3. 影响司法决策的非法条因素的启发式与认知偏差

由于外在环境的复杂性、不确定性和决策时间限制,以及人类内在认知能力的局限性——如记忆遗忘现象,现实世界中,理性经济人实现自身利益最大化的最优解很难被找到。很多时候,何谓最优解本身都很难加以判断。通过遗传、进化(先天)②和社会环境的训练(后天)③,人们发展出了各种快速有效的经验判断方法,即启发式。

依据丹尼尔·卡尼曼(Daniel Kahneman)等人的概括④,人有两个推理、决策系统。系统 1 对信息做快速、自动的启发式方法加工,系统 2 采用比较慢的,能自我感觉与控制的系统加工方法。启发式加工在提高决策效率的同时,也会带来偏差。这要求法学研究者不仅要关注应当怎样立法和执法,还要关注实际上是怎样立法和执法的,包括考虑到立法和执法中启发式和认知偏差的影响。关于立法与启发式的研究将在后面第(五)节讨论。本节介绍关于启发式与认知偏差对司法决策过程的影响方面的研究。

---

① 李学尧、葛岩、何俊涛、秦裕林:《认知流畅度对司法裁判的影响》,载《中国社会科学》2014 年第 5 期,第 148 ~ 162 页。

② Gigerenzer, G., Todd, P. M. and the ABC Research Group, *Simple Heuristics That Make Us Smart*, Oxford Univ. Press, 1999. 中译本:[美]哥德·吉戈伦尔、彼得·M. 托德及 ABC 研究组:《简捷启发式——让我们更精明》,刘永芳译,杨治良审定,华东师范大学出版社 2002 年版。

③ 例如:De Neys, W., & Vanderputte, K. When Less Is Not Always More: Stereotype Knowledge and Reasoning Development. *Developmental Psychology*. Vol. 47, No. 2, 2010, pp. 432 – 441.

④ Kahneman, D. *Thinking, Fast and Slow*. Straus and Giroux, 2011. 中译本[美]:丹尼尔·卡尼曼:《思考,快与慢》,胡晓姣、李爱民、何梦莹译,中信出版社 2012 年版。该中译本亦大量误译。例如,原文中,系统 2 是自主(有意)的(voluntary),系统 1 是 automatic(自动的),但是中译本第一章中把这两个词都译成了"自主的",造成了概念的严重混乱。又如,中译本第 5 页,原句为"System 1 operates automatically and quickly, with little or no effort and no sense of voluntary control"。译者把最后部分,"with little or no effort and no sense of voluntary control",译为"没有感觉,完全处于自主控制状态",完全背离了作者原意。建议尽量查看原文)。Sloman, S. A. The empirical case for two systems of reasoning. *Psychological Bulletin*. Vol. 119, 1996, pp. 3 – 22; Lieberman, M., Social Cognitive Neuroscience: A Review of Core Processes. *Annual Review of Psychology*, Vol. 58, 2007, pp. 259 – 289.

2001 年，在针对 167 名美国联邦治安法官（federal magistrate judges）的一项研究中，克莉丝·格思里（Chris Guthrie）等人①考察了以下 5 种最常见的启发式与认知偏差对法官司法决策的影响：

（1）锚定（Anchoring）效应：人们在估计数值时，会偏向于初始数值，甚至在初始数值与估计任务毫不相干时也是如此。例如，让被试在 0～100 范围里随机抽取的一个整数（实际上，系统已经设定被试只能抽到 10 或者 65），然后让被试判断，非洲国家在联合国中所占的百分数比这个数大还是小。接着，再让被试估计非洲国家在联合国中所占的百分数。结果，"随机抽取"的整数是 10 的被试，平均估计值是 25%，而"随机抽取"的整数是 65 的被试，平均的估计值却是 45%。

（2）框架（Framing）效应：当人们在进行风险决策时，会受到问题类型的影响。例如在面临两种期望值相同，但是风险水平不同的收益选择时，人们通常倾向于规避风险：在（a）肯定得到 1000 元与（b）50% 的可能得到 2000 元，50% 得到 0 元的情况下，人们通常选（a）。然而，在面临两种期望值相同，但是风险水平不同的损失的选择时，人们又通常倾向于风险选项：在（c）肯定损失 1000 元与（d）50% 的可能损失 2000 元，50% 损失 0 元的情况下，人们通常选（d）。

（3）后见之明（Hindsight）偏差，又译为事后诸葛亮偏差，即事后夸大自己的预见能力，或者要求别人预见将来的能力超过实际的可能。由事后的结果而不是由决策过程是否合理来判断一个决策的好坏。事后的结果越是糟糕，后见之明的偏差越大。例如一个通常风险不大的手术，出了意外事故，导致病人的死亡。陪审团一般更倾向于是医生事前低估了手术风险。

（4）代表性启发式（Representativeness Heuristic）：如果一些证据看起来与结论比较一致，则比较容易接受这个结论。例如，连续 4 次扔一个均匀的钱币，虽然出现（a）"正、反、反、正"的概率为 0.5x0.5x0.5x0.5，与出现（b）"正、正、正、正"或（c）"反、反、反、反"的

① Guthrie, C., Rachlinski, J. and Wistrici, A., Inside the judicial mind. *Cornell Law Review*, Vol. 86, 2001, pp. 777－830.

概率相同,但是,很多人会觉得(a)出现的概率大一些,因为有"正"有"反"出现的情况比较多。同样,如果一个被告比较紧张、害怕,他就容易被认为真的有罪;反之,如果比较自然、放松,则容易被认为无罪。

(5)自我中心偏差(Egocentric Biases):人们通常高估自己的能力、贡献和运气。到赌场的人常常认为自己很快就能赢一大笔钱,别人才是倒霉蛋。在美国,小型企业能存活5年的可能性大约是35%。但是有81%的小企业家认为他们自己的企业有七成或更高的存活可能,甚至有33%的小企业家认为他们自己的企业失败的可能性为0。①

通过实验,研究者发现,法官的决策过程与普通人以及其他专业的专家相同。上述五种认知错觉(cognitive illusions)都显著影响法官被试的决策结果,尽管法官们的表现优于一般人,"更好地理解这些认知过程,会促使司法系统的改进,相反,忽视它们的结果只能是损害司法系统",②研究结论如是说。

除了上面五种认知错觉以外,常见的启发式与偏差还有:

(6)可获得性偏差(Available bias):人们通常会按照从记忆中提取一个事件的难易程度来判断它的发生概率。在英文文本中随机抽取一个有三个字母或更长的单词,哪一种概率较大?(a)抽到以字母r开头的单词;(b)抽到第三个字母是r的单词。大多数人都会认为是(a)的概率大,因为比较容易想得起来,例如right、real等,但实际上,第三个字母是r的单词(例如,car、her、care、here等)多于字母r开头的单词。

(7)证实偏差(Confirmation bias):在有了一个想法之后,人们通常更注重支持这个想法的证据,容易忽视反对它的证据。

(8)联合谬误(Conjunction fallacy):人们倾向于认为,有较多的细节描述为真的可能性较大。例如,让被试读一段对于一位女性的描述:"琳达,31岁,单身,直率,聪明。她的本科是哲学专业。在学生时代,她非常关注歧视和社会平等问题,还参加过反核示威游行。"然后问被

---

① Kahneman, D. *Thinking, Fast and Slow*. Straus and Giroux, 2011, pp. 256 – 257.

② Guthrie, C., Rachlinski, J. and Wistrici, A., Inside the judicial mind. *Cornell Law Review*, Vol. 86, 2001, p. 830.

试，下面的两个选项，哪一个成立的可能性比较大：(a)琳达是一个银行出纳员；(b)琳达是一个银行出纳员，并且积极参加女权运动。大多数被试选择了(b)。但是，按照逻辑，如果(b)成立，(a)就肯定成立，反之则不一定。因此，(a)成立的可能性应更大。

埃亚尔·皮尔(Eyal Peer)和埃亚尔·加姆利埃尔(Eyal Gamliel)梳理了近年来对司法决策中的启发式与偏差的研究。① 他们发现，在庭审阶段，被试较容易受证实偏差、后见之明偏差(主要是在责任事故中的确定责任)和联合谬误的影响。而在量刑阶段，被试容易受锚定效应的影响。

若将上述研究放入贝叶斯决策理论的框架之中，启发式与认知偏差或体现在对先验概率的估计中(如锚定效应、后见之明、可获得性偏差、自我中心偏差)，或体现在对先验概率的忽视(代表性启发式)，也会体现在对证据的条件概率的估计中(如证实偏差、联合谬误、框架效应)。进一步将启发式和偏差研究与前述故事模型、一致性推理结合起来，也放入贝叶斯决策理论框架，可获得如图1，C所示的分析模式。

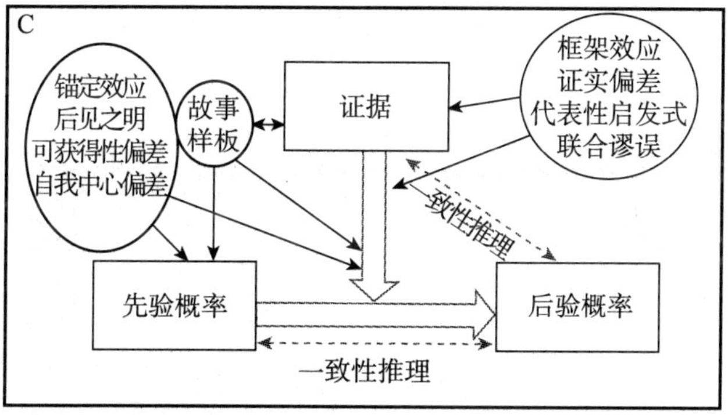

图1，C　贝叶斯决策理论及其具体化

(二)证人证言的可靠性研究

在犯罪调查和起诉方面，目击证人指证(Eyewitness identifications)起着重要的作用。然而，由于记忆本身的不可靠性，此类证言可能导致

① Peer E. and Gamliel E., Heuristics and biases in judicial decisions, Court Review, Vol. 49, 2013, pp. 114－118.

错误定罪。据美国设立的旨在帮助因误判而身陷囹圄者“解救无辜项目”(Innocence Project)披露,已有351名被错误定罪的人,包括20名死刑犯,通过DNA检验技术被无罪释放,但这些人已经在狱中平均服刑达14年之久。① 已经发现的冤案可能仅是冤假错案中的一小部分,因为DNA证据只能在有限案件类型中(如强奸案)得到。② 对经DNA技术洗冤的325名人员所做的案情分析表明,在这些冤案中,72%的案件(234件)与目击证人的错误指证有关,而导致错误指证的主要原因,是目击证人的感知或记忆出错。

将目击证人的指证作为审判证据,其前提假设是证人对犯罪行为有正确的感知和记忆,并且能准确回忆。大量认知心理学研究发现,因为环境的复杂性和注意力的有限性,人类常常不能清晰感知和识别对象,甚至对特征明显的对象也是如此。图2是一项实验的视频截图。③ 在图2,A中可看到,两实验人员外表明显不同(长相不同,头发不同,衣服也不同)。在图2,B中,第一个实验员在接待柜台接受被试填写的知情同意书,然后,在弯腰放同意书时躲藏起来。在图2,C中,第二个实验员替代第一个实验员,将实验材料递给被试。实验结果令人吃惊,75%的被试竟没能发现前后两位实验员不同。

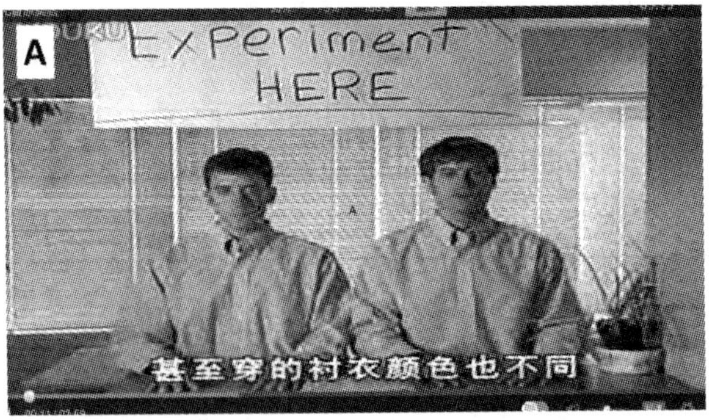

① 参见https://www.innocenceproject.org/,最后访问日期:2017年9月4日。

② Lacy, J. and Stark, C., The neuroscience of memory: implications for the courtroom. *Nature Reviews Neuroscience*, Vol. 14, 2013, p. 649.

③ 参见http://v.youku.com/v_show/id_XMzg4Njc5OTcy.html,最后访问日期:2017年9月4日。

图 2　识别两个不同人的实验

综合研究三组罪犯辨认结果(314 起辨认程序,涉及 640 名证人;623 起辨认程序,涉及 1569 名证人;134 起辨认程序),丹·西蒙(Dan Simon)发现:“总体而言,从真实案件中得出的数据表明,低于 45% 的目击证人挑选出了犯罪嫌疑人,约 35% 拒绝选择,约 20% 挑选出的是无辜者。”让人吃惊的是,“在目标缺席的列队辨认中,唯一正确的答案是目标不在,然而大量研究一致表明,大约一半的证人(48%)都从中选出了某个人,而这个人肯定是无辜的陪衬者。”①

记忆涉及信息编码、存储和提取三个不同的过程。每个过程都有

① Simon,D. ,In Doubt:The Psychology of the Criminal Justice Process. Harvard University Press,2012. 中译本:[美]丹·西蒙:《半信半疑:刑事司法中的心理学》,刘方权、陈晓云译,上海交通大学出版社 2017 年版,第 88~89 页。

可能出现错误——为了让读者能对记忆的特点有切身体会,建议读者现在便阅读本文结尾处,尝试记住附录中各有12个单词的两个词表,然后再回到这里。认知研究结果一再说明人类记忆的几个基本特点:记忆不是储藏室,更不是录像机,因为(1)记忆内容不是孤立存放的,而是相互关联和影响的;(2)记忆的内容不是静止地存放的,而是处于相对激活状态;(3)记忆内容的激活程度决定了被提取的可能性;(4)在提取记忆的内容时,有推断与重构发生,即不能保证存入什么便能够提取什么。

现在请读者回忆刚才学过的词表,并回答下面的问题:

①你是否看到了缝纫?

②你是否看到了门?

③你是否看到了睡觉?

④你是否看到了针?

⑤你是否看到了醒着?

⑥你是否看到了糖果?

其中①和⑤叫真单词,即原词表中有的单词;②和⑥叫新单词,即原词表中没有出现过,并且与词表中的单词没有联系的单词;③和④是叫假单词,即原词表中所没有,但是与词表中的单词有密切联系的单词。你看出来假单词是不在词表中的单词了吗?

在严格控制的实验条件下,有88%的被试正确识别出真单词是在词表中看到过的;只有12%的被试将新单词错误地识别为在词表中看到过;但是,高达80%的被试错误地以为假单词也在词表中看到过。很多人明显地感到自己看过这些假单词,因为这些假单词与词表中的单词语义关系密切。阅读词表使得词表中的单词在人脑中高度激活(特点2),由于记忆内容(这里是单词)的相互关联和影响,这些记忆中原有的假单词也高度激活(特点1),因而也有了被提取的很大可能性,很容易被"回忆"成已看到过的单词(特点3、特点4)。

在控制了询问方式之后,丹·西蒙对55项研究(2400多名参与者)结果做出元分析,以评估记忆的准确程度。他发现,"在与法庭相关的任务中,事件记忆准确率的估计范围(虽然不可否认有点粗糙)最高在65%到95%,其中大部分研究结论集中在80%左右。”这意味着,大约有1/5的证人提供的细节信息是错误的。而“对于那些根据特定关键细节来认定被告是否有罪的案件而言,这一错误率就是个很大的问题。”值得提及,这些数据均是在询问情境平和的条件下采集的。如果警方使用强制性询问方法,记忆出错率可能更高。①

鉴于目击证人在刑事案件中的重要性,证人有可能出错,以及证人的记忆可能受各种因素、包括执法者询问方法与过程的影响,2013年秋,美国科学院成立了专门的工作委员会——旨在在执法和法庭中使用科学方法理解和最大化目击证人指认有效性和可靠性委员会(Committee on Scientific Approaches to Understanding and Maximizing the Validity and Reliability of Eyewitness Identification in Law Enforcement and the Courts)。

两位共同主席分别是认知神经科学家、美国科学院院士、索尔克生物研究院(Salk Institute for Biological Studies)的视觉中心主任托马斯·奥尔布赖特(Thomas Albright)和美国联邦纽约南部地区资深联邦地区法官杰德·雷科夫(Jed Rakoff)。委员会成员有四位来自司法部门,八位来自大学(以心理与神经科学为主,另有一名法律教授,一名统计学教授)。2014年的委员会报告明确提出了在执法和法庭中提高证人指证的准确性和有效性的建议,呼吁科学界与司法界确定协作研究领域②。其对执法实践与过程的建议包括:

(1)所有的执法机构向他们的官员和工作人员提供以下三方面的训练:(a)视觉、记忆以及影响它们的因素;(b)最小化信息污染的做

① Simon, D., In Doubt: The Psychology of the Criminal Justice Process. Harvard University Press, 2012. 中译本:[美]丹·西蒙:《半信半疑:刑事司法中的心理学》,刘方权、陈晓云译,上海交通大学出版社2017年版,第150~151页。

② National Research Council, *Identifying the Culprit: Assessing Eyewitness Identification*, Committee on Scientific Approaches to Understanding and Maximizing the Validity and Reliability of Eyewitness Identification in Law Enforcement and the Courts. Division of Behavioral and Social Sciences and Education. Washington, DC: The National Academies Press, pp. 4-7.

法;(c)有效的证人指证规程。

(2)在列队指认(lineup)和照片指认(photo array)时,采用双盲或单盲(double-blind or single-blind)的方式(负责指认工作的警方人员也应不知道谁是嫌疑人)。

(3)开发和使用标准易懂的证人指导语。

(4)记录证人在首次指认嫌疑人时的自信程度。

(5)制定对证人指证过程录像的标准。

对法庭的建议包括:

(6)在庭审前,酌情对证人指证的证据作基本审查。

(7)法官采取所有必要的步骤,让陪审团成员了解证人指证时的状况与自信水平。

(8)给予法官听取专家关于证人的记忆和识别相关规范的自行决定权。

(9)采用清楚、简洁的陪审团指导语,提醒陪审团应注意的事实。

对有关科学研究的建议包括:

(10)提出全国性目击证人指证研究倡议。

(11)对于系统和估计变量开展进一步的研究,广泛使用统计工具来评价证人表现。

认知神经科学的发展,尤其是脑功能成像技术的发展,为客观区分真假记忆提供了有前途的手段。[①] 功能性磁共振(fMRI)信号由兴奋脑区中血液的含氧密度略有升高造成,因此叫作BOLD(blood oxygen level dependent,血氧水平决定的)信号。BOLD信号越强的脑区,兴奋程度越高。图3是上述词表学习任务的fMRI实验结果。基于测试时的单词与记忆中的单词的语义,颞叶里面的海马区(Hippocampus)将真单词与假单词归于同一类,将新单词归于另一类,表征为不同类别单词的激活曲线之间的关系。很有可能,这正是导致被试不能区分真单词与假单词的神经基础。但是,在附近的海马旁回

① Schacter, D. and Loftus E., Memory and Law: what can cognitive neuroscience contribute? *Nature Neuroscience*, Vol. 16, No. 2, 2013, pp. 119 – 123.

(Parahippocampus)则基于测试时的单词与记忆中的单词的情境，将学习过的真单词归于一类，将没有学习过的假单词、新单词归于另一类。虽然这一区分在行为上未得到体现，但神经活动透露出三类词语的关系细节。①

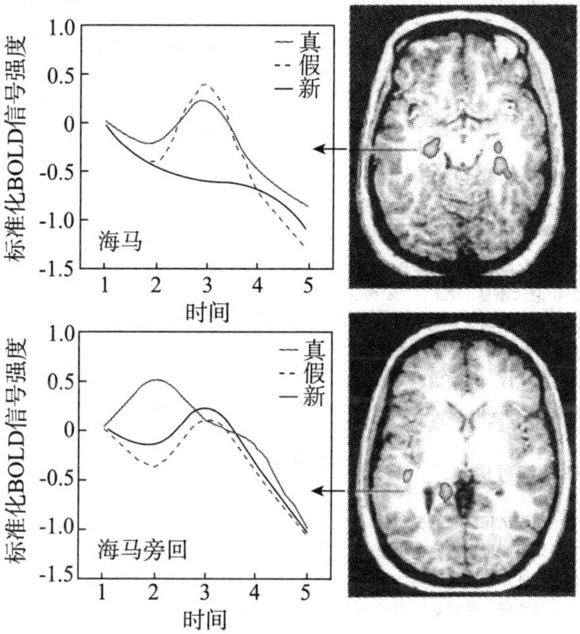

图3　海马区不能区分真假单词，但是海马旁回能够

(三)脑电图与嫌疑人涉案证据

由于人识别谎言的能力有限，寻找可靠的测谎手段有着漫长的历史。目前常见的测谎仪(polygraph)以伴随说谎出现的生理反应为测量指标。虽然，对说谎而言，这些反应既不是充分条件，也不是必要条

① Cabeza, R., Can medial temporal lobe regions distinguish true from false? An event-related fMRI study of veridical and illusory recognition memory. *Proceedings of the National Academy of Science*, Vol. 98, 2001, pp. 4805 – 4810.

件,①但目前尚未能找到更好的指标。② 因为说谎涉及复杂的心理过程,而脑功能成像技术能够"看到"人脑内部的活动过程,所以研究者自然会想到用它来做测谎工具。事实上,使用fMRI的测谎研究(fMRI-based lie detection)③已经发现一些或与说谎有关的脑区,包括两侧的额中回(middle frontal gyrus)、额下回(inferior frontal gyrus)、顶下小叶(inferior parietal lobule)和前扣带回(anterior cingulate cortex)。2006年,两家使用fMRI提供测谎服务的公司宣告成立,包括使用宾夕法尼亚大学研发的技术的公司No Lie MRI和使用德州大学达拉斯分校开发的技术的公司Cephos。

在2010~2012年三年间,三起案件审理涉及以fMRI测谎结果作为证据的请求,最终都被法官拒绝了。究其原因,除了类似于下一小节将介绍的如何对待神经科学证据的问题以外,主要还是因为目前fMRI技术水平未能达到法庭证据要求。例如,由于fMRI扫描得到的信号强度太弱、噪声太强,目前需要将多个被试的多次测试加以平均,才能比较清楚地确定与任务执行相关的脑区。对于科学研究,这种方法在很多时候不构成问题——上面介绍的与说谎有关的脑区就是这样发现的,但在法庭里,由于个体差异存在,多个被试的平均结果是否适合于本案的当事人,便成为不得不回答的问题。因此,必须开发出针对个体数据的有效分析方法。同时,这些脑区大多与大脑的信息加工过程的控制与表征有关,涉及多种任务。如何根据这些脑区或者相关的像素(voxel,磁共振成像的数据单元)的活动模式,并以足够高的准确度判断当事人是否说谎,这些都是有待于fMRI技术进一步发展来予以解决的问题。

---

① Grubin, D. and Madsen, L., Lie detection and the polygraph: A historical review. *The Journal of Forensic Psychiatry & Psychology*, Vol. 16, No. 2, 2005, pp. 357 – 369.

② National Research Council. The polygraph and lie detection. Committee to Review the Scientific Evidence on the Polygraph. Division of Behavioral and Social Sciences and Education. Washington, DC: The National Academies Press, 2002, p. 7.

③ 有关综述详见:Farah, M., et al., Functional MRI-based lie detection: *scientific and social challenges*. Nature Reviews Neuroscience, Vol. 15, 2014, pp. 123 – 131。

尽管困难重重，基于脑电图（Eelectroencephalography，EEG），劳伦斯·法韦尔（Lawrence Farwell）开发出被称为“脑指纹”（Brain fingerprinting）的测量技术，其“测谎”结果有过被法庭接受为证据的案例。脑电图是通过紧贴在头皮上的多个微电极记录的头皮上的微弱电信号形成。这些电信号是由全脑神经元的电脉冲形成的变动电场，穿过头盖骨后在头皮上叠加形成的电位（图4）。由于环境和生理活动会形成大量噪声，要想看到一个类型事件诱发的电位，需要将同类型的事件重复多次，通过将多次记录到的脑电图数据进行平均，减少噪声的影响，凸显出该类事件对脑电波的影响。这样得到的数据被称作“事件相关电位”（Event Related Potential，ERP）。

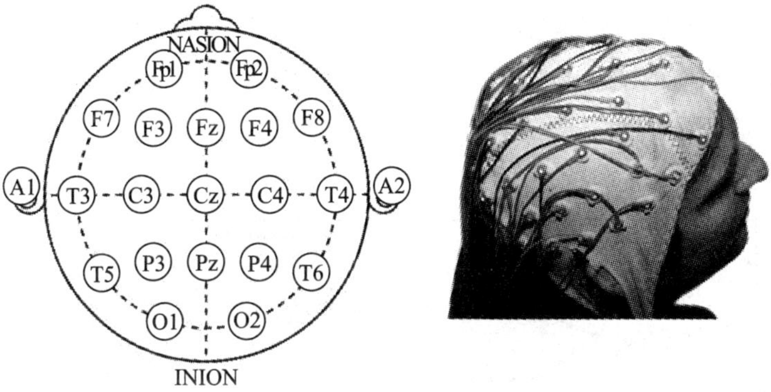

图4　脑电图的微电极位置示意图

本质上，“脑指纹”技术并不是在测谎，而是在检测人的记忆内容：嫌疑人是否有作案现场的记忆。正如一个人可能在犯罪现场留下指纹一样，犯罪现场也会在这个人的记忆中留下痕迹。“脑指纹”技术检测的是嫌疑人头脑中有没有犯罪现场的记忆痕迹。就原理而言，它利用了前人在事件相关电位研究中的两个发现：

（1）如图3所示的海马旁回中，比较测试时看到的事物与以前曾经见过并且留在记忆中的事物，在二者相同时或不同时，一些部位的微电极获得的事件相关电位有明显的不同。

（2）事件相关电位的异常事件（oddball）效应：如果在大量的一般

事件中(例如听到一系列中等频率的纯音)出现了一个异常事件(听到一次高频纯音),在事件出现以后大约300毫秒,事件相关电位会出现一个正向的波峰(p300)。

此外,还有一个基本但重要的假设:恶性案件(如谋杀)的肇事者对犯罪现场和作案工具等终生难忘。即使是一般人,对在警方介绍恶性案件视频中见到的作案现场和作案工具等,也会有所记忆。

具体检测方式是首先使用计算机随机呈现大量的物品图片(例如42个物品,每个呈现一秒钟,然后休息一秒钟),其中,2/3(在本例中是28个)是与案情无关的常见物品,它们构成实验中的普通事件。它们的呈现会在相应的电极中形成一条如图5上部两图中标为"无关"的事件相关电位曲线。1/6(在本例中是7个)是和犯罪现场有关的物品,并在警方案情介绍视频中出现,构成实验中的异常事件。它们的呈现会在相应的电极中形成一条标为"目标"的事件相关电位曲线,如图5上部两图所示。

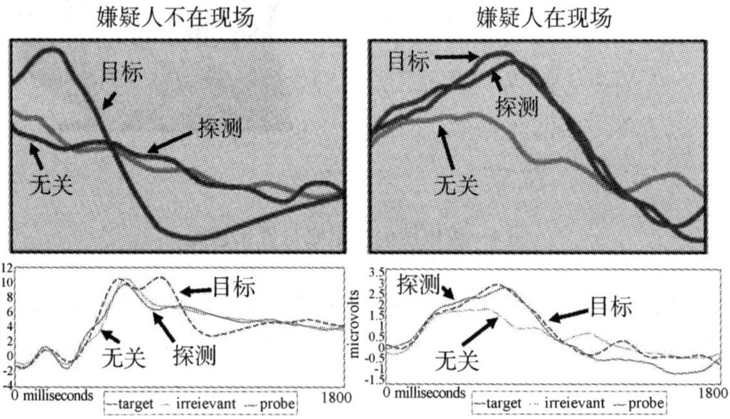

图5 脑指纹示意图

无论被试是否是罪犯,他都应知道哪些物品和犯罪有关,哪些物品和犯罪无关。因此,在罪犯和无辜者那里,脑电产生的这两个曲线基本相似。而且,由于脑电对普通事件和异常事件的反应不同,这两条曲线也因此能被区分开来。还有1/6(在本例中是7个)是探测物品,即来自犯罪现场,它们在案情视频中没有出现,故只有罪犯才知道这些物品与犯罪有关。这些物品激活的电位,如图5上面的图片所示,产生出“探测”曲线。对于罪犯来说,这些物品是在记忆中已经存在,与案件有关,即是与普通事件不同的异常事件。它们与“目标”因同一犯罪的联系而相关,因此,“探测”曲线与“目标”曲线比较接近。对于无辜者,他们则会把这些物品视为与案件无关的普通事件,所产生的“探测”曲线应与“无关”曲线比较接近。图5的下方显示的是被法庭接受的两个案例。左面的结果导致被判终身监禁且已服刑22年之久的无辜者得到释放。右下方的结果导致系列杀人案嫌疑人认罪、服刑。[①]

虽然法韦尔申请了专利,成立了公司,但“脑指纹”技术仍存在争议。批评者或会质疑:嫌疑人不配合怎么办。问题的另一面却是,如果嫌疑人是无辜者,他或她肯定会非常配合。因此,倘若“脑指纹”果真有效,这项技术至少可对减少冤假错案做出贡献。需要我们做的进一步工作是从“oddball 效应”开始,不断检验和改进这项技术。

(四)神经科学证据可以用来确定(解除)刑事责任(culpability)吗?

神经科学证据是否可以用来指控被告人,抑或可用来解除被告人的刑事责任?基于英美法证据法学基本理论和案例法,[②]这里涉及的主要问题包括:神经科学证据具有可采纳性(admissibility)吗?在美国判例中,涉及该问题的经典案例是1992年纽约州的合众国诉温斯顿(*People v. Weinstein*)一案。[③] Weinstein 不是第一个被指控谋杀后提出精神病抗辩的被告人,但在纽约州,他的案件是第一次辩护团队提出神经科学证据来支持抗辩,其证据涉及 PET 大脑扫描[④]和 SCR 检测[⑤]。

在该案中,Weinstein 被指控犯有二级谋杀罪。据检察官指控,他

① Farwell, L., Brain fingerprinting: a comprehensive tutorial review of detection of concealed information with event-related brain potentials. Cognitive Neurodynamics, Vol. 6, No. 2, 2012, pp. 115 – 154.

② 这里主要以美国法为例进行讨论。

③ People v. Weinstein, 156 Misc. 2d 34 (N. Y. Sup. Ct. 1992).

④ Positron Emission Tomography,即正电子发射断层扫描。

⑤ Skin Conductance Response,使用皮肤电反应针对被告人植物神经系统的检测。

于1991年1月7日在曼哈顿十二楼的公寓中勒死了他的妻子,然后又将尸体从窗户扔到楼下,制造了看似自杀的现场。Weinstein的律师提出抗辩,指出被告人因为有精神疾病(disease)或缺陷(defect)而杀死了他的妻子,因此不具备刑事责任能力。用来支持抗辩的证据是通过PET对被告人大脑进行扫描的结果报告,以及使用皮肤电反应(Skin Conductance Response,SCR)对被告人植物神经系统的检测报告。

就PET而言,扫描检测是在被告人被指控之后进行的,目的是帮助神经学家和精神学家研究那些能反映出被告不同脑区新陈代谢情况的信息。每次扫描的几分钟前,一种称为flourine-18 deoxyglucose的放射性元素被注射到被告人体内。当该元素每次到达被告的大脑时,它会像葡萄糖一样代谢一次。这样,大脑中该元素的放射性情况会被监测设备记录下来。在每一次扫描过程中,放射性情况会被转换为图像,显示出大脑每一区域新陈代谢的变化情况。本案中,对嫌疑人的PET扫描结果显示被告人大脑蛛网膜出现囊肿。结构性核磁共振成像也检测到嫌疑人脑中的该囊肿。

就SCR而言,在嫌疑人被指控后,爱荷华大学神经科学实验室实施了对其植物神经系统的检测,类似于测谎仪的设备被用来测量皮肤电反应。测量中,向被告出示一系列照片,包括从平静的到令人震惊的场景。检测结果与其他的检测结果一致,均确认了被告的大脑额叶区域存在损伤情况。

被告人律师主张,PET扫描和SCR检测结果是精神病专家在庭审中解释诊断结果须要依赖的材料。而这些材料表明被告人存在精神(mental)疾病或缺陷,故他对妻子的死亡不应承担刑事责任。针锋相对,检察官向法官申请,禁止辩护律师提交与PET扫描和SCR检测结果有关的证言证据,以及其他类型的证据,因为在检察官看来,对于测量大脑异常情况而言,PET扫描和SCR检测并非充分可靠的技术,其检测结果不应在刑事审判中出示。为了解决此争论,在审前程序中,法庭还举行专门听证,许多医师,包括神经科学家、精神病学家以及核医疗学专家前来作证。[①] 听证后，法官从三个层面提出问题并分析：

第一，就一般层面而言，神经科学证据若要被采纳，应满足什么标准？对此，法院坚持了 Frye 案[②]中所确立的普遍接受（generally accepted）标准，即审理精神病抗辩的案件时，在专家们提供庭审证言之前，必须首先保证"精神疾病或症状的存在或者关于人类行为理论的有效性"已经被精神病或心理学领域普遍接受。如果符合该原则，则须允许精神病学专家陈述诊断情况，并提供合理的解释，即被告是否存在精神疾病，是否受到相关症状的影响，或该行为理论是否可以解释被告人的行为。[③]

第二，本案中的 PET 扫描和 SCR 检测是否符合 Frye 标准？法官认为，首先，听证程序中提供的证据能够证明被告人有囊肿，大脑额叶附近存在异常，囊肿附近的大脑新陈代谢确实也存在异常，而且这些异常会对被告人的判断、理解、预见和推理能力产生负面影响。对此，控辩双方的专家证人都没有异议。其次，PET 扫描是一种高度发展的医学技术，提供扫描证据的专家证人在该领域有多年的经验，通过扫描各种器官（包括大脑）新陈代谢情况并形成影像的研究在主流医学杂志上也十分常见。虽然检察官认为被告方专家计算 PET 检测的数学公式在相关领域未获得普遍接受，但证据表明，这些公式已被 PET 专家们广泛使用，故精神病学家可以用以分析数据并得出量化结论。再次，SCR 检测经常被用于诊断植物神经系统的功能障碍，但尚未广泛应用于诊断大脑额叶损伤情况。不过，这不意味着不能用 SCR 检测进行诊断。

本案中，尽管 SCR 检测并未直接表明大脑额叶功能障碍，但爱荷华大学神经科学实验室针对 50 个被试的实验结果显示，该技术可成功地将大脑额叶不正常的患者与大脑额叶正常者，以及大脑其他区域不

① 关于案情，参见 People v. Weinstein, 156 Misc. 2d 34 (N. Y. Sup. Ct. 1992)，关于案件的介绍与相关分析，also see Owen D. Jones, Jeffery D. Schall, & Francis X. Shen, Law and Neuroscience, Wolters Kluwer 2014。

② Frye v. United States, 293 F. 1013 (D. C. Cir. 1923).

③ People v. Weinstein, 156 Misc. 2d 34 (N. Y. Sup. Ct. 1992).

正常者区别开来。该实验室负责人 Antonio Damasio 享有极高的威望,相关实验按照细致设计的流程进行,实验报告业已由同行评议的严肃学术期刊发表。因此,将 SCR 检测与其他更具有决定性的检测报告(如 PET、MRI)放在一起,能更为清晰地展示被告人左大脑额叶不正常,此举当属合理。①

第三,尽管法院确认了 PET 和 SCR 证据的可采性,但仍指出关于人类行为的一些特定理论不具可采性,因为这些理论还没有被精神病学、心理学、神经科学等领域专业人员普遍接受。例如,蛛网膜囊肿会直接引发暴力行为的看法并没有获得足够的科学证据支持,也没有被科学界广泛认同。又如,大脑额叶新陈代谢的水平下降会直接导致暴力行为的观点也遇到不同意见的质疑。就 SCR 而言,虽然植物神经系统能够记录过去发生的个体得到奖励和惩罚的反应,这种反应或可引发越轨行为,但已有发现仅揭示出某种可能性,而非被普遍接受的因果关系。②

如此细致的判决意见,透露出认知神经学证据进入司法领域后面临的几个问题:

其一,如何对待神经科学证据已经成为一个现实问题。在精神病抗辩等问题上,这一问题可能会越来越常见。对此,一些学者指出,"在法庭中,大脑扫描证据的时代已经到来。潘多拉魔盒一旦打开,是无论如何也不可能再把它装回去了。"③

其二,神经科学证据正在逐渐介入越来越多的刑事司法问题,并引发越来越多的讨论。比如,未成年人的判断、理解、控制以及推理能力是否会因为大脑发育不成熟而区别于成年人?若如此,死刑等酷刑是否能适用于未成年人?④ 又如,人真的有自由意志(free will)吗?脑和

① People v. Weinstein, 156 Misc. 2d 34 (N. Y. Sup. Ct. 1992).

② People v. Weinstein, 156 Misc. 2d 34 (N. Y. Sup. Ct. 1992).

③ Zachary Weiss, The Legal Admissibility of Positron Emission Tomography Scans in Criminal Cases: People v. Spyder Cystkopf, 1 Seminars in Clinical Neuropsychiatry 202 (1996).

④ See Roper v. Simmons, 543 U. S. 551 (2005); Graham v. Florida, 130 S. Ct. 2011 (2010). also see Owen D. Jones, Jeffery D. Schall, & Francis X. Shen, Law and Neuroscience, Wolters Kluwer 2014, chapter 3.

理性(mind)之间到底是什么关系？理性人(rational personhood)的假设还可靠吗？如果这些法律领域的基本假设都被神经科学的发现修改或颠覆，那么，(刑事)责任理论的假设基础便值得重做思考。①

其三，在该案件裁判之时，Fyre 标准还是美国判例法中的通行标准，后来，科学证据可采性标准逐渐从 Fyre 标准转向 Daubert 标准②。美国联邦最高法院将 Daubert 标准描述为“灵活性的”标准。③ 这样一来，神经科学证据的标准是否会发生大幅度变化？不仅如此，虽然标准来源于实践中的判例，但个案中法官总是享有一定的裁量权，其如何适用标准有某种不确定性。对此，有学者指出，“在某些案件中，毫无疑问，PET 扫描证据既不符合 Frye 标准，也不符合灵活的 Daubert 标准。然而，事实是，法庭需要禁止这种弱相关的证据进入法庭，却并不意味着法庭真的会这样去做。”④

在此意义上，无论是作为比较法经验，还是从理解美国法本身来看，对美国法庭中神经科学证据的可采性问题，既需要考虑科学证据可采性标准本身的变化，也需要考虑各州之间的地区差异，还需要考虑神经科学本身的发展——技术的进步会使得某些不被普遍接受的证据慢慢转变为被普遍接受，也会使某些弱相关关系最终被证明为强相关关系，甚至因果关系。

其四，从更宏观层面来理解，同一个案件、同样的神经科学证据在不同的法域，也许处理的结果会截然不同。具体而言，*Weinstein* 案所涉及的精神病抗辩问题本身就是刑事证明责任分配理论中的疑难问题。到底由谁承担该问题的证明责任——是由被告人证明精神病存在，还是由检察官证明精神病不存在——直接决定着证据是否可采，甚至决

---

① See Owen D. Jones, Jeffery D. Schall, & Francis X. Shen, Law and Neuroscience, Wolters Kluwer 2014, chapter 4.

② Daubert v. Merrell Dow Pharmaceuticals, 509 U. S. 579 (1993).

③ 美国国家科学院国家研究委员会:《美国法庭科学的加强之路》,王进喜等译,中国人民大学出版社 2012 年版,第 88 ~ 101 页。

④ Zachary Weiss, The Legal Admissibility of Positron Emission Tomography Scans in Criminal Cases: People v. Spyder Cystkopf, 1 Seminars in Clinical Neuropsychiatry, 202 (1996).

定着被告是否被定罪和处刑。例如,在一些国家,心智丧失的证明责任就由被告方承担;在另一些国家,心智丧失等积极抗辩事由的证明责任由控诉方承担。

在后者情形下,辩护方提供可用于证明心智丧失或精神疾病(缺陷)的神经科学证据,乃是辩护方的权利而非责任和义务,控诉方则需提供证据证明被告人不存在心智丧失或精神疾病(缺陷),或者该精神疾病(缺陷)不足以影响刑事责任的承担。一旦辩护方提供的神经科学证据获得可采性,辩护方只需使事实认定者产生合理怀疑即可获得无罪开释。相反,若在前者情形,该问题的证明责任转移给辩护方,辩护方提供证据证明被告人心智丧失或精神疾病(缺陷)的神经科学证据,则成为一种责任,需要承担更重的证明负担。此外,不同法域针对该精神病抗辩问题所采取的证明标准也不尽一样,有些法域采取严格证明方法,即需要达到排除合理怀疑的程度,有些法域则采取自由证明方法,达到优势证据标准即可。

其五,在 *Weinstein* 案中,法院巧妙区分了以下几个层面的问题:神经科学证据是否可以证明大脑的新陈代谢现象;新陈代谢现象异常是否说明脑区功能异常;大脑脑区功能异常是否会导致被告心智(理解、判断、控制、推理等能力)丧失或缺失;被告心智丧失或缺失是否可能导致被告行为异常;这种由心智缺失导致的被告异常行为是否应承担刑事责任等,并且,针对这些不同层面的问题,分别给出了神经科学证据的可采性结论。尽管如此,该可采性判断仍属狭义判断,它并未回答与相关性规则相联系的可采性问题。

根据《美国联邦证据规则》第403条的规定,“证据虽然具有相关性,但当可能导致不公正的偏见、混淆争议或误导陪审团的危险大于该证据可能具有的价值时,或者考虑到过分拖延、浪费时间或无需出示重复证据时,法院也可以不采纳。”神经科学证据所呈现的漂亮图片、闪动的科学光环、对大脑的深邃探究,显然具有超出其结论本身的认知效应。换言之,事实裁判者,无论是非法律专业的陪审员,还是法律专业的法官们,在这样高深炫目的科学证据面前,很容易对之产生过度信赖感，从而将事实认定的主动权移交给这些提供神经学证据的科学家们。

其六，当今神经科学的发展不仅向传统的精神病学，也同时向司法界提出挑战。这使如何保持裁判权的主导性成为司法审判所需面对的问题。对此，精神病学专家已经意识到，“法庭科学领域的精神病学已经走到了十字路口。随着神经影像变得越来越可靠，越来越标准化，提供的信息也越来越充分，在刑事和民事等各种案件中越来越多地应用这些神经科学证据或将出现迅猛发展的趋势。”①

然而，正如其他科学证据介入司法时一样，司法（尤其是法律关系和法律责任）的最终决定权仍然属于法官。有学者指出：“对于被告人大脑异常可能导致理性能力降低或丧失这一问题，（神经科学证据）是相关的，但却并不具有决定意义。医学的和心理学证据也许能够帮助我们判断被告人的责任能力是否受到了影响，但是，这并不意味着它足够用来当作证明被告人没有责任的精准证据。换言之，神经科学证据不是法律问题的决定性因素。”②

（五）直觉与启发式对于立法的影响

关于认知科学与法律制定的关系，这里拟介绍两个方面的内容。一个是有可能被用于预报法律、法规的长期效用的群体行为计算模型，即，基于行为主体的模型（agent-based modeling）。这一介绍在本文第三部分展开。另一个是直觉与启发式对立法可能产生的影响。这个问题也涉及两个方面。

一方面，启发式在立法中扮演的角色。③ 按照乔纳森. 海特（Jonathan Haidt）等人的工作定义，启发式指被简化了的决策或行为过程，或捷径，该过程的基本特点是忽略一些本可得到的信息。他们进一步认为，就法律而言，要进一步区分两种启发式：一种是心理启发式

① Joseph R. Simpson, Neuroimaging in Forensic Psychiatry: From the Clinic to the Courtroom, Wiley-Blackwell 2012, xv - xvi.

② Stephen J. Morse, Brain and Blame, 84 Geo. L. J. 527 (1996).

③ Haidt, J., et al., Group report: what is the role of heuristics in making law? In Gigerenzer G., and Engel C. (eds.) *Heuristics and the Law*, The MIT Press, 2006, pp. 239 - 257.

(mental heuristics),涉及立法人员个人在决策过程中找到捷径的方法;另一种是法律启发式(legal heuristics),涉及那些反映在法律或立法程序中的简化,主要指忽视一些信息,避免处理那些代价高而又难以处理的枝节问题,从而简化和加快决策和行动过程。例如,不处理那些因为闻到了讨厌的气味就去起诉邻居的案件,因为一般而言,处理民事纠纷时会遵循互相宽容原则(live-and-let-live)。这便是一个法律启发式的例子。当然,法律启发式须有一定限度。倘若某邻居家中整天排出污水和有怪味的气体,互相宽容原则就不再适用。在立法过程中,心理启发式与法律启发式交互作用,在什么情况下应当用法律启发式,在什么情况下不能,是一个值得研究的方向。

另一方面,在很多时候,公众会采用直觉与启发式做出判断,建立法规和实施法规时,需对此现象做出应对①。这种考虑的重心不总在如何防止直觉与启发式对理解和遵守法律的干扰,因为很多时候,直觉与启发式也可能引发人们自动守法的效果②。例如,美国芝加哥沿密执安湖的高速公路上多有转弯处。虽然限速25英里的标志显著,超速驾驶、酿成大祸的违法事件仍时有发生。于是芝加哥市政当局在快到转弯的入口处的公路上画上一条一条横向的白线。开始时,这些横线之间的间隔比较大,然后越来越密,使司机直觉上感到车速越来越快,从而不由自主地踩动刹车减速。实际上,这是为制度(交通法规)设计了一种界面,通过这种嵌入认知原理的界面引导公众的守法行为,实现制度目标,是社会干预个体行为的新理念。

使用高效认知界面,个体的守法行为就不再只是政府或社会硬干预(hard intervention)的结果,也可能通过软干预(soft intervention)来实现。软干预不一定是弱干预(weak intervention),更可能是巧干预

① Engel C. and Gigerenzer G., Law and heuristics: An interdisciplinary venture. In Gigerenzer G. and Engel C., eds., *Heuristics and the Law*, The MIT Press, 2006, pp. 1-16.

② Thaler R. and Sunstein C., Nudge: Improving decision about health, wealth, and happiness. Penguin, 2009. 中译本:[美]理查德·H. 泰勒和卡斯·桑斯坦:《助推,事关健康、财富与快乐的最佳选择》,刘宁译,中信出版社2009年版(本书中译本错误较多,有删除一些内容,自编章节标题现象。建议阅读英文版)。

(smart intervention):对民众而言,它启动自愿、自动的守法行为;对政府权力而言,它提供非强制的智能型干预机制;对社会建设而言,它创造更温和、更人性化,许多时候,也更有效的"制度界面",推动社会管理理念和实践从管制向治理的转变。①

图 6　使司机自动减速的路面设计

二、认知科学与法学基础性研究

(一)两个视角

公平、正义是司法的目标。自由意志、亲社会行为、反社会行为等是与司法密切相关的涉及人的本性的概念。目前,认知科学从两个视角关注法学基础理论的这些研究对象。

1. 心理机制和神经基础的视角

利用 fMRI 实验,詹姆士·杜尔蓬(James Dulebohn)等人发现,程序正义与分配正义的神经机制不同。程序不公导致了与社会认知相关

---

① 葛岩、秦裕林、林喜芬:《为什么自愿守法——自动化社会行为的发生机制研究》,载《法律和社会科学》2015 年版第 14 卷第 1 辑,第 1~29 页。

的脑区的激活,包括在腹外侧前额叶(VLPFC)和颞上沟(STS)的脑区。分配不公导致与情绪相关的脑区的激活,包括在前扣带回(ACC)、前脑岛(AI)和背外侧前额叶(DLPFC)中的脑区。再如,1983年,本杰明·利贝(Benjamin Libet)等人发现,在一个让被试自主按键的简单实验中,当被试意识到想按哪个键前的平均350毫秒,脑电图中就能发现准备就绪电位(readiness-potential,RP)。①

2008年,宋春(Chun Soon)等人所做的fMRI实验甚至发现,在被试意识到他想按哪个键以前10秒钟,前额叶与顶叶有关的脑区便开始有所准备。② 该发现无疑丰富了人们对自由意志的知识。然而,也有人认为,这是不存在自由意志的新证据。前面已经介绍,人的决策是无意识的系统1与有意识的系统2交互作用的产物,而在简单而且无关紧要的任意按手指的实验中,几乎不需要系统2参与决策,系统2只需做随后的自我监控的工作,出现意识的时间滞后现象应属正常。因此,在我们看来,此类实验发现尚不足以用来否定自由意志存在。

2. 司法理论和实践的视角

以观念认知和守法行为的关系为例,丹尼尔·纳金(Daniel S. Nagin)和科迪·泰纳普(Cody W. Telep)发现,公众对执法机构的程序正义的感知程度与对执法机构的正当性(legitimacy)的认识紧密相关。而对执法机构的正当性的认识又与守法意愿高度相关,尽管中间的因果关系尚需进一步研究。③ 再如,最近发表在《美国国家科学院院刊》(PNAS)上的两篇论文关注自由意志的信念对人的行为的影响。奥利弗·根肃(Oliver Genschow)等人的实验显示,质疑自由意志的存在会

---

① Libet, B., Gleason, C., Wright, E. and & Pearl, D., Time of conscious intention to act in relation to onset of cerebral activity (readiness-potential): The unconscious initiation of a freely voluntary act. *Brain*, Vol. 106, 1983, pp. 623 – 642.

② Soon, C., Brass, M., Heinze, H-J. and Haynes, J-D., Unconscious determinants of free decisions in the human brain. *Nature Neuroscience*, Vol. 11, 2008, pp. 543 – 545.

③ Nagin, D., and Telep, C., Procedural justice and legal compliance, *The American Review of Law and Social Science*, Vol. 13, pp. 1.1 – 1.24.

影响人们的社会行为。① 通过对46个国家6.5万余人的世界价值观调查(World Values Survey),内森·马丁(Nathan Martin)等人发现,对自由意志的相信程度越高,越不能容忍违反道德的行为,也越支持严厉惩罚刑事犯罪。②

(二)亲社会行为

1. 直觉与理性在亲社会行为中的作用

法律的目标之一是规范人们的行为,支持亲社会行为,抑制反社会行为。如果承认决策有两个处理系统,系统1与系统2,一个自然而然出现的问题便是:两个系统各自在人类的亲社会行为中扮演什么角色?对此,有两个相反的观点。较传统的观点认为,人的自发的直觉是自利的,而理性的控制让人们遵从社会规范,因而产生了利他的行为。德瓦尔(C. DeWall)等发现,劳累的人比较倾向于自利,原因是劳累导致了理性自我控制能力下降,减少了对直觉自利倾向的控制。③

较为新颖的观点认为,自发的直觉更可能是利他合作的,理性思考却会让人更加自利。例如,大卫·兰德(David Rand)等人利用被试决策时间(反应时)作为控制条件,在实验中,迫使一半被试在非常短的时间内(因而只能凭直觉)做出决策,迫使另一半被试用相当长的时间(因而可以做出理性思考)来做出决定。实验结果表明,比之于理性组,直觉组做出了更多亲社会选择。④ 但是,使用劳累程度来操纵控制能力,或使用反应时长短来诱发理性思考和直觉反应,并非是很好的检

① Genschow, O., Rigoni, D. and Brass M., Belief in free will affects causal attributions when judging others' behavior, *Proceedings of the National Academy of Sciences USA*, 2017, Early Edition 1-6.

② Martin, N., Rigoni, D. and Vohs, K. Free will beliefs predict attitudes toward unethical behavior and criminal punishment. *Proceedings of the National Academy of Sciences USA*, 2017, Early Edition 1-6.

③ DeWall, C., Baumeister, R., Gailliot, M., Maner, J. Depletion makes the heart grow less helpful: Helping as a function of self-regulatory energy and genetic relatedness. *Personality and Social Psychology Bulletin*, Vol. 34, No. 12, 2008, pp. 1653-1662.

④ Rand, D., Greene, J., & Nowak, M. Spontaneous giving and calculated greed. *Nature*, Vol. 489, 2012, pp. 427-430.

验手段。我们因此实施了另一项实验。

近十余年来,大量实验室和现场研究发现,人类眼睛图片能提高亲社会行为的倾向,但花朵图片却能激发更多自利行为。而且,以这种被称作“注视效应”的行为作为控制条件的亲社会选择,常在被试直觉或无意识的条件下发生。① 为了能更可靠地考察直觉系统与社会行为选择之间的关系,在刚完成的一项实验中,我们使用“注视效应”方法诱导亲社会和自利行为倾向,同时使用 fMRI 脑功能成像的技术,观察和直觉密切相关的脑区,尾状核(caudate nuclear)和伏隔核(nucleus accumbens,NAcc)的活动情况。为了给准备开展实验研究(尤其是 fMRI 实验)的法学研究者提供借鉴,下面的报告将介绍一些实验设计和进行 fMRI 扫描的细节考虑。熟悉实验设计的读者可忽视。

为了简单、直观、真实地呈现亲社会行为,我们采用了公益捐款范式,让被试做出是否捐款、捐多少的选择,而款项的来源是他们参加本实验的报酬,200 元人民币。如图 7 所示,实验操纵了三种环境条件:(1)没有图片,(2)有眼睛注视的图片,(3)鲜花图片。

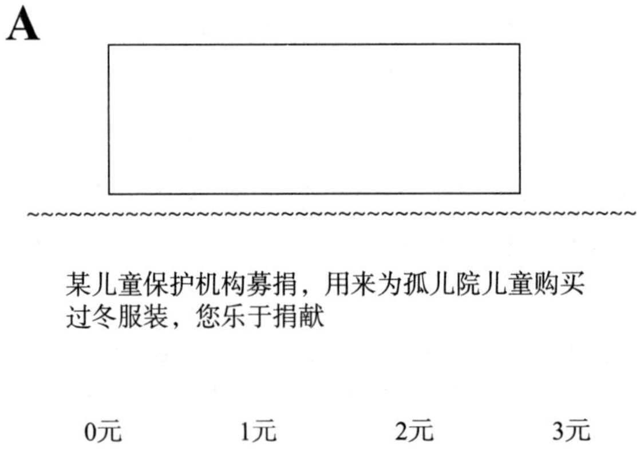

① 例如,Haley,K. ,& Fessler,D. M. Nobody's watching? Subtle cues affect generosity in an anonymous economic game. *Evolution and Human Behavior*, Vol. 26,2005,pp. 245 – 256;Ernest-Jones,M. , Nettle, D. , & Bateson, M. Effects of eye images on everyday cooperative behavior:a field experiment. *Evolution and Human Behavior*, Vol. 32,2011,pp. 172 – 178.

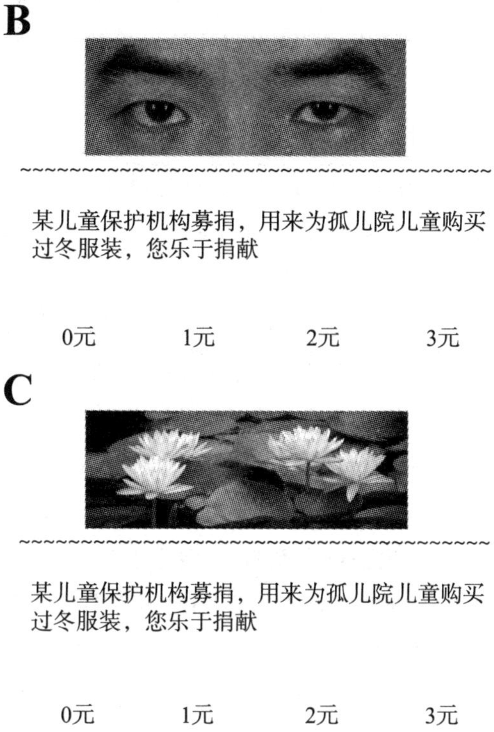

图 7　实验设定的三个条件

在 fMRI 扫描时，有如下需要特别考虑的地方：

（1）由于 fMRI 数据的信噪比太低，因此在同一个条件下，需要运行大量测试（trial）。例如，对于图 7 中的每个条件，最好要运行 20 次以上的测试。本例中，每次测试呈现的捐款呼吁内容不同，六对不同的眼睛和鲜花图片随机出现。这样平均下来，才能看到比较光顺的 BOLD 曲线。

（2）fMRI 信号反映的是脑区兴奋带来的血液流量的改变，而后者又会带来的血氧密度的变化，因此，导致 fMRI 信号改变的是一个血流动力学（hemodynamics）过程。脑区的一次兴奋造成的 BOLD 曲线的变化，需要 4～6 秒的时间才能到达峰值，然后，再需要 4～6 秒的时间才能回到基线水平。为使两次测试所形成的 BOLD 曲线不发生重叠，最好在两次任务(两次测试)之间安排8~10秒的时间间隔。

(3)头部移动会严重影响数据质量,故须反复向被试强调,从扫描开始到结束一定要保持头部不动。这是fMRI实验的操作困难之一。

(4)由于全脑扫描分层进行,实验者最好能选定一个层面,例如从脑底部往上数第10层,让其中心经过大脑的前连合(anterior commissure)和后连合(posterior commissure)这两个点。如此,每个被试的脑部才能得到部位比较一致的扫描。

本实验中,行为数据与前人的发现的一致,即在有眼睛条件下,被试平均每次捐款明显地高于其他两种条件。但在鲜花条件下,被试平均每次捐款与无图片条件下没有明显区别。图8A显示的是在不同条件下,被试平均捐0元、1元以及2元或3元(图中标记为2)的比例,即,每种捐款次数占总次数的百分比。可以看到,在无图片条件下,捐1元的次数最多,反映出公益决策的"中庸之道"。鲜花条件下,行为模式与无图片时的模式非常接近。但是,在眼睛条件下,行为模式完全不同,捐2元或3元的比例最高。

再看fMRI数据。分析表明,左右尾状核与左右伏隔核的活动模式大体相同。如图8B所示,在三种条件下,每种捐款数对应左尾状核的BOLD曲线下的面积,后者反映了该脑区的兴奋程度。可以看到,在无图片和眼睛图片的条件下,当做出行为数据比例最高的捐款选择时,与直觉对应的脑区兴奋程度最高,表征被试直觉地做出亲社会选择。与此不同,在鲜花条件下,与直觉对应的脑区里,兴奋程度最高的不是行为数据中比例最高的捐款选项(1元),而是捐0元,既反映出被试直觉倾向于自利选择,也反映出直觉偏好与最终行为选择之间的矛盾——行为选择中1元为比例最高者。

为了解被试怎样解决这一矛盾,我们进一步观察了具有理性控制功能的脑区——背外侧前额叶前部——的活动。如图8C所示,该区域在鲜花条件下的最高兴奋点,与次数最多的捐款选项(1元)一致。很可能,理性控制矫正了直觉自利倾向。发现说明,直觉偏好的内容可以是亲社会的,也可以是自利的,与对环境信号的反应有关。而最终的行

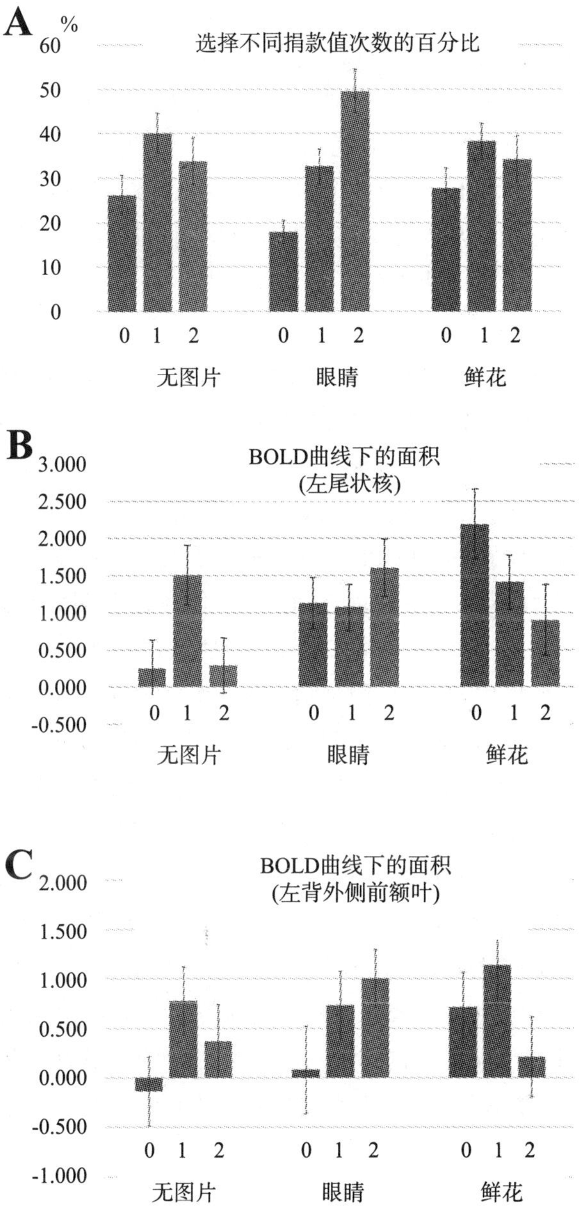

图 8　行为数据与 fMRI 的数据分析结果

为可能由直觉与控制之间的共同作用来决定。

2. 亲社会行为倾向能够被预测吗?

人只要还活着,哪怕是植物人,脑中神经元都有自发的电脉冲活动。fMRI可以记录到不作任何思考的清醒状态(静息态)下神经系统自发振荡的BOLD信号,而两个脑区的BOLD曲线的相关系数反映了二者自发振荡的同步程度。这种不同脑区间本征性的功能关联程度,既与个人的先天性的遗传有关,也与后天性的经验有关,且不同被试之间有明显的区别。

在即将完成的一项实验中,执行捐款任务前,我们对被试的静息态神经活动实施7分钟扫描。实验后,对静息态神经活动和捐款行为的数量关系做出分析。分析显示,有一些脑区对(两个脑区)之间的BOLD曲线的相关系数越高,被试捐款数就越高。与此相反,另一些脑区对之间的自发振荡的BOLD曲线的相关系数越高,被试捐款数就越低(见图9)。为检验相关系数的绝对值超过0.5的脑区对数量有是否对捐献行为有预测力,我们将36名被试分为三类:吝啬(平均每次捐款<0.5元,10人),普通(平均每次测试捐款≥0.5元,<1.5元,15人),慷慨(平均每次测试捐款≥1.5元,11人)。采用机器学习方法的数据挖掘初步表明,根据6对脑区间的BOLD曲线相关系数,便能够以相当高的准确度(超过85%)预报被试的类别。在被试做出行为选择之前,便可能依据神经活动预测选择类型。这样的发现令人鼓舞,也让人忧虑。

令人鼓舞的原因显而易见,因为类似发现标志着能够更准确地理解人类的决策与行为,有不言自明的知识价值。然而,如果这样的技术最终能够应用于人类各种行为的预测,例如,在实施犯罪行为之前便预报个体实施犯罪的可能,并导致对犯罪概率高的个体的社会限制,此类预测技术会为法律乃至整体意义上的社会控制带来什么样的影响?

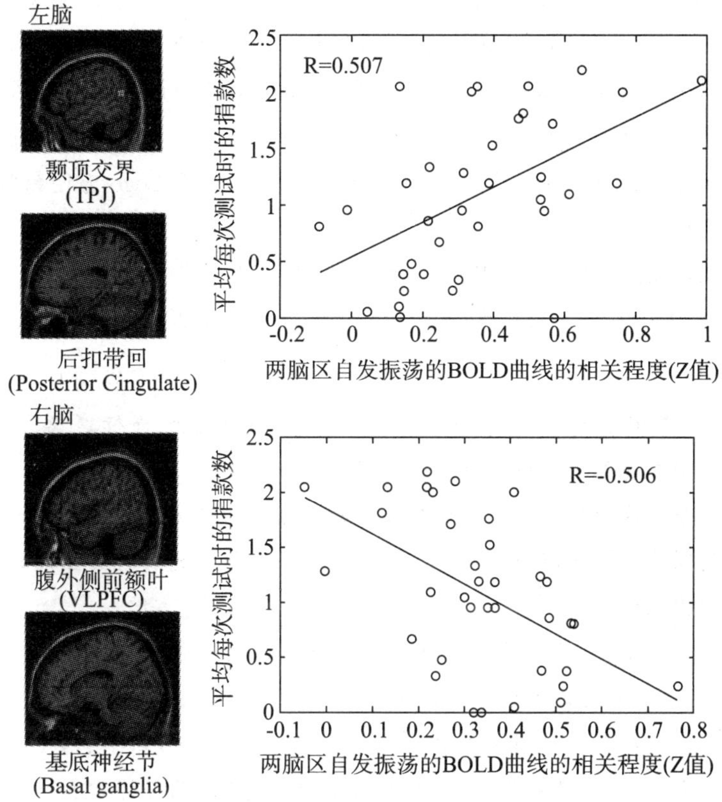

图 9　两个脑区的自发振荡的 BOLD 曲线之间的相关程度 (Z 值) 与每次测试时的平均捐款数的相关性的例子，每个点表示一个被试

三、模拟决策的长程社会效应——NetLogo 为例

在事关国计民生的法律、法规的制定过程中，如何能够检验一个方案的长程社会效果？问卷调查所了解的，只是一个时间界面中发生的情况，而且，样本的自我报告未必能真实反映行为。实验室测试，被试规模往往有限，而且，若在实验室做长程(若干年)社会效应测量，

时间和金钱成本都会很高。随着人工智能和计算社会科学(computational social science)的不断发展,通过建立计算模型,模拟群体行为变化来考察一个备选方案的长程社会效应成为可能。目前研究者已经开发了不少用来模拟行为的工具,较为知名的有NetLogo、Swarm、StarLogo、Repast、Ascape和Aspen。其中,NetLogo方便易学,被广泛使用。

NetLogo为用户提供开源软件环境。系统及用户手册可在网上免费下载(4.0.2版,2007年12月),①英文版手册最近已升级到6.0.2版(2017年8月)。据4.0.2版手册的中文版介绍:②

> NetLogo特别适合对随时间演化的复杂系统进行建模。建模人员能够向成百上千的独立运行的"主体"(agent)发出指令。这就使得探究微观层面上的个体行为与宏观模式之间的联系成为可能,这些宏观模式是由许多个体之间的交互涌现出来的。
>
> NetLogo有详尽的文档和教学材料。它还带着一个模型库,库中包含许多已经写好的仿真模型,可以直接使用也可修改。这些仿真模型覆盖自然和社会科学的许多领域,包括生物和医学,物理和化学,数学和计算机科学,以及经济学和社会心理学等。

作为模拟群体行为的计算模型,NetLogo依据的是所谓基于主体的行为模拟(agent-based modeling)原理,假定个体相对独立,但个体之间以及他们与环境之间存在相互联系与影响。使用NetLogo建模,首先需要对过程状态改变规则和变量之间的关系做出清晰界定。以下通过几个简单的例子来解释NetLogo建模思路和过程。所示样例均来自NetLogo模型库。

---

① Wilensky, U. (1999). NetLogo. http://ccl.northwestern.edu/netlogo/. Center for Connected Learning and Computer-Based Modeling, Northwestern University, Evanston, IL.

② 《NetLogo 4.0.2 用户手册(简体中文版)》,张发译,王军校,2008年,第3页。

1. 聚会(Party)①

本模型旨在预测参加聚会的男女来宾会怎样组合为相互交谈的小组。如图 10 的上方显示,首先假定参加某聚会的来宾男、女各半,聚会的小组数量为两个基本初始条件。依据这两个条件,系统为来宾做出随机分组,并允许每个人自由走动。控制变量只有一个:对异性的容忍度。状态改变规则是:(1)如果在一个小组中的异性所占比例超过了对异性的容忍度,来宾会感到不舒服,一旦感到不舒服,他或她会离开当前的小组,加入其他小组。在整个模拟过程,所有来宾按此规则移动。(2)当所有来宾的人感到舒服,移动过程结束。图 10 下方显示的,是当对异性的容忍度为 50% 时,执行上述规则所获的移动过程结果:两性完全分开,只有相同性别成员才会待在同一小组。

开始

结束

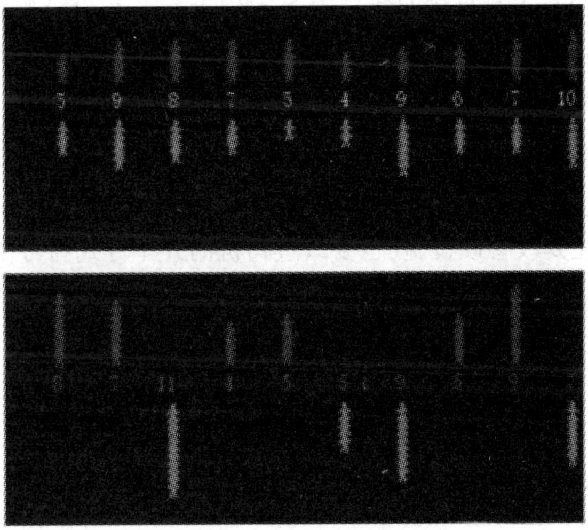

图 10　聚会分组模拟

① Wilensky, U. (1997). NetLogo Party model. http://ccl.northwestern.edu/netlogo/models/Party. Center for Connected Learning and Computer-Based Modeling, Northwestern University, Evanston, IL. 如果下载了 NetLogo,可在 Sample Models/Social Science/Party 找到本模型。

2. 基本交通模型(Traffic Basic)①

本模型旨在观察什么样的车辆移动规则会产生既不堵车,又最大限度地允许更多车辆行驶的结果。模型初始状态是给定数目(N)的车辆,车辆在高速公路上随机均匀分布(出现在任何位置的概率相同)。车辆行驶过程的状态改变规则如下:

(1)如果不属条件(2)和(3)的情况,车辆均按给定正常速度匀速行驶。

(2)当一辆车紧挨前方的另一辆车时,将该车速度降低到比前方车小的一个给定速度(deceleration)。

(3)当一辆车与前方车辆的距离大于给定限度时,提高该车的给定速度(acceleration),直至达到给定的正常速度。

图11,A是车辆的数目为N=8的情况,道路通畅,无堵车现象发生。图11,B是车辆的数目为N=20时,出现堵车现象。图11,C中,车辆的数目仍然为N=20,将变量deceleration的值由原来的deceleration=0.026下调为deceleration=0.01(当前方有车时,司机减速不要太猛),道路上的堵车消失了。这说明,要解决交通堵塞的问题,不光要改善硬设施,也要改进司机的开车方式和习惯。

3. 羊和狼觅食(Wolf -Sheep Predation —Docked Hybrid)②

本模型模拟相对复杂的生态过程的状态改变规则:

(1)羊和狼在草原上随机行走,每走一步都消耗一定的能量。羊走一步消耗的能量为变量1;狼走一步消耗的能量为变量2。

(2)羊碰到草就吃草,吃一次草补充的能量为变量3;狼碰到羊就

---

① Wilensky, U. (1997). NetLogo Traffic Basic model. http://ccl.northwestern.edu/netlogo/models/TrafficBasic. Center for Connected Learning and Computer-Based Modeling, Northwestern University, Evanston, IL. 如果下载了NetLogo,模型的路径是:模型库/Sample Models/Social Science/Trafic Basic。

② Wilensky, U. (2005). NetLogo Wolf Sheep Predation (Docked Hybrid) model. http://ccl.northwestern.edu/netlogo/models/WolfSheepPredation(DockedHybrid). Center for Connected Learning and Computer-Based Modeling, Northwestern University, Evanston, IL. 如果下载了NetLogo,自此路径可获得是模型库,/Sample Models/ system Dynamics/Wolf sheep predation (Docked Hybrid)。

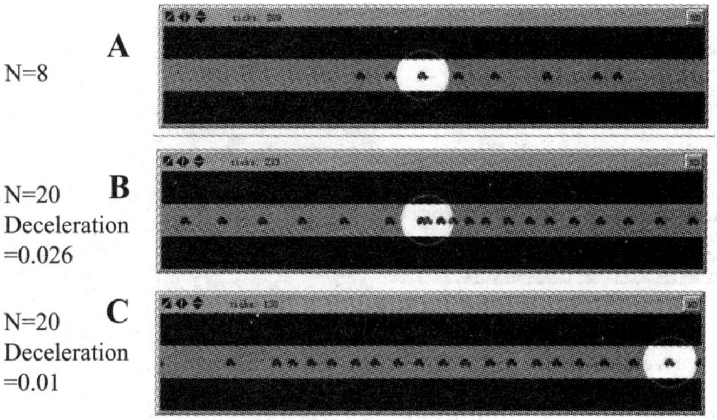

图 11　基本交通模型

吃羊,吃一次羊补充的能量为变量 4。

(3)如果能量耗尽,会导致死亡。

(4)草生长需要的时间为变量 5。

(5)在每一步,羊和狼都有一定的概率繁殖下一代,羊的繁殖概率为变量 6;狼的繁殖概率为变量 7。

图 12 是这个模型的运行界面。从图左下方可以看到,在用户选择出变量值后,羊的数量、狼的数量以及草场的质量均随着时间推移变化,处于不断的波动过程之中。改变相关变量的值,就会改变这个波动曲线,包括频率和振幅等。在最极端情况下,如果狼的繁殖概率太高,便可能出现狼把羊几乎吃光,然后狼全部饿死现象。此后,漏网之羊便会在没有狼的情况下无限制繁殖,最后把草地几乎吃光,自己亦随之饿死。再后,残存的草地渐渐恢复。模拟呈现的,是一个既没有狼,也没有羊,只落得一个满目草地的世界。

以上三个例子,变量逐步增加,状态改变规则逐步丰富,所模拟的过程也会越发复杂。最后一个例子,本来是一个用非线性微分方程描述的复杂动态过程,借助于基于主体模拟方法,不涉及微积分,也成功描述出不同变量对行动主体的长程影响,以及不断振荡的过程。对于法学与社会科学研究而言,模拟方法可以高效,低成本地检验理论模型的合理性,预测制度设计的有效性。由于模拟研究操作系统界面设计

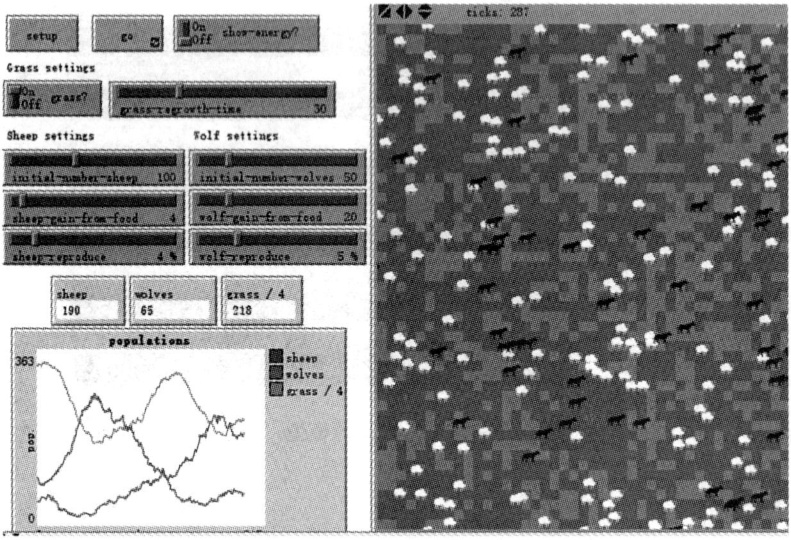

图 12　羊和狼的觅食模型的用户界面

的不断友好化,模拟方法或有望成为许多社会科学研究者得心应手的研究工具。

四、结语

挂一漏万地选取一些样例,本述评介绍了认知科学对法学研究和司法实验造成的影响。概言之,在理论方面,认知研究使用新的研究技术为一些涉及法律的根本性概念,如公平、正义、守法、惩罚等,提供了心理机制和神经基础,展示出立法、执法过程中可能出现的认知偏见,揭示了冤假错案产生的认知原因。在工具方面,认知科学提供了控制实验、核磁共振成像、事件相关电位、群体行为模拟等研究方法,为理解涉法行为的心理—神经过程、司法判断以及长程制度效果评估带来新的可能。本述评对有关样例的分析还表明,新的技术与发现是否以及何时能够合理地进入社会的司法实践之中,还会面临许多问题,有相当程度的不确定性。

附录记忆实验词汇表

线 眼睛 缝纫 尖锐 受伤 刺 纺织品 荆棘 注射 尖 衣服 干草堆	床 休息 醒着 打哈欠 做梦 醒来 打盹 疲倦 打鼾 平静 困倦 毯子

《法律和社会科学》(2017)
第16卷第2辑,第46~71页

什么在影响国家行为
——从美国外资国家安全审查涉华案例切入

胡诗雪*

摘要:投资东道国民众对外资的认知偏差影响国家对外资管制的偏差。具体而言,分为两个过程。在第一过程中,民众面对外资可能带来的利弊和风险,代表性、可得性的启发式影响和损失厌恶的禀赋效应会产生大量不符合事实和概率的认知偏见。在第二过程中,在社会结构和制度安排下,媒体和利益集团将民众的认知偏差联系得更紧密,并通过不完善的国家安全审查法律制度形成国家行为。集体理性并没有在其中发挥作用。相反,高度一致的个体认知偏差在一个缺乏检查机制的法律制度下,使得最终的国家行为实施者可以轻率地采取政治化行为。民众认知偏见到国家决策偏差产生的风险,不仅仅在于可能损害宪法赋予公民的基本权利;在国际层面,也不利于国际经济自由化、去政治化和一体化的健康发展。

---

* 北京大学法学院博士研究生。

一、问题的提出:对华在美投资趋严的美国国家安全审查

2012 年 9 月 28 日,美国总统奥巴马以涉嫌威胁国家安全为由,通过美国国家安全审查机制签发行政命令禁止中国三一集团在美国的关联公司 Ralls Corp. 收购在俄勒冈军事基地附近的风力发电厂。禁令中要求 Ralls 公司在两星期之内从上述场地撤走全部财产和装置,要求其在 90 天之内从这个风力发电项目中撤出全部投资,并且禁止该公司或以后的股东在该项目上使用由三一制造的涡轮机。①

在此之前的三个月,Ralls 刚刚从希腊一家公司手中购买了一系列风电项目,其中一项就位于上述俄勒冈美国海军无人轰炸机训练基地附近。美国海军马上对这一收购表示了担忧。虽然 Ralls 许诺将其风电项目移至别处,但美国外国投资委员会(CFIUS)得知情况后联系 Ralls 公司要求其依照美国国家安全审查法 FINSA2007 进行申报。Ralls 申报后不久就收到了来自总统的行政禁令。随后,Ralls 公司向美国哥伦比亚地方法院递交诉状,将总统和美国外资委员会列为共同被告。Ralls 的诉状主张总统此举违反了美国宪法第五修正案中正当程序条款和平等保护条款,澄清公司投资的风电项目只是普通商业行为,没有也不会威胁美国国家安全,并寻求违宪禁令的经济补偿。②

2014 年 7 月 15 日,哥伦比亚特区联邦上诉法院推翻了其地方法院的判决,裁定总统奥巴马下达的总统令未经适当的程序剥夺了 Ralls 公司受宪法保护的财产权。③ 双方最终就这一并购项目达成了和解,

---

① http://www.nytimes.com/2012/09/29/us/politics/chinese-company-ordered-to-give-up-stake-in-wind-farms-near-navy-base.html? _r=0.

② Ralls Corp. v. Committee on Foreign Inv. in U. S., 758 F. 3d 296 (2014).

③ Ralls Corp. v. Committee on Foreign Inv. in U. S., 758 F. 3d 296 (2014).

Ralls 公司撤销了诉讼,政府也放弃了强制执行总统禁令。①

历史上,Ralls 并非第一个遭到美国国家安全审查的具有中国背景的公司。最开始美国国家安全审查主要针对的是中国国有企业,涉及的产业也仅限于战略领域的投资交易。1989 年,原中国航空技术进出口总公司以 500 万美元收购了美国从事民用飞机零部件制造的 MAMCO 公司。但时任美国总统下令禁止交易并要求中航技剥离资产,理由是 MAMCO 公司存在禁止出口的技术,而美国政府认为中国航空技术进出口总公司作为国有企业代表了中国政府。

类似地,2005 年 6 月 23 日,中国海洋石油公司香港子公司宣布以 185 亿美元竞购美国尤尼科石油公司时,虽然中海油于 7 月 1 日就其竞购单方面向外国投资委员会提出审查通知,但美国外国投资委员会不确定中海油与尤尼科是否能达成协议,而美国国会又出现了反对浪潮,不久,中海油被迫放弃对尤尼科的竞购。

早期美国国家安全审查针对的还是国有企业的并购投资,之后其介入则将范围扩大到了非国有企业和中国投资的美国公司。2010 年 5 月,华为技术有限公司位于美国的子公司准备斥资 200 万美元,按照美国普通收购程序对美国一家破产科技公司 3Leaf 实施收购。华为向美国商务部工业与安全局递交申请,获得的批示是"出口 3Leaf 这一技术无须许可"。华为美国公司在 5 月和 7 月完成了对 3Leaf 部分资产的收购。这本是一次普通的企业间收购。然而事后,华为得知美国外国投资委员会对此交易感兴趣,于是在 2010 年 11 月自愿补递交了正式申请,申请美国外国投资委员会对此项交易进行国家安全审查,并承诺给予全力配合。② 但 2011 年 2 月 11 日,美国外国投资委员会正式通知华为,建议华为按照其提出的条件撤回收购申请。这意味着华为第二次进军北美市场的尝试再次以失败告终。

2011 年 8 月,华为提出欲向美国第三大移动运营商 Sprint Nextel

① http://blogs.wsj.com/riskandcompliance/2015/10/09/chinese-wind-company-settles-with-u-s-in-cfius-battle/.

② http://www.huawei.com/cn/about-huawei/newsroom/press-release/hw-092878.htm.

出售设备后,多位美国共和党参议员立即联名写信给各联邦机构的领导人,对安全隐患提出警告。在之后,美国众议院专门针对华为和中兴两家中国通讯行业公司,向国会提交了国家安全审查报告。虽然美国情报部门在其提交给国会的报告中承认其并没有弄清楚两家公司与中国政府的具体联系,但报告的结论认为这两家企业存在重大网络间谍风险。①

从以上涉华案例历史中可以看到美国在国家安全问题上行政权力不断扩张,对外资审查机制逐渐趋严。

美国外国投资委员会 CFIUS 是负责美国国家安全审查的专门机构,诞生于 1975 年。当时,世界主要石油输出国的资本大量流入美国,使得国会认为这种投资是出于某种政治考虑。特别是阿拉伯世界宣布对美国实施石油禁运后,美国国会随即推动福特总统发布 11858 号令成立外国投资委员会。委员会成立之初,美国并没有针对外资并购所涉国家安全问题的专门立法,实践中多依据《1950 年国防生产法》《国际武器交易管理条例》《出口管理法》《国际紧急经济权力法》和反垄断法等分散立法。②

1988 年,为了应对日本企业在美国境内的收购③,美国国会通过了修正《1950 年国防生产法》第 721 条的《埃克森—弗洛里奥修正案》(The Exon - Florio amendment)④,从而赋予了总统直接干预外资收购的权力,以保障美国国家安全不因外资收购而受威胁。这是美国第一

① US House Permanent Select Committee on Intelligence, *Investigative Report on the U.S. National Security Issues Posed by Chinese Telecommunications Companies Huawei and ZTE*, at iv. 11.

② http://www.america.gov/mgck.

③ 特别是日本富士通公司收购美国仙童半导体公司事件:在该案中,由于半导体产业不在美国禁止外资进入的列表中,美国总统也无法依照《国际紧急经济权力法》动用其权力对盟国日本宣布敌对状态从而中止收购交易;仙童半导体公司是美国顶尖的电脑芯片制造商,因此国防部官员和民众都认为其对美国国防有重大作用,担心日本可能在收购后将美国国防的重要信息卖给苏联等东方阵营或者使美国在半导体领域受制于日本。

④ http://www.treasury.gov/resource-center/international/foreign-investment/Pages/cfius-legislation.aspx.

个对外资收购进行国家安全审查的专门立法,之后通过的修正案还有《伯德修正案》《里格尔修正案》和《本杰明修正案》。

2001年的"9·11"事件改变了美国的国家安全观①,美国感觉到内外安全的边界变得日益模糊,其国家安全威胁不仅仅来自传统的国家行为体。② 之后,来自新兴经济体国家的企业海外投资规模逐步扩大,但美国公众对这类收购有强烈的抵触情绪,典型的案例即中海油收购优尼科、迪拜世界港口公司并购半岛东方等案件。

2007年7月,布什总统签署由国会通过的《2007年外国投资和国家安全法》(The Foreign Investment and National Security Act of 2007, FINSA),对外国投资委员会进行进一步改革,完善了美国对外国收购的安全审查法律体系。之后针对外国投资委员会和国家安全审查又出台了有关执行程序的11858号修正案,并对原有外国投资委员会的条例进行了修订,还公布了外国投资委员会对国家安全的评价指南。③

由上述立法背景可以看出,美国对外资的国家安全审查制度是在外资收购并购美国企业的发展中由民意推动国会立法逐渐形成并完善的。这一制度从一出生就带有很强的政治色彩和保护色彩。但美国对外资的管制与其国内民意政治和保护主义之间的逻辑是怎样形成的呢?申言之,国内民意如何影响了国际法上的国家行为?

二、国际法对国家行为的"利""义"之争和认知科学的新视角

国际法上有关国家行为的"利""义"之争,某种程度上反映出社会

---

① *See* James F. F. Carroll, Back To The Future: Redefining The Foreign Investment And National Security Act's Conception Of National Security, 23 *Emory International Law Review* (2009), p. 179.

② *See* Christopher R. Fenton, U. S. Policy Towards Foreign Direct Investment Post-September 11: Exon-Florio in the Age of Transnational Security, 41 *Columbia Journal of Transnational Law* (2002), p. 197.

③ http://www. treasury. gov/resource-center/international/Pages/Committee-on-Foreign-Investment-in-US. aspx.

科学中经济学和社会学的分野。前者将国家类比为理性人，并将分析国家行为的重点放在利益博弈和因势利导上。基于"利"的观点，影响国家行为的关键，在于激励、惩罚、信息和主体在博弈时的地位力量。[①]沿着这一进路，美国加强对中国企业的投资管制，是一种保护其经济利益的行为。即政府为了保护当地相关产业的利益，或部分利益集团通过民主制度主张了其利益。但是，它并没有解释为何只反对来自中国而不是来自欧洲的投资。相反，从客观效果上看，外国的投资可以在当地创造更多的就业岗位，为市场提供更多的产品和选择，为社区的公共事业提供更多的税收等好处，利益计算的理论未能很好地解释为何国家会忽视这些好处和利益。

基于"义"的观点则认为社会运行中的主体，除了利益博弈，还会累积出不同的价值和诉求，其观察焦点在于形成国家偏好和利益的过程和环境。他们认为，国际社会兴起的一波波对人权、女权、民族主义、环境问题的关心，反映的就是国家塑造自身价值和身份的过程。[②] 放

---

① 代表理论包括：E. H. Carr, The Twenty Years' Crisis (1939); H. J. Morgenthau, Politics Among Nations (1948); Kenneth Waltz, Theory of International Politics (1979); Robert O. Keohane& Joseph S. Nye, Power and Interdependence (1977); Stephen D. Krasner, Structure Causes and Regime Consequences, Regimes as Intervening Variables, in International Regimes 1,2 (Stephen D. Krasner ed., 1983); Barbara Koremenos et al., The Rational Design of International Institutions, 55 International Organization (2001), pp. 761 – 768; Andrew Guzman, A Compliance Based Theory of International Law, 90 California Law Review (2002); Andrew Moravcsik, Taking Preferences Seriously: A Liberal Theory of International Politics, 51 International Organization (1997); Anne-Marie Slaughter, A liberal Theory of International Law, 94 American Society of International Law Proceedings (2000); Jose Alvarez, Interliberal Law: Comment, 94 American Society of International Law Proceedings (2000).

② 代表研究包括：John Gerard Ruggie, What Makes the World Hang Together? Neo-utilitarianism and the Social Constructivist Challenge, 52 International Organization (1998); Martha Finnemore, National Interests in International Society (1996); H. L. A Hart, Concept of Law (1961); Ian Hurd, Legitimacy and Authority in International Politics, 53 International Organization (1999); Thomas M. Franck, Fairness in International Law and Institutions (1995). Abram Chayes and Antonia Handler Chayes, The New sovereignty: Compliance with International Regulatory Agreements (1995); Harold HongjuKoh, Why Do Nations Obey International Law?, 106 Yale Law Journal (1997); Mary Ellen O'Connel, New International Legal Process, 93 American Journal of International Law (1999).

在美国的具体情境下,一方面,美国社会对强大政府特别是政府支持的大企业抱有怀疑,担心其他企业与之竞争时会受到不公平待遇;另一方面,如上所述,"9·11"事件确实给美国的国家安全观产生了巨大影响。因此可以说,美国社会的反华投资浪潮反映了整个社会价值观的转变,从更加支持自由市场转为更加注重本土安全。但是,它没有办法解释为何除了限制敏感领域的投资和国有企业外,还要限制民营资本的进入。这种分析框架也没有办法解释,不同价值发生冲突时的政策结果。

基于"利"和基于"义"的理论为国家行为提供了不同的解释,但两者都将国家行为的形成过程放在了一个完美的认知世界中。即认为:无论是国内利益团体还是国家作为一个统一体,都能基于一定的信息,或依照利益计算,或凭借价值选择进行相应的国家行为。但现实世界毕竟不是理论中的完美认知世界。认知科学的大量实验已经证明,即便在给定充分信息的条件下,人的认知也具有片面性。本文进一步主张,国家也会像自然人一样产生类似的认知偏差,这种国家的认知偏差是由个人认知偏差通过不合理的集体决策机制形成的。

国际法委员会有关国家责任的条款,定义了有关"国家行为"的概念。其中的第二条描述"国家行为"为"可被归因于国家的作为或不作为"。① 国际法院在多个案件中亦谈及国家行为的判断标准,即在法律上某一些行为是否可由国家承担责任。② 可见,"国家"本身是无法做出某种行为的。客观地看,"行为"只有某个自然人或一群自然人可以做出。国际法上的"国家行为"的背后还是人的决策,只是在法律上,

---

① 第二条的原文定义的是国家需要承担国际责任的行为,但其中第(a)款将国家行为描述为"There is an internationally [...] act of a State when conduct consisting of an action or omission:(a) is attributable to the State under international law;" 参见 James Crawford, The International Law Commission's Articles on State Responsibility: Introduction, Text and Commentaries, Cambridge University Press (2002), p. 81.

② "[f]irst, it must determine how far, legally, the acts in question may be regarded as imputable to the Iranian State." See United States Diplomatic and Consular Staff in Tehran, I.C.J. Reports 1980, p. 3.

人(们)决策的行为需要由国家来承担其法律后果。① 当我们揭开“国家行为”这一概念的面纱而看到其背后真实的人的行为时,会看到认知科学给法学带来的理论启示。认知科学的发展,给国家行为的理论提供了一个更加新颖、现实且细致的分析解释视角。

三、揭开“国家行为”的面纱:自然人对来自中国资本的认知偏见

近年来认知科学与法学的交流碰撞得益于 Daniel Kahneman、Amos Tversky、Richard Thaler、Cass Sustein 等人对人类行为与公共政策的细致观察和开创性研究。1974 年,《科学》杂志刊登了一篇文章,标题是“不确定性下的判断:启发法和偏见”,主要内容有关人们如何依赖数量有限的启发式规则作出认知和判断。文章通过实验证明,这些启发式原则能将测量概率以及预测价值的任务在头脑中进行简化,使其成为更为简单的判断。但同时,这些启发式原则有时也会导致严重的系统性认知错误,即形成偏见。② 这篇文章对经济学、法学、哲学等学科产生了广泛影响。

Richard Thaler 和 Cass Sunstein 之后将心理学的行为分析广泛地用于国内公共政策和法律的制定实施,研究了包括食品安全、环境、治安等一系列规制的有效性问题。③ 之后,美国法学界对法律的行为分析逐渐兴起。他们的重要贡献不仅仅在于发展了行为经济学,其对人有限理性的实验为社会公共政策的制定、法律的实施均提供了有益见解。

---

① 这一点与拟人的法人有相似之处。例如公司的行为、行政机构的行为,背后的决策都是由单个自然人或一群自然人做出的,但法律后果由法人承担。

② Daniel Kahneman and Amos Tversky, *Judgement under Uncertainty: Heuristics and Biases*, 185 Science (1974), p. 1124.

③ Christine M. Jolls, Cass R. Sunstein& Richard Thaler, *A Behavioral Approach To Law And Economics*, 50 Stanford Law Review (1998), p. 1471; Behavioral Law And Economics (Cass R. Sunstein Ed., 2000); Cass R. Sunstein, Laws of Fear: Beyond The Precautionary Principle (2005); Cass R. Sunstein, Risk And Reason: Safety, Law And The Environment (2004); Cass R. Sunstein, Worstcase Scenarios (2007).

在法律的行为分析下,人的认知包括两套系统,而人的认知错误及其之后的公共政策错误,与人的两套认知系统的特征和分工息息相关。

(一)自然人的两套认知系统

已有的大量心理学研究表明,人有两套认知和思维系统:一套是出于本能和经验的直觉思维系统,又称为"系统1";另一套是出于理性计算思维的理性思维系统,又称为"系统2"。① Keith E. Stanovich 和 Richard F. West 用了几十年的时间来研究不同个体面对问题时的反应,以及为何有些人比其他人更容易受到判断成见的影响。其在《理性和反思性思维》一书中对这两种不同的思维模式进行了描述。

现有心理学成果认为,直觉思维系统靠的是直觉,反应迅速,是一种无意识的本能,并且在生活中大量存在。例如面对出其不意砸来的皮球,人们往往会蹲下身子进行躲闪。相反,理性思维系统更具有计划性和自觉性,来自于人们有意识的思维。这一类的系统往往用于解决行为、选择和专注等更加复杂的问题,例如进行数学计算等。②

直觉思维系统/系统1	理性思维系统/系统2
不受控	受控
不费力	费力
速度快	速度慢
无意识	有意识
联想	演绎
熟练	依照规则

---

① Shelly Chaiken, *Heuristic Versus Systematic Information Processing and the Use of Source versus Message Cues in Persuasion*, 39 J. Personality & Social Psychology (1980), p. 752; Keith E. Stanovich And Richard F. West, *Individual Differences In Reasoning: Implications For The Rationality Debate*, 23 Behavioral &Brain Science (2000), pp. 645, 658 – 659. Daniel Kahneman&Shane Frederick, *Representatives Revisited: Attribute Substitution In Intuitive Judgment*, In Heuristics And Biases: The Psychology OfIntuitive Judgment (Thomas Gilovich, Dale Griffin & Daniel Kahneman Eds., 2002), pp. 49 – 51.

② [美]理查德·泰勒、卡斯·桑斯坦:《助推》,刘宁译,中信出版集团2015年版,第21~23页。

在两个系统的分工和关系上，理性思维系统更像是一个默许直觉思维系统的监视器。其还具有搜寻记忆、复杂计算、比较、规划和决策的功能。系统 2 有能力抵制系统 1 的建议，能使思维和行为放缓并开始进行逻辑分析并进行自我批评。但在态度方面，系统 2 更像是系统 1 各种情感的赞许者或承接者，而非批评者。系统 2 获得的信息和论据，多半限于与已有看法一致的信息并不刻意对其进行调查审核。①

经济学家认为，人一般是以理性思维系统进行认知选择和判断的。但现实情况是，人往往会先用直觉控制的系统 1 做出选择，因为这套认知系统的反应更快、更直接，类似于一种本能和情感反应。Kahneman 和 Tversky 认为，人们在进行决策时会依赖数量有限的启发式原则。这些原则能将测算概率以及预测决策价值的任务（系统 2 的任务）进行简化，使其成为更为简单的判断过程（系统 1 的任务）。然而，这种认知方法在代表性、可得性和锚定法上会产生各种启发式，进而导致人们得出错误的认识。而系统 2 的继承性使得人们往往对这种错误的认识过于自信，继而进一步引发大量的错误选择和行为。② 自然人认知双系统的模型很好地解释了美国民众近期对来自中国资本的偏见的形成。

（二）代表性启发式导致的认知偏差

代表性启发式（Representativeness heuristic）发生在分析有关样本的代表性和概率的问题中：例如 A 属于 B 的概率是多少，B 引起 A 的概率是多少，等等。人在回答此类问题时会依赖代表性启发式，即通过 A 与 B 之间的相似程度来对概率进行评估——如果 A 能高度代表 B，那么人们就会认为 A 属于 B 或源自 B 的概率很高。这种关于概率的判断方法会导致严重的认知错误，因为相似性或代表性可能不会受到某些因素的影响，而这些因素实际上会影响概率。③

① ［美］丹尼尔·卡尼曼：《思考，快与慢》，胡晓娇、李爱民、何梦莹译，中信出版社 2012 年版，第 87 页。

② Daniel Kahneman& Amos Tversky, *Judgement under Uncertainty: Heuristics and Biases*, 185 SCIENCE(1974), p. 1124.

③ ［美］丹尼尔·卡尼曼：《思考，快与慢》，胡晓娇、李爱民、何梦莹译，中信出版社 2012 年版，第 388 页。

20世纪80年代左右,日本对美国投资逐年增加。一些大型的日本企业收购了众多美国知名企业和高档地产等。例如,位于纽约的帝国大厦、洛克菲勒中心、哥伦比亚制片公司,等等。来自日本的投资引起了上至美国国会、下至普通媒体大众的担心和反日投资浪潮。① 人们开始担心这些雄心勃勃的日本企业会主导美国经济。当时的民调显示,有73%的受访者认为,日本是来美投资最多的来源地国家,只有3%的受访者认为英国是对美外商投资最多的国家。②

而事实数据显示,这一时期对美国存量投资最多的国家恰恰是英国,日本在所有国家中只排在第三位。③ 另外,学者们事后的研究统计表明,虽然日本在美国投资了许多著名的房地产项目,但美国房地产业整体吸收外资的水平很低,所有外资加起来所占比重才不到1%。④ 即便如此,担心抑或愤怒的美国民众并不会花精力去搜寻这些数据和真实信息,相反,他们担心日本正在买下美国。⑤ 这种基于认知错误的民意,直接阻碍了1986年日本富士通公司对美国仙童半导体公司的收购。当时的政府认为,仙童一旦落入富士通的手中,影响的不仅仅是美国企业在国际上的地位,更关乎美国本土的经济安全。⑥ 在巨大的政治反对声下,富士通不得不撤回了其收购计划。

这种直觉性反应违反了统计上对可预测性、效度和基础比率的

① Wei He and Marjorie A Lyles, *China's Outward Foreign Direct Investment*, 51 Business Horizon (2008), pp. 485 – 486.

② Smick-Medley and Associates, *Foreign Investment*, *A Smick-Medley and Associates Public Opinion Survey of U. S. Attitudes*, Smick-Medley White Paper, March 1988, p. 12.

③ *See* Norman, J. Glickman & Gouglas P. Woodward, The New Competitors: How Foreign Investors Are Changing The U. S. Economy(1989), p. 35.

④ Edward M. Graham & Paul R. Krugman, Foreign Direct Investment In The United States 8 – 10 (3rd ed. 1995), pp. 22 – 23.

⑤ C. S. Eliot Kang, *U. S. Politics and Greater Regulation of Inward Foreign Direct Investment*, 51 INT'L ORG. (1997), pp. 301 – 317.

⑥ Barry K. Robinson, *Practical Comments on the Exon-Florio Provisions and Proposed Regulations*, in The Commerce Department Speaks 1990: The Legal Aspects Of International Trade (1989). pp. 173 – 182; *see also*Paul I. Djuristic, *Comment: The Exon-Florio Amendment: National Security Legislation Hampered by Political and Economic Forces*, 3 DEPAUL BUS. L. J. (1991), pp. 179 – 184.

要求。

可预测性即人们通过一些描述来预测未来的趋势。例如,通过新闻来预测某只公司的股票的涨跌。心理学实验发现,如果仅仅依靠描述的好坏来预测结果的好坏时,人们会对证据的可靠性和预测的精确度不够敏感。例如买股票时,如果一个人仅仅依据的是关于公司的描述来确定未来是否收益,那么当听到的描述是正面时,他就会预测这家公司将有高收益;如果对公司的描述很普通,人们很有可能会预测这家公司的表现也会很普通。

又或者在一个教育实验中,受试者需要根据对实习老师当下的描述来判断其5年后的教学表现。同样地预测结果也会发生。然而,这种判决模式违反了统计学中对可预测性的要求。因为当某件事的可预测性为零时,结果在任何描述下发生的概率都应该是相同的,不会因为描述是更加正面就产生更好的结果。① 直觉性预测违反了统计学理论中对可预测性的控制要求。类似地,当日本的投资进入美国时,对日资描述的好坏会大大影响民众对其的预测和态度。这种预测可能与日资最终在美国产生的实际社会价值并不对应,但现实中人们依然会将两者挂钩。

类似地,人们常会挑选输入信息中最具有代表性的特点来进行预测。实验表明,人们在预测时的自信程度主要取决于相关信息代表性的高低,即所选特点与输入信息的吻合程度。相比于某个在一年级得了许多A但也得了一些C的学生来说,人们在预测一个在一年级得了许多B的学生的平均绩点时会更加自信。但这种效度错觉会使人们过于自信。当日本的投资开始流向美国著名公司或房地产项目时,美国民众的心中会逐渐形成日本企业财大气粗的印象,并进而给日资贴上不切实际的标签。甚至基于过往有限的案例来对未来的投资进行判断,认为日本企业快要占领美国经济了,虽然在同一时期实际投资量最大的是英国企业。

另外,样本基础比率也是影响结果的关键,然而它们也常常被忽略。

---

① [美]丹尼尔·卡尼曼:《思考,快与慢》,胡晓娇、李爱民、何梦莹译,中信出版社2012年版,第392~393页。

虽然20世纪80年代左右日本确实大大增加了对美国投资,但同一时期,全世界范围内的对外投资都在快速上涨。1985年至1990年,流向美国的外商直接投资(FDI)上涨了16%①,全世界范围内的外商直接投资则上涨了15%②。据统计,在1986~1991年,美国在所有发达国家中,吸引的外资占GDP比重仅仅排在第10位。③ 可见,并不仅仅是日本增加了对美投资,而是全世界范围内的投资都在增长。

虽然大部分的FDI依然来自英、法等发达地区,但人们对样本的认识错误和对结果先验概率的不敏感使得其对来自日本的投资产生了错误的认知。在这种明显是偏见,却又十分强大的民意基础上,美国国会快速地启动了修改有关外资管制的法律法规程序④,大大缩紧了对美外资的管制,即使这些法规在此之前都沉睡已久。

历史总是会不断自我重复。中国的企业现在在美的遭遇与当年的日本企业有着惊人的相似之处,甚至可以说是有过之而无不及。新闻标题中的关键词常常包括"贸易摩擦"、"汇率操纵"、"政府补贴"、"中国崛起"和"西方没落"等。⑤ 新闻报道里总会不断出现中国企业购买美欧世界著名企业这样的个例报道⑥,多次的收购并购也看似满城风雨、蔚为壮观。但从实际的统计数据上看,截至2014年年底,中国对美投资在美

① United Nations Conference on Trade and Development, World Investment Report 2004, Annex table B. 3.

② United Nations Conference on Trade and Development, World Investment Report 2004, Annex table B. 3.

③ *See* UNCTAD, World Investment Report 1993, Annex table 3.

④ 即前文提到的《1950年国防生产法》第721条的《埃克森—弗洛里奥修正案》(The Exon-Florio amendment)及一系列后续的法规。

⑤ *See, e. g.*, Sophie Meunier, *Political Impact of Chinese Foreign Direct Investment in the European Union on Transatlantic Relations*, EuropeanParliament Briefing Paper (May 4, 2012); *see also* Curtis Milhaupt, *Is theU. S. Ready for FDI from China? Lessons from Japan in the 1980s*, Investing In The United States: A Reference Series For Chinese Investors, Vol. 1, 2008, at 2.

⑥ 例如联想收购IBM,吉利收购Volvo,还有若干关于中国企业投资世界奢侈品牌的故事。

国 FDI 总额中排不上前 20。[1] 中国和其他金砖国家对美投资总额甚至都不到美国 FDI 总额的 1%。[2] 可以说,美国如今对来自中国投资的担忧与其当年对日本"占领美国经济"的担忧如出一辙。

民意同样也忽略了样本大小和基础比率。如果将视线从中国对美国 FDI 的几个案例扩展到中国所有对外投资,甚至世界范围内的对外投资数据时,会发现美国新闻报道中基于个案的担忧并没有得到数据支持。在中国的对外 FDI 中,近七成的资本流入香港、英属维尔京群岛、开曼群岛等一些避税天堂。[3] 中国对所有发达国家经济体的 FDI 比重仅仅占到中国整体对外投资总额的 19.4%。[4]

虽然自中国 2000 年提出"走出去"战略后的十年间,中国每年的对外 FDI 涨幅均保持在 50% 左右,[5]但这一速度跟中国 GDP 在全球占比依然不成比例。[6] 况且自 2011 年起,中国对外 FDI 投资的涨幅有所回落,2014 年对外 FDI 较上一年仅增长了 14.2%。而从世界范围来看,自 2008 年世界经济危机问题爆发之后,世界整体 FDI 每年均在急速上升,2015 年的 FDI 流入量增长率较上一年的增长超过 40%。[7] 新闻报道中有关中国崛起和西方没落的描述,同样忽略了统计学上对样本和数据基础比率的要求。

---

① See Organization For International Investment, Foreign Direct Investment in the United States – 2016 Report, p. 5.

② Id., p. 6.

③ 中华人民共和国商务部、统计局、国家外汇管理局:《2014 年度中国对外直接投资统计公报》,中国统计出版社 2015 年版,第 13 页。此类的投资大多是通过这些境外企业再投资完成的。而这些企业往往是利用红筹模式和 VIE 模式获得更有利的税收、政策等优惠而设立。

④ 中华人民共和国商务部、统计局、国家外汇管理局:《2014 年度中国对外直接投资统计公报》,中国统计出版社 2015 年版,第 13 页。

⑤ 中华人民共和国商务部、统计局、国家外汇管理局:《2011 年度中国对外直接投资统计公报》,中国统计出版社 2012 年版,第 5 页。

⑥ 2011 年时中国对外 FDI 存量仅占 GDP 比重的 6%,远远低于全球平均 31% 的水平。UNCATD, World Investment Report 2012, Annex Table 7.

⑦ UNCATD, World Investment Report 2016, Annex Table 7.

(三)可得性启发式导致的认知偏差

除了代表性启发式,可得性启发式(availability heuristic)也可能导致认知上的偏差。人们往往通过能想到例子或事件的容易程度,来评估此类事发生的频率或概率。这种可得性启发式有利有弊,虽然相较于频率较低的例子,可得性启发式可以更好更快地让人们得到频率更高的例子,但可得性并不实际影响频率和概率。例如在"9·11"之后,许多人认为乘坐飞机的危险程度大大提高,但在统计上,飞机一直是最安全的交通工具。[①] 可得性启发式的最通俗的反例,就是"眼不见为净"。依赖于可得性启发式同样会导致一些预测的偏见。

例子的可提取性会导致偏见。人们对某一事物或事情的熟悉程度会影响对这一例子的可提取性。例如,最近发生的事情比之前发生的事情更容易被大脑提取获得,或亲眼见的比听来的事情更容易被记住,如"9·11"后,人们不敢坐飞机;或亲眼见过失火的人比在报纸上读到失火的人认为自己生活中发生失火的概率更大,等等。[②]

想象力也会影响偏见的发生。在真实情景中,实验人员设计一个情景,让被试通过想象某次探险中无法应对的意外事件来评估该探险的风险。实验结果发现,那些能想到更多意外情况的被试更容易认为探险非常危险;相反,如果被试想到的意外事件越少或相对抽象模糊,那么其对探险的危险性评价将大大降低,尽管想到这些灾难的难易程度并不能反映出探险中灾难实际发生的可能性。[③] 还有一类导致可得性偏见的错觉,即对相关性的错觉效应。相关性指的是两个事件相互关联的强度。人们往往根据两个事件相互关联的强度来判断它们同时发生的频率,当两个事件的关联性强时,则人们会认为它们经常同时发生,甚至存在某

---

① Robert W. Hahn, *The Economics of Airline Safety and Security: An Analysis of the White House Commission's Recommendations*, 20 HAV. J. L. & PUB. POL'Y(1997), p. 791.

② [美]丹尼尔·卡尼曼:《思考,快与慢》,胡晓娇、李爱民、何梦莹译,中信出版社2012年版,第395页。

③ 同上书,第396页。

种因果关系，但这往往可能与事实不相符①。

因为可得性启发式导致的对投资的偏见在迪拜港口案件中体现得非常明显。迪拜港口世界公司是一家从事集装箱及港口相关业务的公司，总部在阿联酋，由迪拜政府控股。半岛东方轮船运输公司（以下简称半岛东方）是一家总部位于英国的公司。2005 年 11 月 29 日，半岛东方宣布接受迪拜港口的收购要约，出售其旗下位于美国巴尔迪摩、迈阿密、新泽西、新奥尔良、纽约和费城六个城市的港口经营权。依据美国外资并购安全审查法，该并购须接受美国外国投资委员会的审查。迪拜港口的负责人在前期就与美国外国投资委员会进行了非正式接触，并达成了严格的安全协议。之后，迪拜港口于 12 月 15 日向美国外国投资委员会提出正式申请，并在安全协议的基础之上保证其港口的安全标准达到美国的要求。经过美国外国投资委员会的初审，布什总统于 2006 年 1 月 17 日亲自批准了该项并购交易。②

但是，由于迪拜港口是一家来自中东的企业，其对美国港口的并购在美国国内掀起了轩然大波。媒体争论的焦点，很快集中在了有关外资和国家安全的问题上。它们担心这一并购会导致中东的国家直接控制美国的港口。这一担心是“9·11”事件后民众受到可得性启发式引起的认知偏见，这体现在当时对迪拜港口世界公司的报道描述，常常将其与恐怖主义联系在一起。例如，“位于 Al-Qaida 心脏的迪拜港口世界”，等等。③ 民众认为迪拜港口由阿联酋控股，而阿联酋和“9·11”的恐怖分子们在地域上有极大的相关性，于是便轻率地将这一家公司与恐怖主义对等起来。“9·11”事件刚刚发生不久，双子塔倒下时的浓烟依然徘徊在民众的脑海中，一个小小的地域特征马上引发了认知系统中的可得性启发式。

---

① ［美］丹尼尔·卡尼曼：《思考，快与慢》，胡晓娇、李爱民、何梦莹译，中信出版社 2012 年版，第 397 页。

② Press Release, Department of the Treasury, *CFIUS and the Protection of the National Security in the Dubai Ports World Bid for Port Operations* (Feb. 24, 2006).

③ Peter King, *Dubai Ports Company in "Al-Qaida Heartland"*, NewsMax. com, Feb. 20, 2006, available at: http://www. freerepublic. com/focus/f-news/1582224/posts.

但从系统2的认知角度看,以上的可得性启发式的认识是偏颇的。首先,阿联酋与美国之间有着良好的外交关系。特别是在"9·11"事件后,双方进一步加深了军事合作关系。① 其次,能通过美国外国投资委员会层层严密审查的交易并获得总统的许可,从理论上看,应该不会威胁国家安全的交易。再有,从法律上看,负责国家安全的应当是政府港口警察和海关军队,保障安全的义务不应当由商业的港口运营商承担。但是这种理性的判断还是抵不过民众在可得性启发下引起的巨大认知偏见。1个月之后,在美国国内巨大的舆论、政治狂潮之下,迪拜港口最终被迫放弃并购,宣布将美国港口业务转售给一家无任何运营经验的美国公司。

类似地,对中国企业投资的担忧也与可得性启发式有关。例如在华为收购3Leaf时,适逢中美关系紧张时期。美国围绕人民币升值展开的对华施压行动空前强硬,针对中国兑现入世承诺的一系列责难前后不断,贸易争端更是愈演愈烈。此时,任何一件小事都可能被媒体放大而触发民众或决策者的可得性启发式。

在华为收购过程中,美国方面认为华为具有官方背景的原因仅仅是"其总裁任正非是原解放军军官,因此华为是中国官方的嫡系企业,和中国军方有千丝万缕的联系"。但事实情况是,华为最初为一家生产用户交换机的香港公司的销售代理。根据华为公司2010年公布的公司年报,华为的全资股东是深圳市华为投资控股有限公司。该公司是100%由员工持股的民营企业,即没有任何政府和其他第三方股东。华为控股通过工会实行员工持股计划,全体在职持股员工选举产生持股员工代表,并通过持股员工代表行使有关权利。② 由创始人曾经的军人身份,推断出华为公司是中国军方企业。这种可得性启发式的偏见,与当年民众认为迪拜港口公司支持恐怖分子的认知惊人相似。

但事实与这种认知之间存在矛盾。事实上,华为公司凭借其技术在

---

① Edward M. Graham & David M. Marchick, US National Security And Foreign Direct Investment (2006), p. 139.

② http://www. huawei. com/cn/about-huawei/corporate-info/annual-report/huawei2010/information-on-the-company/index. htm.

欧美市场屡获殊荣,其在2007年年底成为欧洲所有顶级运营商的合作伙伴。2008年12月,被美国《商业周刊》评为十大"全球最有影响力的公司"之一。2009年11月,华为的一项传送解决方案荣获美国著名科技杂志《研究与发展》颁发的2009年度"R & D 100 Award",该奖项被誉为科技界的"创新奥斯卡奖"。2009年12月,华为获美国电气和电子工程师协会(IEEE标准组织)颁发的"杰出公司贡献奖",成为第一家获得该殊荣的中国企业。2010年2月,美国商业媒体Fast Company评出了2010年最具创新力公司,华为紧随Facebook、Amazon、苹果和google位列第五……①然而,可得性启发式思维轻易地过滤了这些信息。

(四)损失厌恶导致的认知偏差

投资是风险决策的过程。对此类风险的判断受到价值的心理物理学影响:人们在获利概率大时往往选择规避风险,而在损失概率大时倾向于冒险。早在1783年,Daniel Bernoulli就发现人们总是对确定的事情选择风险规避。在实验中,当被试面临两种选择时,一种是有85%的概率赢得1000元,另一种是肯定会得到800元时,大多数人选择后者。他因此建议不要通过收益的客观结果来评估前景,而应通过主观价值来评估效用。这种价值的分析后来被应用到多属性选择中,即人们如何分析同时带来利益和损失的选择。

在Thaler对消费者行为的研究中,他发现人们会将多属性选择中的优点和缺点分开考虑,并且人们往往不愿意分割属于自己的财产,他将此认知模式描述为"禀赋效应"(Endowment Effect)——人们为了获得某物而付出的最高价,往往低于使他们放弃已有财产的最低补偿价。② 在禀赋效应下,由于替代选项在某些方面有利、在另一些方面不利,而损失又比收益对大多数人的影响更大,因此决策者往往会偏向于维持现状。简言之,损失厌恶的禀赋效应往往意味着人们偏向于稳定而非改变。③

---

① http://www.huawei.com/cn/about-huawei/corporate-info/milestone/index.htm.

② Richard H. Thaler, *The Psychology of Choice and Assumptions of Economics*, in QUASI RATIONAL ECONOMICS (Richard H. Thaler, ed. , 1991), pp. 137 – 143.

③ Daniel Kahneman, Jack L Knetsch& Richard H. Thaler, *Anomalies: The Endowment Effect, Loss Aversion, and Status Quo Bias*, 5 J. Econ. Perspectives, (1991), pp. 193 – 196.

投资输入国是否愿意接受外商投资就受到损失厌恶的极大影响。有研究发现,世界范围内,投资东道国,即接受外商投资的国家的民众普遍更青睐于"绿地投资"而不是"褐地投资"。① 前者指外国投资者在东道国设立新的企业,又称为新设投资。后者则是外国投资者在东道国收购或并购原有的企业,因此又称为跨国并购。绿地投资往往受到当地政府招商引资的优惠以及居民的欢迎,而跨国收购则往往面临民众巨大的反对情绪。② 当跨国收购发生在著名企业或敏感行业时,民众的这种反对情绪尤为突出。

例如在美国进行的一项访谈中,高达53%的受访者明确反对外国企业来美国收购并购,而只有36%的受访者认为外国企业来美国进行绿地投资可能是不好的。③ 民众对绿地投资和收购并购的态度反差是典型的损失厌恶:虽然事实上无论是新设投资还是收购并购都存在着风险和利弊,但根据心理的禀赋效应,新设投资意味着新资本的进入,从而带来更多就业岗位、更多当地原材料使用、更多税收以及其他福利。总之,是别人"给予"自己的;相反,收购并购则意味着原来自己国家的企业被外国企业"拿走"了。在大部分的损失厌恶的认知下,民众甚至决策者会担心自己国家企业原来的领先地位被取代,原有的技术被偷走,或者自己国家的行业被外国控制。④

这种基于系统1的认知却不一定符合系统2的逻辑。如果换个角度看,在一国市场内存在生产率高的企业和生产率落后的企业。在收购并购中,被收购企业可能正是这些在当地市场中生产率落后的企业。如果没有新的投资,它们可能有两种结局:一是在市场竞争中慢慢被淘汰出局、破产清算,二是存续很久、浪费着本应可以产生更高生产率的社会

---

① OECD, International Investment Perspectives: Freedom Of Investment In A Changing World (2007), p. 68.

② Id.

③ Pew Research Center for the People and the Press, *Bush Approval Falls to 33%, Congress Earns Rare Praise*, Survey Reports, March 15, 2006.

④ OECD, International Investment Perspectives: Freedom Of Investment In A Changing World (2007), pp. 85 – 86.

资源。在结局一，外来的收购企业可以节约落后本地企业冗长的破产清算的成本，直接将原来的资源进行变现支付。在结局二，收购企业因为相信其可以创造比原有企业更大的价值，于是通过资本优化其原来的资源，这将整合提高原有的生产率。无论如何，都是对原有情况的改善。从更为严谨的经济学研究看，并没有证据支持绿地投资就优于收购并购。① 相反，经济数据和实证研究显示，无论新设投资还是收购并购，外国投资对当地贸易、就业等的影响并无二致。②

损失厌恶在一些著名企业收购并购交易中体现得尤为明显。例如近期万达集团对美国好莱坞公司的收购，就引发了美国国内的担忧。美国众议院16名议员在9月递交给政府问责局的一封信件中，认为万达集团在好莱坞进行了一系列大宗收购，包括收购美国传奇影业公司和美国电影院连锁公司。这引起了人们对一个外部强国控制美国很大一部分传媒业的担忧。众议员们在信中写道，这些收购加重了人们对"中国企图审查题材，并对美国媒体实施宣传控制的担忧"。③

四、自然人认知偏见到国家偏颇决策的形成

在面对外商投资时，所有资本输入国都面临外商投资是否有利于自己的问题。自然人认知中的启发式会将大量系统2的任务转变为系统1的认知。这一过程中会产生大量的认知偏差，其中尤为明显的是基于代表性、可得性和损失厌恶产生的偏见。以上使用现有认知科学的发现，解释了自然人对来自中国资本可能存在的认知偏见。接下来需要考虑

---

① Magnus Blomstrom, Ari Kokko& Mario Zejan, Foreign Direct Investment: Firm And Host Countries Strategies (2000), pp. 101 - 221; *seealso* OECD, Foreign Direct Investment For Development: MaximizingBenefits, Minimizing Costs (2002), p. 9.

② Edward M. Graham & Paul R. Krugman, Foreign Direct Investment In The United States, 59 - 65 (3rd ed. 1995). 他们指出在美国的外商投资中，无论外资是绿地投资还是收购并购，其对贸易、就业的影响都是一样的，并且这种影响是间接的、有限的。

③ http://yule.sohu.com/20161009/n469839320.shtml.

的问题是,这种个体的认知偏见是如何形成集体的偏颇决策的。

James Surowiecki 在《群体的智慧》(*The Wisdom of Crowds*)一书中,解释了个人决策和集体决策的关系及产生偏颇的风险。他认为,一个人单独决策时可能较易产生偏见,但一群人共同作出判断时的准确率会提高。但这一改善有一个重要前提,即只有在每个人的观察相互独立、每个人所犯错误之间不相关联的情况下,降低错误率的结果才会出现。于是,他进一步指出,如果判断者持有相同的偏见,就算将判断汇总起来也难以降低错误率。① 现实中,美国在面对外商投资决策时,现有的社会机制和法律,特别是涉及国家安全审查的制度,并没有设计类似的隔离机制。相反,决策权过于集中,媒体、利益集团等极易将持有类似偏见的人们联系起来,形成集体偏见,并通过制度形成国家行为。

媒体对人与人之间的联系至关重要。媒体对信息的筛选直接影响了公众对样本及其效度的认知。Sunstein 曾在其研究中表明,媒体和可得性启发式之间存在恶性循环②:在损失厌恶的心理下,人们往往更加关注那些不好的负面消息。同时,媒体为了提高对自身新闻的关注度和评价,也有强烈意愿去报道这些不好的消息以博取眼球。这意味着媒体对负面新闻的报道和公众的排外情绪之间会互相加强,这往往不利于形成公众的合理认知。现实中,美国对中国在美投资的报道,就与其当年面对日本投资的大量负面报道非常类似。③

国内利益集团有更大的经济动力,来排挤不利于其利益的外资进入

---

① James Surowiecki, The Wisdom of Crowds, Anchor (2005).

② Cass R. Sunstein, Laws Of Fear: Beyond The Precautionary Principle (2005), p. 22.

③ 例如分别搜索美各大新闻媒体近期的涉华投资新闻,Economist 杂志对中国在美投资的描述将其与当年的日本联系起来:"HAS China arrived at its Rockefeller Centre moment?"(http://www.economist.com/news/business/21588369-what-make-chinese-firms-latest-foreign-purchases-second-wave);纽约时报头几条的标题有关对中资的国会调查和质疑美国过分自由的贸易投资政策:"America's Dangerous 'China Fantasy'"(http://www.nytimes.com/2016/10/28/opinion/americas-dangerous-china-fantasy.html);华尔街日报直接提及了对中资的政治担忧:"China Investment in U. S. Economy Set for Record, But Political Concerns Grow"(http://www.wsj.com/articles/china-investment-in-u-s-economy-set-for-record-but-political-concerns-grow-1460422802);等等。

市场。在中海油收购优尼科的过程中,事后报道显示中海油的竞争对手,美国国内 Chevron 公司曾大费周章地进行国会游说,来阻碍中海油的竞标。[①] 同样的游说也发生在华为的几次并购交易过程中。[②]

美国现有的国家安全审查制度安排,很容易令上述有意或无意的认知偏见变成政治意味强烈的国家行为。

首先,美国外商投资委员会审查的对象非常宽泛。根据《2007 年外国投资和国家安全法》第 721 条(a)款(2)(3)(4),外商投资委员会审查的对象为符合下列条件的所有交易[③]:第一,非为 1988 年 8 月 23 日之前完成的一项兼并、收购或接管;第二,上述兼并、收购或接管者为外国主体或与之有关的主体,因此不一定限于外国企业收购美国企业[④];第三,兼并、收购或接管将导致外来控制[⑤];第四,控制的对象为任何参与美国跨州贸易的主体,因此被控制的对象并不一定是美国公民或公司。

其次,国家安全审查的标准很抽象,给行政机构留有巨大的裁量空间。在第 721 条(f)款中,外商投资委员会审查时或总统作出决定时,主要考虑以下影响国家安全的因素:

第一,国内的国防生产需要;第二,国防所需的国内产能,包括人力、物力、技术、资源和其他供给和服务;第三,因外国公民的商业活动对国内产业形成控制从而影响国防所需的国内产能;第四,所涉交易涉及向支持恐怖主义国家、导弹扩散国家、生化武器扩散国家且被国防部认定给美国利益造成威胁的国家出售军用物品、设备和技术;第五,所涉交易影响美国在地区的国际技术领先地位从而危及美国国家安全;第六,对

---

① Jonathan Weisman, *In Washington, Chevron Works to Scuttle Chinese Bid*, WASHINGTON POST, July 16, 2005, available at: http://www.washingtonpost.com/wpdyn/content/article/2005/07/15/AR2005071501889.html.

② 美国国内的巨头思科公司 Cisco 被报道在华为收购中进行了大量的游说。C. S. Eliot Kang, *U. S. Politics and Greater Regulation of Inward Foreign Direct Investment*, 51 INT'L ORG. (1997).

③ 更详细说明见 31 C. F. R § 800. 207, § 800. 301 – 303(2008)。

④ 扬智勇:《跨国并购中的国家安全法律问题研究》,中国商务出版社 2011 年版,第 211 页。

⑤ 判断何者构成"控制"详见 31 C. F. R. § 800. 204(2008)。

美国重要基础设施的影响,包括主要能源资源①;第七,对美国与国家安全相关的重要技术的可能影响②;第八,交易是否被外国政府控制;第九,若交易为外国政府控制,则需考虑是否与该国有类似武器控制、不扩散条约以及与该国政府在安全领域的关系;第十,美国对能源、资源等重要物资的长期计划;第十一,在特定审查或调查中由总统或委员会认为其他的适当的因素。

从上述条款可以看出美国在国家安全审查的标准上有如下特征:一是宽泛性。美国认为的"国家安全"并不仅仅限于传统的、狭隘的国防和安全领域,也涉及战略性的产业、基础设施甚至包括其在某一领域的领先地位。而审查的标准中最后一条还是一项兜底条款,所以无论如何,外商投资委员会和总统都可以找到否定交易的理由。二是长期性。外商投资委员会的审查可以在交易完成后,并且其作出决定的理由不需要对外公开或进行司法审查,从而对外国投资者而言是一项长期性的监管。三是抽象性。在上述标准中不乏"可能"、"影响"、"能力"、"重要"等抽象的字眼。这些抽象的词语一方面使得法律具有了弹性,使第721条很好地填补了过去立法中硬性条款的漏洞;但另一方面,此类修辞以及兜底条款给了美国行政部门巨大的政策裁量权。

最后,除了审查范围的广泛性、审查标准的抽象性,启动美国国家安全审查的门槛也很低。在华为收购3Leaf案中,有5位美国众议员联名致信奥巴马,宣称华为收购3Leaf将会损害美国的国家安全,之后便启动了审查程序。他们之所以可以直接致信奥巴马是因为根据1988年《埃克森—弗洛里奥修正案》及其修正案、《2007年外国投资和国家安全法》,国会议员可以通过国会或直接致信行政机构来启动国家安全审查程序。③

---

① 50 U. S. C. § 2170. [as amerded by the Foreign Investment and National Security Act of 2007], sec. 721, (a)(6) Critical infrastructure.

② 50 U. S. C. § 2170. [as amerded by the Foreign Investment and National Security Act of 2007], sec. 721, (a)(7) Critical technologies.

③ 50 U. S. C. § 2170 [as amended by the Foreign Investment and National Security Act of 2007], Sec. 721, (b) National Security Reviews and Investigations.

更不寻常的是,美国的国家安全审查并没有形成对偏见的有效隔离机制,美国总统在国家安全审查方面有最终的决定权:例如,如果收购双方和外商投资委员会均未提出国家安全审查,则总统可以通过其下属的作为外商投资委员会的成员敦促外商投资委员会启动国家安全审查程序;另外,在外商投资委员会调查结束时,需要向总统提出调查意见报告以便其对是否否定收购作出决定;更加重要的是,总统的决定免于司法审查的限制。也正因如此,想要干预收购的人往往试图通过总统来影响收购的成功。

而总统相较于国会和法院,受到民意发生认知偏差的可能性更大:在民主社会中,因为选票利益,总统往往会在损失厌恶的心态下极度重视可能产生民意风险的决策,即使这些民意基于不实信息。Kent Weaver 称之为“政治的损失厌恶现象”:基于选民的损失厌恶心理,政客们更倾向于依照选民的认知进行行动;否则会对自己的政治声誉带来极高风险,而政客同样对政治损失也极度厌恶。[①] 用美国著名宪法学家的话来说,“总统越来越多地诉诸人民的情感或激情”,并且“整个政治的文化都趋向于非理性”。[②] 这种低门槛、一人决定且不受 checks and balances 制约的制度安排,使部分民众的认知偏见很容易地政治化,成为偏颇的国家行为。这其中的风险当然是巨大的,本文开头的 Ralls 案,法院最终判决总统行为违宪,可能仅仅只展露了认知偏差带来的巨大风险下的冰山一角。

五、总结:对“国家行为”的再思考

是什么在影响国家的行为? 对这一国际法理论的经典问题,“二

---

① “The politics of blame avoidance” R. Kent Weaver, *The Politics of Blame Avoidance*, 6 J. PUBLIC POLICY (1986), pp. 371 – 373.

② Bruce Ackerman, The Decline and Fall of the American Republic, Cambridge, Mass: The Belknap Press of Harvard University Press(2010), pp. 17 – 18.

战”后的国际法和国际关系理论,沿着经济学、社会学的范式展开了对话和碰撞。基于“利”的理论认为国家的一切行为都是基于理性的利益计算。之后兴起的,基于社会学的理论则反对将国家视为统一的利益集合体,而更加强调应在既有世界格局背景下关注国家行为中的价值因素,认为国家的行为不仅仅只因为其寻“利”,遵“义”才是影响国家行为更重要的原因。

如果说从“芝加哥式的人”(Chicago Man)到“卡—特式的人”(K-T Man)的转变是认知科学对传统经济学的一次革命①,是“传统法律心理学发展局限的例外”②,那么这次革命的余波同样可以扩展到分析“国家行为”的国际法学界。国际法从来不是虚无缥缈乌托邦形式的东西,国家也并非是冷冰冰的理性统一体。当我们将理论目光从“国家行为”的概念转到国家背后人的认知和决策时,会发现认知科学焕发的巨大理论价值。

使用美国外商投资国家安全审查中涉华案例和近年来备受关注的美国外资国家安全审查机制为例,本文论述了自然人认知偏差如何影响国家行为偏差的过程。

在第一过程中,民众面对外资可能带来的利弊和风险,将大量的系统2决策转为系统1的认知。这一过程中,代表性、可得性的启发式影响和损失厌恶的禀赋效应会产生大量不符合事实或概率的认知偏见。

在第二过程中,在社会结构和制度安排下,媒体和利益集团将民众的认知偏差联系得更紧密,并通过不完善的国家安全审查法律制度形成政府行为。集体理性并没有在其中发挥作用,相反,高度一致的个体认知偏差在一个缺乏检查机制的制度下,使得最终决策者可以轻率地采取政治化行为。民众认知偏见到国家决策偏差产生的风险,不仅仅在于可能损害了宪法赋予公民的基本权利。在国际层面,其也不利于国际经济自由化、去政治化和一体化的健康发展。

---

① Prentice, Chicago Man, K-T Man, and the Future of Behavioral Law and Economics, 56 Vand. L. Rev. (2003), pp. 1663 – 1666.

② 戴昕:《心理学对法律研究的介入》,载《法律和社会科学》第2卷。

“对认知过失的关注并不意味着我们在诋毁人类智慧，这就如同关注疾病并非否定健康一样”。[①] 对“国家行为”的理解，也需要打破既有的概念、看到国家背后“人的行为”，以及人与国家之间的联系。当我们将眼光透过“国家”概念看到其背后真实的人(们)时，认知科学的视角，不仅仅提供了更加细致而丰富的现实解释力，也促进了社会科学学科间的对话和交流。这需要眼光，也需要一种开放的真诚。

---

① [美]丹尼尔·卡尼曼：《思考，快与慢》，胡晓娇、李爱民、何梦莹译，中信出版社 2012 年版，序言。

《法律和社会科学》(2017)
第16卷第2辑，第72～96页

突破社会困境：合作机制与惩罚规则的演化过程

何　易*

摘要：自利和合作策略博弈带来的社会困境，是社会科学研究中的普遍性问题。利用制度激发合作，是人类突破社会困境的基本出路。社会认知神经科学近二十年来的发现表明，人脑在演化过程中形成了处理合作、公平、惩罚等创造和适应社会的特定机制。这使与个体心智结构—功能相匹配的制度环境，能够有效维护合作。反之，则会削弱合作。因此，法律在对市场实施再调节时，需充分考虑人类演化而来的心智特征，如此，才可能使市场做出合适的社会选择。

一、引言

为了应对周遭不断变化的信息环境，基于混合动机的行为选择具有较强的演化适应性。一方面，漫长的人类生活史所演化出的理性分析模块是我

* 西北大学公共管理学院讲师。

们重要的行为思考工具。尤其在资源匮乏时期，亲自我偏好（又称理性自利偏好）下的理性决策过程，被认为是个体面对竞争时的主要行为选择。许多经济学家、生物学家都试图用亲自我偏好来解释世事①，认为人类"明显的"利他行为背后是自利。例如亲缘选择、互惠利他、间接互惠或有成本的信号理论（costly signaling）等②。

Kahneman 与 Jack 等人试图对此进行修正，他们意识到亲自我机制所需考量的行为约束不仅过于复杂，并且这种非公义（nonfairness）的行为假设缺乏现实基础。故而，延拓传统经济学的市场假设，认为个体具有内部化市场正义的心理需求，它是个体幸福体验的重要组成③。现代经济学又将这种内在的"快乐感"引入效用函数，把亲自我偏好下的个体理性选择，解码为更具逻辑可操作性的"偏好函数最大化"选择④。

然而，现实中的行为选择与数理程序依然有别。在资源稀缺条件下，人们的行为方式不是完全理性，而是有限理性的⑤。这意味着无论行为分析还是具体决策，个体的理性水平与认知能力，不仅使之无法做出"偏好函数最大化"选择，甚至不能让其行为朝着帕累托效率的方向发展，从而导致社会困境的出现：假设双方的合作收益远高于非合作，

① Becker, G. S. (2009). *A Treatise on the Family*, Harvard university press, p. x；［奥］路德维希·冯·米塞斯：《人的行动：关于经济学的论文》，余晖译，上海人民出版社2013年版，第213页。

② Axelrod, R. and W. D. Hamilton (1981). "The evolution of cooperation." *Science* 211(4489): 1390 – 1396; Hamilton, W. D. (1964). "The genetical evolution of social behaviour." *Journal of Theoretical Biology* 7(1): 1 – 16; Nowak, M. A. and K. Sigmund (1998). "The dynamics of indirect reciprocity." *J. theor. Biol* 194: 561 – 574.; Johnson, D. D. P., P. Stopka and S. Knights (2003). "Sociology (communication arising): The puzzle of human cooperation." *Nature* 421(6926): 911 – 912.

③ Kahneman, D., J. L. Knetsch and R. H. Thaler (1986). "Fairness and the Assumptions of Economics." *The Journal of Business* 59(4): S285 – S300.

④ 杨春学：《经济人的"再生"：对一种新综合的探讨与辩护》，载《经济研究》2005年。

⑤ Becker, G. S. (1993). "Nobel Lecture: The Economic Way of Looking at Behavior." *Journal of Political Economy* 101(3): 385 – 409.; Becker, G. S. (2009). *A Treatise on the Family*, Harvard university press, p. x.

但只要对方不合作,自己也不愿付出成本合作,具有互动特征的低效率情境常被称为"社会困境",便可能出现①。

已有文献大多集中在对该困境的理论分析与实验模拟上,并将其划分为以下几种情形:

第一,囚徒困境。在囚徒困境的基本假设下,单次博弈的纳什均衡解唯一,且有悖帕累托效率②。这是因为在该模型中行动者之间没有交互的可能,甚至无法取得与对方相关的过去任何行动信息,从而限制了行动者的合作性选择。一方面使贪婪的诱惑占优,另一方面激发行动者对他人非合作选择以及对自己利益受损的担忧③。

第二,公共物品困境。在公共物品困境中,待分配的资源直接来自博弈参与者的自愿贡献,并且这些资源不会随着时间的延长而自我消耗④,甚至会按照某个比例放大,因此,该博弈集体理性的结果是大家都贡献出自己的所有资源。但此时个体理性、纳什均衡的选择,可能会在他人都贡献的前提下"搭便车"。

第三,公共资源困境⑤。公共资源困境意味着,所有潜在的参与者都可以使用该资源,直到被完全耗尽。这种资源的排他消耗性(subtractability)是困境的重要诱因。例如公地悲剧、大气污染等。公

---

① Dawes, R. M. (1980). "Social dilemmas." *Annual review of psychology* 31(1):169-193.; Dawes, R. M. and D. M. Messick (2000). "Social Dilemmas." *International Journal of Psychology* 35(2):111-116.

② Greif, A. (1991). "Cultural beliefs as a common resource in an integrating world: an example from the theory and history of collectivist and individualist societies." *The Economics of* 92: 525-548.; Calvert, R. L. (1995). "Rational actors, equilibrium, and social institutions." *Explaining social institutions*:57-95.

③ Komorita, S. S. and C. D. Parks (1995). "Interpersonal relations: Mixed-motive interaction." *Annual review of psychology* 46(1):183-207.

④ 事实上,这与公共物品的基本定义稍有出入。公共物品指某人的使用与否不会影响其他人的使用效率,而在公共物品中,个人贡献的多少是会影响其他人对资源的使用效率的,只是这种影响并不向公共资源那么直接。之所以称为公共品博弈,是因为所贡献的资源不会随着时间改变而有所增减,并且所有参与者(无论贡献与否)都能参加资源的最后分配。

⑤ Kollock, P. (1998). "Social Dilemmas: The Anatomy of Cooperation." *Annual Review of Sociology* 24:183-214.

共资源困境出现的原因,在于没有进行时间维度(time dimension)的深入考察,如果附加时间考量,理性个体便不会永远选择搭便车①。

第四,信任困境。信任困境假设委托人(trustor)拥有一定的资源禀赋,并且可以转移给受托人(trustee)一部分资源。受托人实际收到的支付会被第三方加倍,之后允许受托人回赠委托人②。与公共物品困境相比,信任困境的设计扩展了被试的互动过程,允许受托人通过拒绝返回的支付来实现个人利益最大化的预期。而且,由于博弈参与者数量的减少,信任困境更能体现出被试的心理过程。在信任困境下个体理性、纳什均衡的结果是不做任何交易(给予和回赠数量均为零),而集体理性选择却是双方都最大化贡献,以期待从第三方处取得最高收益。拒绝交易确实能够避免交易成本的损耗,但却失去了效率改善的所有机会。

从理论角度来看,社会困境与"阿罗不可能定理"密切相关。在传统经济分析所限定的个体选择视角下,社会困境永远存在。这种观点曾被阿罗提出的"阿罗不可能定理"所论证③。阿罗指出,即使我们能够对所有个体偏好进行排序,个体理性、个体偏好也永远无法加总出集体理性和集体偏好。这意味着,在基于亲自我动机的个体理性与固定偏好假设下,经济学家们永远无法在逻辑上推导出社会总体福利函数。因为个体真实的心理评价与客观的社会选择之间,存在不可逾越的鸿沟。如果可以加总,其制度演化的结果不是强制,便是独裁。阿罗真正想告诉我们的是,只要博弈参与者坚持方法论个人主义、个体理性,社会困境就必定会发生,由此产生的负外部性便在所难免。

由亲自我偏好所产生的逻辑困境,不仅是个体选择的困境,也是社会的演化困境(evolutionary puzzle):因为自利在群体中具有演化适应

---

① Messick, D. M., H. Wilke, M. B. Brewer, R. M. Kramer, P. E. Zemke and L. Lui (1983). "Individual adaptions and structural change as solutions to social dilemmas." *Journal of Personality & Social Psychology* 44(44):294 - 309.

② Berg, J., J. Dickhaut and K. McCabe (1995). "Trust, Reciprocity, and Social History." *Games and Economic Behavior* 10(1):122 - 142.; Smith, V. L. (1998). "The two faces of Adam Smith." *Southern economic journal*:2 - 19.

③ [美]肯尼斯·J.阿罗:《社会选择与个人价值》(第2版),丁建峰译,上海人民出版社2010年版,第111~114页。

性,利他却有显见的成本①。尽管在亲自我偏好下,个体理性是自然选择的结果,但由于它最终会产生社会困境,因此必须设法克服。事实上,人类漫长的演化史在形成亲自我偏好的同时,也形成了具有利他特征的亲社会偏好及其表现——合作,而后者作为群体演化的结果,承担着挣脱社会困境枷锁、维护合作秩序的使命。

二、合作:人类生命演化史的结果

(一)关于合作的三大基本假说

众所周知,基于亲自我偏好假设下的自利选择是具有极强社会适应性的纳什均衡选择,但它是以一定的群体利益损失为代价的②。21世纪初,在欧洲由宗教家和哲学家共同发起了一项极具影响力的科学运动,其争论的焦点是对"新达尔文演化理论"(neo-Darwinism)科学性(scientific solidity)的探讨。参与者一致认为,我们正步入并构建一个基于合作、自组织(self-organization)、高复杂度(complexity)与互利共生(symbiosis)的全新理论③。诚然,我们不该也不能够否认现实社会残酷的竞争关系,但现实中不含任何合作因素的竞争也是极为罕见的。

如果换一个视角看世事,或许我们生活在一个社会合作网络之中④,例如,从细胞内部结构到国家战略、治霾策略的实施,都是各类行动者(actors)紧密合作的结果,且这种合作性倾向似乎有种"与生俱

① Richard, D. (1976). The selfish gene, Oxford University Press Oxford. ; Boyd, R. and P. J. Richerson (2005). "Solving the puzzle of human cooperation." *Evolution and culture*: 105 - 132.

② Vromen, J. (2002). "Stone Age Minds and Group Selection- What difference do they make?" *Constitutional Political Economy* 13(2): 173 - 195.

③ Pievani, T. (2011). Born to Cooperate? Altruism as Exaptation and the Evolution of Human Sociality. *Origins of Altruism and Cooperation*. R. W. Sussman and C. R. Cloninger, Springer New York. 36: 41 - 61.

④ [美]马丁·诺瓦克、罗杰·海费尔德:《超级合作者》,龙志勇、魏薇译,浙江人民出版社2013年版,第319~320页。

来"的性质。那么，这种具有演化特征的合作倾向是如何发生的，又因何而发生？除了达尔文给予我们的洞见之外，学术界主要还存在以下三种理论假说：

1. 大错误、误匹配假说(The big mistake hypothesis)

大错误理论认为，现代人的大脑具有某些远古人的思维模式，继而认为当代的人类合作，源于远古时期小型亲缘群体已经形成的心理倾向，即当代与远古时期的个体在心理层面所具有的"连续性"，成为现今社会合作的重要原因。但过去具有适应性的心理倾向，在当代依然具有。这本身就是历史演化史意义上的"大错误"(big mistake)①。尤其是演化适应环境(Environment of Evolutionary Adaptedness, EEA)中所形成的同情、合作性本能冲动，会导致一种无选择性、无条件的利他行为(indiscriminate altruism, unselective altruism)在现代社会中具有某种"不适应性"(maladoption)②。

许多学者认为，古代与现代生存环境的差异，是人类行为发生的根本原因③。但另一方面，历史的连续性意味着当前社会生活环境必然有一部分与先祖的生活环境相似。那些相似的生活环境，导致了我们现代人的某些行为与古人类似。或者说，这部分行为在过去的环境中是具有适应性的，在当前的某些社会环境(与远古的社会环境或决策环境)中也同样具有适应性。这就导致当代人同时也具备某些远古人的思维与情感模式④。虽然人类的生存环境、活动范围、生活团体在不

---

① Boyd, R. and P. J. Richerson (2005). "Solving the puzzle of human cooperation." *Evolution and culture*: 105 - 132.

② Burnham, T. C. and D. D. Johnson (2005). "The biological and evolutionary logic of human cooperation." *Analyse & Kritik* 27(2): 113 - 135.

③ Bowlby, J. (1969). "Attachment and loss Vol. I: Attachment." *Attachment, Vol* 1; 1982; Wilson Edward, O. (1975). "Sociobiology: the new synthesis." *Cambridge, MA: Belknap*; Cosmides, L. and J. Tooby (1989). "Evolutionary psychology and the generation of culture, part II: Case study: A computational theory of social exchange." *Ethology and Sociobiology* 10(1 - 3): 51 - 97.

④ Tooby, J. and L. Cosmides (1990). "The past explains the present: Emotional adaptations and the structure of ancestral environments." *Ethology and Sociobiology* 11(4 - 5): 375 - 424.

断扩大,但合作的本能、情感早已经在演化适应时期(EEA时期)形成了。它形成于那个时期的亲缘、小群体内部,即认为当前社会中的大部分亲社会倾向,形成于EEA时期亲缘小群体(small groups of close relatives)的生活史①,继而成为个体社会心理的一种"启发式"或"偏见"(heuristics or biases)②。从演化的视角来看,这种"偏见"也是一种"不适应"。

大错误理论的核心贡献在于,它从基因与环境互动的视角提出了现代家庭(或以家庭为核心)合作、群内合作与群间冲突(inter-group emmity)的原因③。但当代与远古社会的根本差别,并且占现代生活的主要部分是社会生活而非家庭生活。那么,此时的社会匿名合作又如何解释?我们不能简单地认为社会生活是家庭生活的扩展,就标签化地认为现代社会的合作,可以由以家庭为核心的合作秩序,直接扩展到非亲缘、陌生人的合作中去。这是大错误理论的主要局限。

2. 道德互惠与声誉网络(moralistic reciprocity hypotheses and reputation network)

与其他社会性动物相比,人类具有更强的认知与语言能力。这使得我们能够构建并经营基于互惠的大型合作网络,而且,内嵌于该合作网络中的人们有真实表达并传播自己合作意图的动机。这种合作的意图、动机被称作"良好声誉"(good-reputation)。对个体真实合作意图、动机的探索成为是否与其合作的重要考量指标。合作信号的真实性越强,越利于合作行为的发生、合作关系的维护④。因此,合作信号的传播与获取成为合作的重要激励。具体来说,人们可以通过具有合作特

---

① Alexander, R. D. (1974). "The evolution of social behavior." *Annual review of ecology and systematics* 5:325 - 383; Cosmides, L. and J. Tooby (1989). "Evolutionary psychology and the generation of culture, part II: Case study: A computational theory of social exchange." *Ethology and Sociobiology* 10(1 - 3):51 - 97.

② Kahneman, D. and A. Tversky (2000). *Choices, values, and frames*, Cambridge University Press.

③ Van den Berghe, P. L. (1987). *The ethnic phenomenon*, New York: Elsevier.

④ Frank, R. H. (1988). *Passions within reason: The strategic role of the emotions*, WW Norton & Co., pp. 71 - 95.

征的各种社会性信号(social cues signaling trust)来衡量对方合作的可信性。主要合作信号类型有以下三种:

第一,社会距离(social distance)。Hoffman 发现,社会距离越近,合作信号越强烈、越容易激发合作①。在最后通牒博弈中,社会距离越短,个体对他人不合作行为的容忍越强②。这是因为社会距离能够利用情感给予对方更加稳定的合作预期。

第二,个体之间的相似性(demographic similarity)。交易双方越相似,越容易诱发合作。例如,两人之间的年龄越相似,其合作程度越高③。甚至两人的长相越相似(facial resemblance),合作的可能性越大④。这种相似关系像是一个连续体,一端亲缘关系,另一端是电脑或动物,显然,与后者的合作可能非常之小⑤。

第三,双方之间的交互程度、熟悉程度。彼此间的社会交往是交流合作信号的主要方式与途径,交流越顺畅,越容易促发合作。其中,有效的沟通是熟悉的主要途径,Balliet 对此类研究的元分析(meta-analysis)发现,沟通能够促进合作,彼此越陌生的行动者之间合作的可能性越小⑥。

需要指出,以良好声誉信号为核心所构成的道德互惠网络,包含了对非互惠者的各种声誉惩罚,包括社会排斥(social ostracism)、降低社

---

① Hoffman, E., K. McCabe and V. L. Smith (1996). "Social distance and other-regarding behavior in dictator games." *The American Economic Review*: pp. 653 - 660.

② Campanhã, C., L. Minati, F. Fregni and P. S. Boggio (2011). "Responding to unfair offers made by a friend: neuroelectrical activity changes in the anterior medial prefrontal cortex." *The Journal of neuroscience: the official journal of the Society for Neuroscience* 31 (43): pp. 15569 - 15574.

③ Cole, T. and J. Bruno Teboul (2004). "Non-zero-sum collaboration, reciprocity, and the preference for similarity: Developing an adaptive model of close relational functioning." *Personal Relationships* 11(2): pp. 135 - 160.

④ DeBruine, L. M. (2002). "Facial resemblance enhances trust." *Proceedings of the Royal Society of London. Series B: Biological Sciences* 269(1498): pp. 1307 - 1312.

⑤ Kiesler, S., L. Sproull and K. Waters (1996). "A prisoner's dilemma experiment on cooperation with people and human-like computers." *Journal of personality and social psychology* 70(1): p. 47.

⑥ Balliet, D. (2009). "Communication and Cooperation in Social Dilemmas: A Meta-Analytic Review." *Journal of Conflict Resolution*.

会地位、更少的朋友与求偶机会等①。声誉网络的这种功能,有助于锁定其他非合作者,在后续的人际行为互动中提高惩罚的准确性,从而维护社会合作。不过,随着互动群体扩大,成员流动性增加,声誉信息发生失真或变形,这一惩罚机制的有效性便会减弱乃至消失。

3. 受控假说(manipulation hypotheses)

受控假说认为,人们合作的原因在于受到了外部、他人的胁迫(coercion)。而这种来自外部的强制作用将直接影响个体的合作选择②。这里控制意味着,在违背自己意愿的情况下做出不符合自己利益而符合他人利益的选择。受控理论还可以推导出阶级论。例如,Harpending发现年长者会胁迫年轻人合作。年长者通过投资建立公司招收青年人为其卖命,甚至宣扬各种工作激励以延迟青年人的结婚时间。如果年轻人不这么做,在客观上会受到来自老年群体的各种惩罚,尤其是拥有资源、权力的老年阶级的惩罚,包括非自愿失业等③。Strassmann则刻画了社会中女性受到男性控制、压制的情况,主要指女性在现实社会中或多或少会受到男性意志的影响与胁迫④。

受控理论是一个有待修正的理论假说。因为它能够进行多阶推导:甲的合作行为受到了乙的胁迫,乙的合作行为是丙胁迫的结果……通过如此无穷阶的推演,最终会得出宿命论、阴谋论等缺乏科学实证的观念与断见。并且,受控理论完全可以通过互惠、强互惠、群体选择等其他合作理论来替代,这是该理论需要解决的主要问题。

(二)合作行为的神经机制

在认知科学时代之前的行为时代,传统社会科学不研究人类大脑,而只研究行为本身。因此,学者们通过自己的时代体验与行为观察不

① Binmore, K. G. (1994). *Game theory and the social contract: just playing*, Mit Press.

② Boyd, R. and P. J. Richerson (2005). "Solving the puzzle of human cooperation." *Evolution and culture*: pp. 105 - 132.

③ Harpending, H., A. Rogers and P. Draper (1987). "Human sociobiology." *American Journal of Physical Anthropology* 30(S8): pp. 127 - 150.

④ Strassmann, B. (1992). "The function of menstrual taboos among the dogon." *Human Nature* 3(2): pp. 89 - 131.

断进行群体想象，试图据此得出人类行为可能具有的“利己或利他”的行为目的①。而当认知神经科学出现以后，神经科学家们对脑机制的研究，使得社会科学家们能够开始反思社会科学对行为的传统解释——对行为的事后理性解释——是否具有与之对应的生理基础，并以此超越经验例证可能产生的谬误。

合作性大脑（Cooperative Brain）、合作的神经机制是人类为摆脱社会困境所进行的漫长历史斗争的直接证据，是长期历史演化的结果。我们知道，模块化是合作性大脑的基本特征②，但这并不意味着相关神经元在空间上彼此相连、具有简单的链式因果。事实上，它们更像是一种功能上的结构划分。只有在这样的认知结构下，大脑才能对某项外部刺激进行并发处理，即某种外部环境信号会同时激活位于不同脑区的神经元组合，最后由被激活的神经元子集协同发出行动指令。从行为的视角来看，大脑的这种结构功能构成了以行动为核心、彼此间相对独立而又内部功能一致的神经系统。

人类的合作性大脑主要由以下三部分组成，包括认知控制系统（cognitive control system）、社会认知系统（social cognition system）与奖励系统（reward system）③。这三大部分并非彼此孤立，就本文所关注的社会合作问题而言，认知控制系统与社会认知系统拥有两大基本功能：认知控制部分有助于个体压制自我内心的短期利益（或个人目标），以实现个人的长期利益（或集体目标），从而做出合作行为。社会认知部分则帮助人们捕捉、分析、处理与强化社会生活中的各种合作信号，继而促进个体做出合作选择。而无论推迟满足感的认知控制系统，还是处理社会信任信号的社会认知系统，都必须得到奖励系统的分析与评估。

---

① Goodenough, O. R. and M. Tucker (2010). “Law and cognitive neuroscience.” *Annual Review of Law and Social Science* 6: pp. 61 – 92.

② Fodor, J. A. (1981). *The modularity of mind*, MIT.; Hall, B. K. (2007). *Keywords and concepts in evolutionary developmental biology*, Discovery Publishing House.

③ Tabibnia, G., A. B. Satpute and M. D. Lieberman (2008). “The Sunny Side of Fairness: Preference for Fairness Activates Reward Circuitry (and Disregarding Unfairness Activates Self-Control Circuitry).” *Psychological Science* 19(4): pp. 339 – 347; Gazzaniga, M. S., R. B. Ivry, G. R. Mangun and M. S. Steven (2008). *Cognitive neuroscience: the biology of the mind*, www.NortonEbooks.com.

事实上,奖励系统不仅能够分析外部的各种经济回报,还会对其他社会信号进行神经编码,两者共同构成了个体有效的奖励激励。简言之,奖励系统能够将各种内部与外部的奖励激励,统一转化为个体内部满足感与愉悦评价(相当于对外部与内部激励进行心理打分)。这种评价的心理结果,又成为认知控制系统与社会认知系统最终推动行为决策的重要考量标准。

1. 认知控制系统

个体在面对不确定的社会环境时,需要权衡眼前的短期收益与长期的循环收益(long-term, iterated benefits)①。一般来说,短期收益的沉淀成本与心理成本较低、当期折现价值也较低,因此所放弃的机会成本非常高;而长期收益的沉淀成本与心理成本较高,当期的折现价值更高。在外部信息环境较为稳定的社会情境下(或行动者具有较为稳定的收益预期假设下),理性人应该推迟当期满足、注重长期效率。具体来说,负责认知控制系统的神经机制主要由以下两部分组成:

第一,冲突控制机制。个体意欲做出收益最大化的选择时,首先需要面对眼前收益与未来收益的冲突,而当选择冲突、竞争性动机出现之时,前扣带回皮质(anterior cingulate cortex, ACC)就会被激活,并且这种利益冲突越强,ACC 脑区的激活程度也越强。ACC 如同一个决策中枢,ACC 的激活程度能够最终决定个体是否选择长期回报②。ACC 受激的另一个表现是痛苦感增强。当个体被社会或周围群体所排斥时,这种痛苦感直接导致了 ACC 的刺激③。这也意味着个体在面对社会困境的选择时,真实的感觉是痛苦的。

---

① McClure, S. M., D. I. Laibson, G. Loewenstein and J. D. Cohen (2004). "Separate Neural Systems Value Immediate and Delayed Monetary Rewards." *Science* 306(5695): pp. 503 - 507.

② Carter Cameron, S., M. Botvinick Matthew and D. Cohen Jonathan (1999). The Contribution of the Anterior Cingulate Cortex to Executive Processes in Cognition. *Reviews in the Neurosciences*. 10:49; Rilling, J. K., D. A. Gutman, T. R. Zeh, G. Pagnoni, G. S. Berns and C. D. Kilts (2002). "A Neural Basis for Social Cooperation." *Neuron* 35(2): pp. 395 - 405.

③ Eisenberger, N. I., M. D. Lieberman and K. D. Williams (2003). "Does Rejection Hurt? An fMRI Study of Social Exclusion." *Science* 302(5643): pp. 290 - 292.

第二，利他惩罚。利他惩罚能够有效维护社会公平与正义，但由于自利依然是自然选择的结果，因此利他行为要求个体能够有效控制自我的利己动机。参与利他惩罚的认知控制过程的脑区主要包含以下：

（1）额叶皮质腹中侧（ventromedial prefrontal cortex，vmPFC）与位于其中的前脑岛（anterior insula）。在最后通牒博弈实验中，vmPFC 脑损伤的被试不但不会惩罚利己者，甚至更容易接受不公正的分配规则①。位于 vmPFC 之中、与中脑边缘奖励系统相连接的前脑岛负责加工、处理价值信号（value signal），让个体更容易对不公平策略产生厌恶感并提高逐渐拒绝的概率②。

（2）背侧纹状体（dorsal striatum，DS）与位于其中的尾核（caudate nucleus）。DS 脑区的激活能够有效提高被试在博弈实验中对公平境况的预期，从而有助于正向情感（positive affect）的修复与重塑③。这是因为惩罚过程中的 DS 脑区能够产生快乐感（sweet taste），并且这种"精神奖励"与惩罚力度正相关。如此，利他惩罚者不必仅从外部获得行动激励，只要中脑系统中的 DS 脑区及其内部的尾核受激便可实现行动补偿。并且惩罚的实际成本越高，尾核的刺激也越大④。

（3）背侧前额叶（dorsolateral prefrontal cortex，DLPFC）。DLPFC 脑区是抵制眼前自利诱惑、推迟满足感的重要神经基础。首先，DLPFC

---

① Koenigs, M. and D. Tranel (2007). "Irrational economic decision-making after ventromedial prefrontal damage: evidence from the Ultimatum Game." *The Journal of neuroscience* 27(4): pp. 951 – 956.

② Fehr, E., U. Fischbacher and M. Kosfeld (2005). "Neuroeconomic Foundations of Trust and Social Preferences: Initial Evidence." *The American Economic Review* 95(2): 346 – 351; Hare, T. A., C. F. Camerer, D. T. Knoepfle, J. P. O'Doherty and A. Rangel (2010). "Value computations in ventral medial prefrontal cortex during charitable decision making incorporate input from regions involved in social cognition." *The Journal of Neuroscience* 30 (2): pp. 583 – 590.

③ Koenigs, M. and D. Tranel (2007). "Irrational economic decision-making after ventromedial prefrontal damage: evidence from the Ultimatum Game." *The Journal of neuroscience* 27(4): pp. 951 – 956.

④ de Quervain, D. J. F., U. Fischbacher, V. Treyer, M. Schellhammer, U. Schnyder, A. Buck and E. Fehr (2004). "The Neural Basis of Altruistic Punishment." *Science* 305(5688): pp. 1254 – 1258.

有助于个体对自利动机的控制①,DLPFC脑损伤的个体则经常做出各种有违社会规范的行为②。其次,DLPFC能够帮助个体拒绝不公平方案③。Spitzer利用fMRI的方法发现,惩罚不仅导致了DLPFC脑区的刺激增强,而且会引起外侧眶额叶皮质(lateral orbitofrontal cortex, LOFC)、腹外侧皮质(ventrolateral cortex, VC)同时受激④,这是因为LOFC参与了惩罚激励的评价(evaluating punishing stimuli)⑤;LOFC促进了尾核刺激,而尾核受激使得被试对外部的惩罚信号更加敏感⑥。

2. 社会认知系统

社会认知系统是一种与"他人"相关的心智处理过程,主要负责搜集、识别、分析他人或社会群体中的合作信号,该系统又被称为"情感脑区",主要由三大部分构成:

(1)颞上沟(superior temporal sulcus, STS)与扁桃体。颞上沟主要参与决策情境的识别。Rilling与Sanfey等人利用fMRI脑成像技术发现,真实的社会条件(social conditions,通过给被试观看其他参与者的照片来模拟)能够有效激活STS脑区,但非社会条件(asocial conditions,通过给被试观

---

① Miller, E. K. and J. D. Cohen (2001). "AN INTEGRATIVE THEORY OF PREFRONTAL CORTEX FUNCTION." *Annual Review of Neuroscience* 24(1): pp. 167-202.

② Damasio, A. R. (1994). Descartes' error: Emotion, reason, and the human brain, GP Putnam (New York).

③ Knoch, D., A. Pascual-Leone, K. Meyer, V. Treyer and E. Fehr (2006). "Diminishing Reciprocal Fairness by Disrupting the Right Prefrontal Cortex." *Science* 314 (5800): pp. 829-832.

④ Spitzer, M., U. Fischbacher, B. Herrnberger, G. Grön and E. Fehr (2007). "The Neural Signature of Social Norm Compliance." *Neuron* 56(1): pp. 185-196.

⑤ Kringelbach, M. L. and E. T. Rolls (2004). "The functional neuroanatomy of the human orbitofrontal cortex: evidence from neuroimaging and neuropsychology." *Progress in Neurobiology* 72(5): pp. 341-372.

⑥ O'Doherty, J. P. (2004). "Reward representations and reward-related learning in the human brain: insights from neuroimaging." *Current Opinion in Neurobiology* 14(6): pp. 769-776.

看其他自然图片来模拟,如轮盘图片)却不能①。而且社会距离越短、与自己关系越密切的社会情境对 STS 脑区的激活概率与强度也越大②。因此,大脑能够通过颞上沟从社会情境中识别、遴选出未来可能的合作者。

与其相对的扁桃体则负责非合作者的面孔识别③,而且扁桃体可以直接参与合作行为的心理计算,迅速将面孔所表达的各种非信任信号转化为内部的心理评价,这种对威胁情境的感知与判断过程是扁桃体的主要功能④。其中非合作、非信任面孔信号的心理隐含评价(implicit evaluation of untrustworthy faces)越强烈,扁桃体的刺激越强烈⑤。

(2)尾核(caudate nucleus,CN)。尾核有助于个体从偶发事件中学习(contingency learning),并处理与他人连续合作行为相关的各种情感性反馈(feedback)信息⑥。这里的"后续性"主要指尾核参与合作信息的判断,尤其对那些他人可能在未来合作、自己报以合作回应的情境。例如,重复信任博弈实验中投资者提高投资额,受托人的尾核刺激增强,且这种受激状态能够在序贯的重复信任博弈中得以延续。即在第二轮实验中,假设某投资者在第一轮中表现合作,受托人便认为第二轮中该投资者会继续选择投资(合作),所以下次当受托人看到投资者出

---

① Rilling,J. K. ,A. G. Sanfey,J. A. Aronson,L. E. Nystrom and J. D. Cohen (2004). "The neural correlates of theory of mind within interpersonal interactions." *NeuroImage* 22(4):pp. 1694 –1703.

② Greene,J. and J. Haidt (2002). "How (and where) does moral judgment work?" *Trends in Cognitive Sciences* 6(12):pp. 517 –523.

③ Baron-Cohen,S. ,H. A. Ring,E. T. Bullmore,S. Wheelwright,C. Ashwin and S. C. R. Williams (2000). "The amygdala theory of autism." *Neuroscience &Biobehavioral Reviews* 24(3):355 –364. ; Stone,V. E. ,S. Baron-Cohen,A. Calder,J. Keane and A. Young (2003). "Acquired theory of mind impairments in individuals with bilateral amygdala lesions." *Neuropsychologia* 41(2):pp. 209 –220.

④ Winston,J. S. ,B. A. Strange,J. O'Doherty and R. J. Dolan (2002). "Automatic and intentional brain responses during evaluation of trustworthiness of faces." *Nat Neurosci* 5(3):pp. 277 –283.

⑤ Engell,A. D. , J. V. Haxby and A. Todorov (2007). "Implicit Trustworthiness Decisions:Automatic Coding of Face Properties in the Human Amygdala." *Journal of Cognitive Neuroscience* 19(9):pp. 1508 –1519.

⑥ Tricomi,E. M. , M. R. Delgado and J. A. Fiez (2004). "Modulation of Caudate Activity by Action Contingency." *Neuron* 41(2):pp. 281 –292.

现在博弈游戏中时,其尾核即会显著激活①。

尾核的另一个重要作用是接收并计算各种公平、互惠信息。尤其当个体需要仔细核实、权衡时,尾核的激活程度会更高。在信任博弈实验中,Delgado 与 Frank 等人发现当外部环境信息的不确定程度高、信任信号不明确时,被试需要耗费更高的心智成本来探寻对方的历史信息并据此计算、推断出自己行动的可能结果,尾核活动尤为剧烈②。

(3)催产素(oxytocin)。外部环境中的信任信息会刺激催产素的分泌③,催产素又可以有效促进人际信任④。这是因为,个体在催产素分泌的情况下更容易相信对方并与其合作,从而提高自己合作的可能。相关研究还发现催产素与尾核刺激之间的替代作用,有助于注射催产素的被试"误认为"外部环境的不确定性降低,省去了对情境信息的计算,从而提高合作的可能⑤。

3. 奖励系统

认知控制系统与社会认知系统,都必须通过中脑边缘的奖励系统对价值"重新评估"才可付诸行动⑥:认知控制系统需要对某些行为赋予更高的预期回报,以此抵制短期的利益诱惑;社会认知系统要求个体"放大"某些外部的合作信号,并迅速将其转化为内部的心理信号。从合作结果的角度来看,这种信任的强化机制能够有效节约理性资源,提高奖

① King-Casas, B., D. Tomlin, C. Anen, C. F. Camerer, S. R. Quartz and P. R. Montague (2005). "Getting to Know You: Reputation and Trust in a Two-Person Economic Exchange." *Science* 308(5718): pp. 78 – 83.

② Delgado, M. R., R. H. Frank and E. A. Phelps (2005). "Perceptions of moral character modulate the neural systems of reward during the trust game." *Nat Neurosci* 8(11): pp. 1611 – 1618.

③ Zak, P. J., R. Kurzban and W. T. Matzner (2004). "The Neurobiology of Trust." *Annals of the New York Academy of Sciences* 1032(1): pp. 224 – 227.

④ Kosfeld, M., M. Heinrichs, P. J. Zak, U. Fischbacher and E. Fehr (2005). "Oxytocin increases trust in humans." *Nature* 435(7042): pp. 673 – 676.

⑤ Baumgartner, T., M. Heinrichs, A. Vonlanthen, U. Fischbacher and E. Fehr (2008). "Oxytocin Shapes the Neural Circuitry of Trust and Trust Adaptation in Humans." *Neuron* 58 (4): pp. 639 – 650.

⑥ O'Doherty, J. P. (2004). "Reward representations and reward-related learning in the human brain: insights from neuroimaging." *Current Opinion in Neurobiology* 14(6): pp. 769 – 776.

励系统对人际合作的计算效率①。除此之外,奖励系统会对结果出现的可能性与预期回报进行神经编码。一旦编码与现实结果不同,奖励系统便会不断调整个体的分析结果,继而改变行为预期,最后通知大脑的决策中枢修改行动。关于奖励系统的神经结构,主要由以下两大部分构成:

(1)前额叶皮质背侧(dorsolateral prefrontal cortex,DLPFC)。互惠计算要求个体能够对行为进行长期记忆,DLPFC 可以同时处理多组行动的记忆与执行,并且 DLPFC 中的右侧 DLPFC、前额叶皮质腹右外侧(right ventrolateral prefrontal cortex,rVLPFC)与眶额皮质背右侧(right lateral orbitofrontal cortex,rLOPFC)脑区能够协同认知控制与社会认知系统帮助个体抵制眼前自利诱惑、推迟满足感②。

(2)腹侧纹状体(ventral striatum,VS)与多巴胺神经传导路径。VS 脑区通过中脑边缘的多巴胺神经传导路径(mesolibic dopaminergic pathway)最终引起前额叶皮质腹中侧(ventromedial prefrontal cortex,VMPFC)受激。该传导机制能够同时对外部环境与内部心理的合作的信号进行神经编码,继而参与互惠计算。

外部奖励(extrinsic types of rewards)预期的神经回路、表达的神经回路(brain circuitry)与内部社会奖励(intrinsic social reward)的神经回路之间部分重叠③,这意味着合作的外部牟利奖励(extrinsic lucrative rewards)与内部快乐奖励(intrinsic hedonic rewards)具有一定的替代性。具体来说,上述的"重叠路径",就是由腹侧纹状体、中脑边缘的多巴胺神经传导

---

① Simpson,B. (2004). "Social Values, Subjective Transformations, and Cooperation in Social Dilemmas." *Social Psychology Quarterly* 67(4): pp. 385 - 395.; Boone, C., C. H. Declerck and S. Suetens (2008). "Subtle social cues, explicit incentives and cooperation in social dilemmas." *Evolution and Human Behavior* 29(3): pp. 179 - 188.

② McClure, S. M., D. I. Laibson, G. Loewenstein and J. D. Cohen (2004). "Separate Neural Systems Value Immediate and Delayed Monetary Rewards." *Science* 306(5695): pp. 503 - 507; Carter, C. and V. van Veen (2007). "Anterior cingulate cortex and conflict detection: An update of theory and data." *Cognitive, Affective, & Behavioral Neuroscience* 7(4): pp. 367 - 379.

③ Fehr, E. and C. F. Camerer (2007). "Social neuroeconomics: the neural circuitry of social preferences." *Trends in Cognitive Sciences* 11(10): pp. 419 - 427.

路径和前额叶皮质腹中侧所组成的神经回路①。其中,多巴胺神经元(dopamine neurons)能够对预期偏差进行神经编码,但并不具有分析偏差的能力。多巴胺神经元可以发出新指令,使行动更加合意:多巴胺神经元能对正预期偏差(positive prediction error)、高于奖励预期的偏差信号编码,也能对负预期偏差(negative prediction error)、低于(或失去)预期奖励的偏差信号编码。该神经元在重新编码后会对大脑发出新指令②。

人脑对奖励回报的分析过程由腹侧纹状体(VS)与前额叶皮质腹中侧(VMPFC)协同完成。由VS与VMPFC所组成的神经脑区能够处理外部各种具有社会特征的奖励信号,尤其是对其他个体的互惠、奖励预期等信息的计算与分析③。不仅如此,该神经系统还能够处理来自个体内部的奖励信号并形成满足感、愉悦感等,只要合作产生的心理奖励高于竞争所带来的心理与市场收益,VS与VMPFC所组成的神经结构便会发出合作指令④,并且策略越公平,个体的内部愉悦感越高、该脑区的刺激也越强⑤。如果提供者能够对自己曾经不公平的方案做出额外补偿,也会增强接受者VMPFC和VS的脑区刺激⑥。而VMPFC脑损伤的被试由于缺乏对外部信任信号的分析处理能力,因此无法做

---

① Preuschoff, K., P. Bossaerts and S. R. Quartz (2006). "Neural Differentiation of Expected Reward and Risk in Human Subcortical Structures." *Neuron* 51(3): pp. 381 – 390.; Tricomi, E., A. Rangel, C. F. Camerer and J. P. O/'Doherty (2010). "Neural evidence for inequality-averse social preferences." *Nature* 463(7284): pp. 1089 – 1091.

② Abler, B., H. Walter, S. Erk, H. Kammerer and M. Spitzer (2006). "Prediction error as a linear function of reward probability is coded in human nucleus accumbens." *NeuroImage* 31(2): pp. 790 – 795.

③ Rilling, J. K., A. G. Sanfey, J. A. Aronson, L. E. Nystrom and J. D. Cohen (2004). "The neural correlates of theory of mind within interpersonal interactions." *NeuroImage* 22(4): pp. 1694 – 1703.

④ Decety, J., P. L. Jackson, J. A. Sommerville, T. Chaminade and A. N. Meltzoff (2004). "The neural bases of cooperation and competition: an fMRI investigation." *NeuroImage* 23(2): pp. 744 – 751.

⑤ Tabibnia, G., A. B. Satpute and M. D. Lieberman (2008). "The Sunny Side of Fairness: Preference for Fairness Activates Reward Circuitry (and Disregarding Unfairness Activates Self-Control Circuitry)." *Psychological Science* 19(4): pp. 339 – 347.

⑥ Tricomi, E., A. Rangel, C. F. Camerer and J. P. O/'Doherty (2010). "Neural evidence for inequality-averse social preferences." *Nature* 463(7284): pp. 1089 – 1091.

出包括慷慨、信任等亲社会行为①。

三、人与社会的共演化:惩罚制度的作用

上一节对于相关合作的脑区功能颇为冗长的梳理,旨在说明一个为多数认知神经科学研究者所认同的主张:人类大脑具有“先天连接后天激活”的特征②。即是说,个体在出生之前提供合作潜能的脑结构在基因中携带,虽然外部环境信息的不确定性导致基因的最终表达具有不确定性。合作性大脑是人类生命史演化的物质结果,但合作行为最终能否实施还需要外部环境信息的辅助。因此,人类能够通过各种外部制度设计降低环境的不确定性风险,利用制度的激励作用解决社会困境、缩小个体利益与集体利益之间的差距③。而且,制度能够有效降低未来行为的不确定性,基本原因之一是制度拥有惩罚特征。

人类社会的核心制度是法律制度,而法律制度的主要功能是惩罚,但惩罚制度本身具有两面性。一方面,许多学者认为在现实的互依情境(interdependent situations)中,只要惩罚者(或第三方惩罚者)所释放的惩罚信号可信④,且群内成员之间策略沟通顺畅⑤,惩罚便可以有效

---

① Krajbich, I., R. Adolphs, D. Tranel, N. L. Denburg and C. F. Camerer (2009). "Economic games quantify diminished sense of guilt in patients with damage to the prefrontal cortex." *The Journal of Neuroscience* 29(7): pp. 2188 - 2192.

② Shen, K.-K., S. Rose, J. Fripp, K. L. McMahon, G. I. de Zubicaray, N. G. Martin, P. M. Thompson, M. J. Wright and O. Salvado (2014). "Investigating brain connectivity heritability in a twin study using diffusion imaging data." *NeuroImage* 100: pp. 628 - 641.

③ Olson, M. (1965). *The logic of collective action: public goods and the theory of groups*, Harvard University Press.

④ Boyd, R., H. Gintis and S. Bowles (2010). "Coordinated Punishment of Defectors Sustains Cooperation and Can Proliferate When Rare." *Science* 328(5978): pp. 617 - 620.

⑤ Ostrom, E., J. Walker and R. Gardner (1992). "Covenants With and Without a Sword: Self-Governance is Possible." *The American Political Science Review* 86(2): pp. 404 - 417.; Janssen, M. A., R. Holahan, A. Lee and E. Ostrom (2010). "Lab experiments for the study of social-ecological systems." *Science (New York, N. Y.)* 328(5978): pp. 613 - 617.

促进合作①。此时,惩罚不仅能够提高博弈参与者的总贡献量②,而且在重复博弈的实验中,受罚者对惩罚的认可程度也在逐渐提高③,这意味着,惩罚本身能够逐渐内化到个体心智中去,从而降低惩罚成本、提高惩罚效率,例如,以心理威慑而非物理行为的形式。

另一方面,不仅诸多经济实验发现人们并不愿意惩罚他人④,且这种普遍的惩罚原则甚至会降低合作者的亲社会行为强度⑤,最终导致群体总收益降低⑥。造成该情形的原因在于惩罚制度本身削弱了个体内部的合作动机⑦。尤其在市场制度的假设之下,人们甚至认为其行为选择仅仅是一种"商业选择",从而忽略行为本身所应有的某些亲社会性、道德性⑧。

---

① Stern, P. C. (1976). "Effect of incentives and education on resource conservation decisions in a simulated common dilemma." *Journal of Personality & Social Psychology* 34: pp. 1285 - 1292.; Andreoni, J., W. Harbaugh and L. Vesterlund (2003). "The Carrot or the Stick: Rewards, Punishments, and Cooperation." *The American Economic Review* 93(3): pp. 893 - 902.

② Sefton, M., R. Shupp and J. M. Walker (2007). "The Effect of Rewards and Sanctions in Provision of Public Goods." *Economic Inquiry* 45(4): pp. 671 - 690; Bowles, S., J. Carpenter and H. Gintis (2001). "Mutual monitoring in teams: Theory and evidence on the importance of residual claimancy and reciprocity." *Santa Fe Institute Working Paper.*

③ Gürerk, Ö., B. Irlenbusch and B. Rockenbach (2006). "The Competitive Advantage of Sanctioning Institutions." *Science* 312(5770): pp. 108 - 111; Ertan, A., T. Page and L. Putterman (2009). "Who to punish? Individual decisions and majority rule in mitigating the free rider problem." *European Economic Review* 53(5): pp. 495 - 511.

④ Rockenbach, B. and M. Milinski (2011). "To qualify as a social partner, humans hide severe punishment, although their observed cooperativeness is decisive." *Proceedings of the National Academy of Sciences* 108(45): pp. 18307 - 18312.

⑤ Page, T., L. Putterman and B. Garcia (2013). "Voluntary contributions with redistribution: The effect of costly sanctions when one person's punishment is another's reward." *Journal of Economic Behavior & Organization* 95: pp. 34 - 48.

⑥ Cinyabuguma, M., T. Page and L. Putterman (2006). "Can second-order punishment deter perverse punishment?" *Experimental Economics* 9(3): pp. 265 - 279.

⑦ Deci, E. L., R. Koestner and R. M. Ryan (1999). "A meta-analytic review of experiments examining the effects of extrinsic rewards on intrinsic motivation." *Psychological Bulletin* 125(6): pp. 627 - 668.

⑧ Tenbrunsel, A. E. and D. M. Messick (1999). "Sanctioning Systems, Decision Frames, and Cooperation." *Administrative Science Quarterly* 44(4): pp. 684 - 707.

以“坏人”（bad man）为基本视角的“去价值化”是传统法理学的核心。在此视角下，法律被认为是理性人假设基础上以自利为演化目标的人类制度建构①，人们会对外部的环境刺激做出自利的理性最大化选择②。这种达尔文式的 Holmes 法理学视角看似很符合市场规则下的行为解释，但却无法摆脱“套套逻辑”（tautology）的苛责③，并且与人类所具有的合作性心理特质相矛盾。

作为对 Holmes 法理学的批判，Hoffman 通过对人类演化史与认知神经科学的梳理与研究，提出法律是概率性行为的演化结果。法律决策是“当前情境”（the case at hand）与现实世界中“所有法官、陪审员和立法者头脑中概率性规则”互动演化的结果。并且，Hoffman 提出法律决策的概率演化结果，包含三个纳什均衡：（1）禁止破坏承诺；（2）公平意识与行为；（3）对破坏（1）、（2）的行为进行惩罚④。

现实中存在两种基本的惩罚方式与以上两种法理学相对应，即同侪惩罚（peer punishment，PRP）与集中惩罚（pool punishment，PLP）。同侪惩罚与内含亲社会心理倾向的 Hoffman 法理学相契合，因为同侪惩罚要求惩罚者自身先要与对方合作。这种合作特征来源于个体在某些群体与社会观念影响下愿意付出成本惩罚对方的心理特质⑤。具体表现为个体不仅愿意付出成本剥夺高收入者的财富，也愿意付出成本贴补低收入者。若将同侪惩罚作为一种法律制度选择，在一定程度上，群体演化所产生的亲社会性确实能够有效弥补法律惩罚的副作用。如降

---

① Wendell Jr, H. O. (1897). "The path of the law." *Harvard Law Review* 10: pp. 457－478.

② Posner, R. A. (1986). *Economic analysis of law*, Wolters Kluwer Law & Business.

③ 张五常：《经济解释（卷一）：科学谈需求》（神州增订版），2010 年版，第 39～50 页。

④ Hoffman, M. B. (2004). "The neuroeconomic path of the law." *Philosophical Transactions of the Royal Society B: Biological Sciences* 359(1451): pp. 1667－1676.

⑤ Bowles, S. and H. Gintis (2004). "The evolution of strong reciprocity: cooperation in heterogeneous populations." *Theoretical Population Biology* 65(1): pp. 17－28.

低因过度惩罚产生的复仇(counter punishment)①、反社会惩罚(antisocial punishment)②,以及与二阶搭便车者的威胁③等。然而,同侪惩罚因需要同权个体直接付出成本,尤其当"搭便车"者在群体内的比重很大时,可能导致短期内惩罚成本远高于个体收益④。并且,由于同侪惩罚对惩罚者、惩罚者的声誉、群内其他成员等具有长期影响,因此同侪惩罚者在惩罚之前需要付出大量的信息搜寻成本⑤。这些负面的成本考量共同削弱了同侪惩罚机制的有效性。

集中惩罚内含理性人假设,是 Holmes 法理学的外延,认为人们都有卸责动机。为了避免大规模成员卸责行为,集中惩罚要求所有成员在行动之前首先支付一定费用以便补偿未来的惩罚成本⑥。Ostrom 指出,在现实的经济演化过程中,群体能够内生形成维护群体目标的惩罚性规则⑦,这种规则、制度的形成与实施可以有效降低过重的个体惩罚成本,并避免因产权空置所产生的价值耗散。Ostrom 的这种制度演化观点

① Nikiforakis, N. (2008). "Punishment and counter-punishment in public good games: Can we really govern ourselves?" *Journal of Public Economics* 92(1 - 2): pp. 91 - 112.

② Herrmann, B., C. Thöni and S. Gächter (2008). "Antisocial Punishment Across Societies." *Science* 319(5868): pp. 1362 - 1367; Gächter, S. and B. Herrmann (2011). "The limits of self-governance when cooperators get punished: Experimental evidence from urban and rural Russia." *European Economic Review* 55(2): pp. 193 - 210.

③ Panchanathan, K. and R. Boyd (2004). "Indirect reciprocity can stabilize cooperation without the second-order free rider problem." *Nature* 432 (7016): pp. 499 - 502; Cinyabuguma, M., T. Page and L. Putterman (2006). "Can second-order punishment deter perverse punishment?" Experimental Economics 9(3): pp. 265 - 279.

④ Egas, M. and A. Riedl (2008). "The economics of altruistic punishment and the maintenance of cooperation." *Proceedings of the Royal Society B-Biological Sciences* 275 (1637): pp. 871 - 878; Dreber, A., D. G. Rand, D. Fudenberg and M. A. Nowak (2008). "Winners don't punish." Nature 452(7185): pp. 348 - 351.

⑤ Bornstein, G. and O. Weisel (2010). "Punishment, cooperation, and cheater detection in "noisy" social exchange." *Games* 1(1): pp. 18 - 33.

⑥ Yamagishi, T. (1986). "The Provision of a Sanctioning System as a Public Good." *Journal of Personality & Social Psychology* 51(1): pp. 110 - 116; Kosfeld, M., A. Okada and A. Riedl (2009). "Institution Formation in Public Goods Games." *The American Economic Review* 99(4): pp. 1335 - 1355.

⑦ Ostrom, E. (1990). *Governing the commons: The evolution of institutions for collective action*, Cambridge university press.

令其荣获2009年的诺贝尔奖。该观点意味着为了降低同权个体所付出的零散的、随机的惩罚成本,群体能够内生出明确而统一的惩罚规则。这种惩罚规则的演化思想被经济学家借用,并提出了"集中惩罚"概念。

与同侪惩罚不同,集中惩罚强调群体内的所有成员在行动之初必须向第三方(a paid third party)支付一定的惩罚成本,并由第三方来执行对非合作者的惩罚,以有效避免同侪惩罚机制的种种问题,提高整个群体的合作程度①。起初,群内第三方具有极强的自组织性,继之成为群内的核心领导者(central monitors),主掌惩罚和奖励的权力②。

van der Heijden 与 Potters 等人通过对公共品博弈实验研究发现,集中惩罚与传统的公共品博弈相比,参与者可以提高约73%的贡献,团队总收益提高37%。但由于核心领导者具有配置群体资源的最高权力,如果出现领导者寻租,便无法做出群体利益最大化的行为决策,从而降低团队的合作程度③。正因如此,现实中的惩罚制度呈现同侪惩罚与集中惩罚共存的状态,因为在社会演化的过程中,两种制度的实施成本具有不同的变化规律:

如下图所示,同侪惩罚的边际成本与群体内搭便车者数量正相关,集中惩罚的边际成本与群内搭便车者数量负相关,两条曲线在 n^* 处相交。用搭便车者的数量表示社会演化过程中的不同形态④,可以近似

---

① McCusker, C. and P. J. Carnevale (1995). "Framing in Resource Dilemmas: Loss Aversion and the Moderating Effects of Sanctions." *Organizational Behavior and Human Decision Processes* 61(2): pp. 190 – 201; Sigmund, K., H. De Silva, A. Traulsen and C. Hauert (2010). "Social learning promotes institutions for governing the commons." *Nature* 466(7308): pp. 861 – 863.; Perc, M. (2012). "Sustainable institutionalized punishment requires elimination of second-order free-riders." Scientific Reports 2.

② Gürerk 与 Irlenbusch 等人通过实验研究发现,"领导者"、"队长"起初并不愿意惩罚队员,而更愿意采取奖励政策,但实际博弈的结果表明,惩罚对合作的促进效果更强。参见 Gürerk, Ö., B. Irlenbusch and B. Rockenbach (2009). "Motivating teammates: The leader's choice between positive and negative incentives." *Journal of Economic Psychology* 30(4): pp. 591 – 607.

③ van der Heijden, E., J. Potters and M. Sefton (2009). "Hierarchy and opportunism in teams." *Journal of Economic Behavior & Organization* 69(1): pp. 39 – 50.

④ 模型中的搭便车者数量指直接受到惩罚(受到同侪惩罚与集中惩罚)的搭便车者数量,而非潜在搭便车者,在个体理性假设下潜在搭便车者可以认为是社会全体。

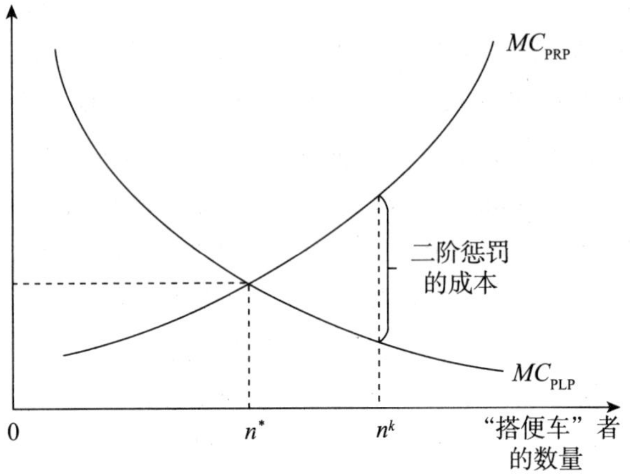

惩罚制度的演化图

认为原始的狩猎采集社会处于$(0,n^*)$中:与现代社会相比,集体捕猎时期很少有"搭便车"者,例如某人修筑防御工事不利或投标枪不中,他会率先被猎物所擒①。

而在个体理性的假设下,现代社会的搭便车者众多,故而处于n^*的右侧。两条曲线的交点n^*表示两种制度的边际均衡状态。一旦搭便车者的数量高于n^*(例如n^k点),此时同侪惩罚的成本高于集中惩罚的成本,两者差值$MC^k_{PRP}-MC^k_{PLP}$表示同侪惩罚假设下对二阶搭便车者实施的惩罚成本②,它随着搭便车者数量的增加而增加。

因此对大多数社会形态来说,由于同侪惩罚与集中惩罚这两种惩罚制度并存,从而形成同侪惩罚与集中惩罚两种制度并存的社会困境解决方式。Putterman 与 Tyran 等人提出,正如所预期的那样,起初具有较低合作意愿的被试会选择低效率的惩罚制度,但在许多轮有关是否

① Sterelny, K. (2013), "The Evolved Apprentice Model: Scope and Limits." *Biological Theory* 8(1): pp. 37-43

② Traulsen, A., T. Rohl and M. Milinski (2012). "An economic experiment reveals that humans prefer pool punishment to maintain the commons." *Proceedings of the Royal Society B-Biological Sciences* 279(1743): pp. 3716-3721.

应该惩罚的投票之后，大多数群内成员会建立完全有效的制度规则①。

我们知道，集中惩罚的力量要远高于同侪惩罚，然而，为什么同侪惩罚依然如此重要？

第一，在社会互动中尽管规则侵害者被逮捕和抓到的概率很低，但这丝毫不能降低集中惩罚的威慑力，继之损害其他个体对社会普世标准的接受过程，客观上削弱了个体的亲社会动机。同侪惩罚与集中惩罚共同演化的背后，是个体内部亲自我动机（self-regarding）与亲他人动机（other-regarding）的共同演化。个体决策具有人际相互依存性，人们在追求自利的过程中要求最大化联合收益（jointgain）与最大化结果公平（maxinizing equality in outcomes）②。

第二，许多通过集体行动采取的惩罚成本太高。例如，Kamei 与 Putterman 等人允许被试在集中惩罚制度与同侪惩罚制度之间做选择，集中惩罚有确定的成本（fixed cost）。研究者发现，该成本略小于从完全搭便车的均衡状态到完全贡献的均衡状态费用的 40%。当集中惩罚的威慑力很高且惩罚成本较低时，集中惩罚更受欢迎；但当集中惩罚缺乏威慑力且成本很高时，会有一些群体偏好同侪惩罚制度③。

Sebastian 与 Christian 发现，若将 VCM（voluntary contribution mechanism，自愿贡献机制）引入同侪惩罚，由于同侪惩罚的引入有助于弥补某些具有较低威慑力的集中惩罚，集中惩罚与同侪惩罚结合在一起的制度能够得到更多的贡献与回报④，这是因为同侪惩罚包括广泛

---

① Putterman, L., J. R. Tyran and K. Kamei (2010). "Public Goods and Voting on Formal Sanction Schemes: An Experiment." *Social Science Electronic Publishing* 95 (2010 - 1): pp. 1213 - 1222.

② Van Lange, P. A. (1999). "The pursuit of joint outcomes and equality in outcomes: An integrative model of social value orientation." *Journal of Personality and Social Psychology* 77 (2): p. 337.

③ Kamei, K., L. Putterman and J. R. Tyran (2011). "State or Nature? Formal vs. Informal Sanctioning in the Voluntary Provision of Public Goods." *Ssrn Electronic Journal* 86 (273): pp. 178 - 184.

④ Sebastian, K. and T. Christian (2010). "The Interaction of Legal and Social Norm Enforcement." *Journal of Public Economic Theory* 13 (3091): pp. 639 - 660.

存在,且制度成本很低的社会惩罚机制,例如流言蜚语、批评、冷落、社会化摒弃等,进而能够弥补集中惩罚的不足,从而有效维护群体合作。

四、总结与启示

社会困境早已成为理论经济学甚至社会科学公认的基本问题之一。在经济学所构建的市场理论中,包括新制度经济学,该问题在其所信奉的完全理性框架下很难得到合意的解释。不少主流社会科学家相信,人类通过对外部环境的制度设计可以获得更加有效的行为激励。但心理学家却发现,在由制度引致效率时,我们会付出高昂的社会心理成本。如此,有效的制度设计应该降低这种损耗,遵循人类心智演化的客观规律,避免人类迈向社会达尔文主义的"丛林法则",跳出完全理性的禁锢,最终摆脱社会困境的魔咒。即努力实现梁漱溟先生所谓人生生理心理——知、情、意——的和谐①。

由于外部的法律规则能够逐渐内部化为个体的心理特质②,因此法律在构建过程中,为了最小化法律的执行成本,其重要原则之一是尽量减少外部的法律制度对个体合作心理的削弱,降低市场规范对社会规范的副作用③。传统法理学认为法律制度的重要功能是惩罚与戒示,该观点来自理性人假设的基本推论,而法律惩罚作用的核心考量标准则是外部制度环境与内部心智模式的相互适应性。这意味着,我们不能完全相信自律,有效的他律当然是人类合作的重要保证,但完全的自律与他律都是偏颇的。事实上,能够调动自律的他律能更加有效地减少执行成本,其长远利益会高于当期收益,这正是经济演化始终强调的。

---

① 梁漱溟:《朝话》,上海人民出版社 2017 年版,第 99 页。

② Ellickson, R. C. (2009). *Order without law: How neighbors settle disputes*, Harvard University Press.

③ 葛岩、秦裕林:《善行的边界:社会与市场规范冲突中的公益选择——基于上海交通大学学生的研究》,载《中国社会科学》2012 年第 8 期。

《法律和社会科学》(2017)
第 16 卷第 2 辑,第 97 ~122 页

正当程序的经济分析与理性评判

刘东亮*

摘要:在判断法律程序的正当性时,经济学上的成本收益法具有很大的启发意义。但也有其局限性,例如,对人的尊严等货币不可衡量因素无法精确量化。实际上,行政机关在作出行政行为时并不会真正通过数学计算作出程序选择,而是因受到"有限理性"的制约,转而寻求程序的"满意"解。因此,只要行政机关的程序选择体现了正常的理性(程序理性),就可以认为,此种法律程序属于正当程序。在司法审查阶段,法院则需借助"过程性审查"方法,以判断行政机关的程序选择是否满足程序理性的要求。

肇始于先进法治国家经"摆渡"(übersetzen)而来的正当程序理论,自 20 世纪 90 年代进入中国后很快就适应了此岸的水土,不仅在司法实践中得到

* 浙江工商大学法学院教授。本文系教育部人文社会科学规划基金项目(15YJA820012)阶段性成果。

广泛运用,[1]且已明确载入国家的立法。[2] 这既体现出程序法治的普适性,也说明作为程序法治核心原则的“正当程序”具有顽强的生命力。哪怕在程序基因相当贫乏的土壤中,也能够生根发芽、抽枝开花。

一、如何确定法律程序的正当性

不难理解,“一旦确定要适用正当程序,接下来的问题就是,什么样的程序才是正当的(due)”。[3] 由于“正当性”涉及价值判断,主观色彩相当浓厚,很难达成共识。即使是在正当程序理论的发源地,也一直对此争论不休。

美国法院在司法实践中认为,联邦宪法上的正当程序条款(Due Process Clause)要求,如果政府要剥夺一个人的生命、自由或者财产,必须提供某些基本的程序保障,比如,裁判者需要保持中立(impartial)、

① 在20世纪80年代中国行政法学重建之初,学界对“正当程序”还非常陌生,立法也没有对正当程序作出规定。然而,到了1998年,在田永诉北京科技大学拒不颁发学历、学位证书案中,在没有明确的制定法依据的情况下,北京市海淀区人民法院的法官凭借朴素的程序正义观念,首次运用正当程序的精神对案件作出了判决。在次年的刘燕文诉北京大学、北京大学学位委员会案中,正当程序成为法庭辩论的焦点问题。2004年12月,在张成银诉徐州市人民政府房屋登记行政复议决定案中,“正当程序”四个字第一次正式出现在法院的判决书中。其后,法院判案越来越多地使用到正当程序原则。关于正当程序在我国司法实践中的运用情况之考察,参见何海波:《司法判决中的正当程序原则》,载《法学研究》2009年第1期,第124~146页。在笔者修改本文期间,恰逢于艳茹诉北京大学撤销博士学位决定案终审定谳,北京市第一中级人民法院依据“正当程序原则”判决北京大学败诉,并在判决主文中对正当程序原则的要义作了阐释。参见北京市第一中级人民法院(2017)京01行终277号判决书。

② 2004年3月,国务院颁布《全面推进依法行政实施纲要》,将“程序正当”作为依法行政的一项基本要求。2011年1月,国务院颁布《国有土地上房屋征收与补偿条例》,该条例第3条规定:“房屋征收与补偿应当遵循决策民主、程序正当、结果公开的原则。”此外,最高人民法院2012年4月颁布《关于办理申请人民法院强制执行国有土地上房屋征收补偿决定案件若干问题的规定》,该司法解释第6条第1款第5项规定,征收补偿决定“严重违反法定程序或者正当程序”的,人民法院应当裁定不准予执行。

③ Morrissey v. Brewer,408 U. S. 471 (1972).

告知(notice)当事人并提供听证(hearing)的机会。[①] 长期以来,这些保障被视为正当程序的核心要素。在1908年的特文宁诉新泽西州案(Twining v. New Jersey)中,美国联邦最高法院指出:“正当程序要求,承担确定当事人权利之职责的法院应具有管辖权,应当告知当事人并提供听证的机会。这些基本要求(似乎)是所有文明国家所建立的法律制度的普遍规定。”[②]

然而,即便进行了告知和听证,仍然存在告知和听证的方法问题。例如,要求什么类型的告知,必须是当面告知本人还是可以邮寄通知,还是公告即可?必须提供什么类型的听证,是完全的审判型、抗辩式听证还是较多的非正式诉讼程序即可?在听证中必须提供什么样的程序保障?政府必须保障当事人有律师参加代理的权利吗?如果是,倘若贫穷的当事人请不起律师,政府需要为其提供免费的律师服务吗?在举行听证时,听证必须在剥夺可能发生之前举行还是事后听证亦可?在判断什么样的法律程序属于正当程序时,这些仅仅是必须作出选择的问题中的一小部分而已。[③]

显然,在不同情况下,这些问题的答案是不一样的。虽然法院从来没有停止过对正当程序固定含义(a fixed due process)的探索,但人们发现,固定含义的正当程序是可望而不可即的,而且也是不相宜的(undesirable)。因为,只有灵活的正当程序(a flexible due process)才能适应各种特定情形下的特殊需要。[④] 不过,这又很容易使得正当程序的判定陷入莫衷一是、言人人殊的困境。

那么,在正当程序的判断问题上,能否找到一种价值无涉、客观中立、清楚明确、普遍认同的方法和标准呢?

---

① Hovey v. Elliott, 167 U. S. 409 (1897); Roller v. Holly, 176 U. S. 398 (1900); Londoner v. Denver, 210 U. S. 373 (1908).

② Twining v. New Jersey, 211 U. S. 78, 110 – 111 (1908).

③ See Erwin Chemerinsky, Constitutional Law: Principles and Policies, *New York: Wolters Kluwer Law & Business*, 2011, p. 593.

④ Sanford H. Kadish, Methodology and Criteria in Due Process Adjudication: A Survey and Criticism, *The Yale Law Journal*, Vol. 66 (1957), p. 321.

二、正当程序如何搭上经济学的“便车”

在讨论什么样的法律程序属于正当程序时,之所以容易产生争议,其根本原因是,人们往往习惯于诉诸道德哲学来确定法律程序的正当性。① 这种做法的经典表达,就是我们所熟知的“法律乃公正和善良的艺术”。而围绕着“公平”、“正义”、“善恶”等概念展开论证的道德哲学,具有强烈的主观性。论证的结果,常常是“一千个人眼中就有一千个哈姆雷特”。因为,从抽象的概念、理念、信念等“大词”(big words)出发进行论证,很容易落入众说纷纭、莫衷一是的虚华空泛。这种有人称之为“大词法学”的研究进路,存在严重的内在缺陷,以至于实际的论证过程根本不存在能够开展有效对话的基础。②

要剔除正当程序判断过程中的主观因素,就必须走出方法论上容易令人迷失方向的歧途。另辟蹊径,把法律话语同道德话语分离开来,努力寻求“客观”的研究方法。而在所有的社会科学当中,最具有“客观性”者或莫过于经济学了。经济学(准确地说,是微观经济学)借助数学和计量手段,运用“成本—收益分析”(Cost-Benefit Analysis)方法,成为最接近科学的社会科学领域。

用经济学理论和方法研究法律问题,最早可以追溯到亚当·斯密(Adam Smith)。③ 斯密认为,让人们各行其是,让市场中那只“看不见

① 比如,有人认为,对程序的反思可以在三个层面上进行:技术评价、经济评价和道德评价。道德层面的评价居于最高层次,它约束着技术评价和经济评价。程序在道德上的肯定性评价就是程序正义。既然程序是产生一个决定的过程,那么,程序正义就是对这个过程提出某种要求,即符合一定道德标准的程序才是正当的程序。参见曹刚:《道德难题与程序正义》,北京大学出版社2011年版,第227~228页。

② 以权利的论证为例,若以理念为基础,则权利的来源是诉之于论者或读者的信念;如果论者或读者支持,就有某些权利,否则就没有。熊秉元:《正义的成本:当法律遇上经济学》,东方出版社2014年版,第79页。

③ 于立等:《法律经济学的学科定位与理论应用》,法律出版社2013年版,第7页。另参见李井奎:《回到亚当·斯密:法律经济学的古典起源》,载《2015年第十三届中国法经济学论坛论文集》,福州大学:2015年7月4~5日。

的手”主导,而不是由政府来指导人们的行为,结果往往会更好。这种思想为市场经济,从更一般的意义上来说,为自由社会提供了思想基础。[①] 1960年,科斯(Ronald H. Coase)发表的《社会成本问题》被公认为是“法律经济学”的奠基之作。科斯指出,法律应该在权利界定上使社会成本最小化,从而使社会资源配置达到最优。[②] 换言之,衡量原告被告有理无理,不应(单)从公平正义的角度着眼,而应从经济效益的角度进行评估,因为公平正义本身并不是目的,而是追求或者实现其他价值的手段,公平正义的背后存在着深刻的经济逻辑。[③]

1973年,波斯纳(Richard A. Posner)出版《法律的经济分析》,这部巨著的问世标志着体系化的法律经济学(Law & Economics)得以形成。波斯纳指出,经济思考总是在司法裁判的决定过程中起着重要作用;法院和立法机关更明确地运用经济理论会使法律制度得到完善。[④] 此后,随着“芝加哥学派”的大力推动,法律经济学呈现蓬勃发展的势头。到20世纪80年代,法律经济学席卷了美国各大法学院和法律实务界而成为法学的主流。[⑤]

事实上,将经济学原理运用于分析广泛的社会现象特别是各种非市场的社会现象,发掘其中统一的理论逻辑,并非法律领域所独有。经济学在政治学、社会学甚至是历史学等社会科学的传统研究领域长驱直入、攻城略地,都取得了惊人的战绩,展示了经济分析强大的理论解

---

① [美]曼昆:《经济学原理》(上册),梁小民译,三联书店、北京大学出版社2001年版,第10~11页。

② 参见科斯:《社会成本问题》,载科斯:《企业、市场与法律》,盛洪、陈郁译校,格致出版社、上海人民出版社2014年版,第78~119页。

③ 熊秉元:《解释的工具:生活中的经济学原理》,东方出版社2014年版,第193、198、205页。

④ [美]波斯纳:《法律的经济分析》,蒋兆康译,法律出版社2012年版,第25页。

⑤ 甚至连当年的批判者德沃金和克隆曼也在不同场合感叹,法律经济学几乎是当今美国唯一的法学流派了。苏力:《波斯纳及其他:译书之后》,法律出版社2004年版,第71页。

释力。[①] 只不过,这种"经济学帝国主义"(economic imperialism)在法律领域取得了最丰硕的成果。[②]

法律经济学的发展很快影响到法律实践,并通过美国联邦最高法院的司法裁判表现出来。在正当程序的发展史上有着里程碑意义的1970年戈德伯格诉凯利案(Goldberg v. Kelly)中,最高法院裁定,一直领取政府补助的符合条件的领受人之利益,加上补助不被错误终止的州的利益,明显超过州防止增加财政和行政负担的竞争性关切(competing concern)。因而,在终止发放福利之前未给领受人提供事前听证的机会,违反正当程序。[③]

在1975年的戈斯诉洛佩兹案(Goss v. Lopez)中,法院裁定,公立学校应当给面临停学处分的学生提供适当的听证机会。因为,"作出纪律惩戒的人员,尽管本着最大的善意,通常也是根据其他人的报告和建议行事;那些重要事实和所要惩戒的行为的性质通常也是有争议的。

---

① 1976年,芝加哥学派的代表人物、芝加哥大学经济学和社会学教授加里·贝克尔(Gary S. Becker)出版《人类行为的经济分析》(The Economic Approach to Human Behavior),创造性地将经济分析方法应用于所有个人选择的领域,展示了经济分析能够提供一个理解全部人类行为的统一框架。贝克尔用"经济分析"研究"非经济问题",瓦解了传统学科分类的严格边界。因此,这部著作被视为"经济学帝国主义"的最强音,是经济学家"入侵"其他社会科学领域的号角。贝克尔:《人类行为的经济分析》,王业宇、陈琪译,格致出版社、上海人民出版社2015年版。1992年,贝克尔获得诺贝尔经济学奖,他发表的获奖演说名为"行为的经济分析"(The Economic Way of Looking at Behavior)。两相比较,不难体会其用意和自信:经济分析不只是可以分析人类行为,对其他动物的行为,也可以依样画葫芦。参见熊秉元:《优雅的理性:用经济学的眼光看世界》,东方出版社2014年版,第89页。

② 经济学向外扩展时,为什么在法学领域最为成功?根据熊秉元教授的解释,盖因研究个体行为的微观经济学其理论基础最为扎实强悍,而微观经济学与法学的研究主题(subject matter)比较接近,处理的基本上都是双方间、一对一的关系(bilateral, one-to- one relationship),因而,研究结论通常能够令人信服。相比之下,研究总体经济现象的宏观经济学因为受到太多变量的制约,目前还是各个学派群雄并起、莫衷一是。在个体行为和总体现象之间,则存在一些"中间范围问题"(middle range issues),譬如消费心理、市场结构等等。对于这些中间范围问题,微观经济学还不能作有效的处理。而政治学和社会学关心的重点,大多属于"中间范围问题",对于这些问题,经济学力有未逮。因而,其研究成果与法律经济学相比乏善可陈。熊秉元:《正义的成本:当法律遇上经济学》,东方出版社2014年版,第5~7页。

③ 397 U.S. 264, 266 – 271 (1970).

而错误的风险并非微不足道，如果并不需要过高的成本（prohibitive cost）或者影响到教育过程，就应当采取措施予以防范”。①

在次年的马修斯诉埃尔德里奇案（Mathews v. Eldridge）中，最高法院援引先前的多个判例指出，正当程序具有充分的灵活性，要求制定某种特定情形所需要的程序保障；要解决本案中的行政程序是否具有充分的合宪性这一问题，需要分析受到影响的政府和私人利益。② 同时，最高法院明确指出：

> 更准确地说，识别正当程序的具体要求，通常需要考虑三种不同的因素：首先，因政府行为将会受到影响的私人利益；其次，通过现有的程序而错误剥夺这种利益的风险以及（如果有的话）额外的或替代的程序保障可能具有的价值；最后是政府的利益，包括涉及的职责和额外的或者替代的程序要求带来的财政与行政负担。③

联邦最高法院在马修斯案中的这段表述，主张通过衡量三种不同的因素或者利益来判断法律程序的正当性，因而被称为“利益衡量标准”（a balancing test）。④ 检验标准可以从不同角度用不同的数学公式来表示：

> 1. 公式一：$B < P \times L$（忽略特定程序保护是否具有正当性）
>
> B是采取特定程序保护需要增加的成本，P代表不采取某种特定程序保护可能造成错误的概率，L表示错误发生时的财产损失量。当 $B < P \times L$ 时，现有的程序（不采取某种特定程序

---

① Goss v. Lopez, 419 U. S. 580 (1975).

② Cafeteria Workers v. McElroy, 367 U. S. 886, 895 (1961); Morrissey v. Brewer, 408 U. S. 471, 481 (1972); Arnett v. Kennedy, 416 U. S. 167, 168 (1974); Goldberg v. Kelly, 397 U. S. 263 – 266 (1970).

③ Mathews v. Eldridge, 424 U. S. 335 (1976).

④ See Erwin Chemerinsky, Constitutional Law: Principles and Policies, *New York: Wolters Kluwer Law & Business*, 2011, p. 594.

保护)就不具有正当性。①

2.公式二:$P \times V \geq C$(采取额外程序保护是否具有正当性)

P代表因采用额外程序而提高的决策正确概率,V表示私人利益的价值,C为行政机关采用额外程序需要增加的成本。依照该公式,当且仅当$P \times V \geq C$时,在现有程序外采取额外程序,方属正当。②

3.公式三:$DC < EC_P$(应否采取额外的程序保护措施)

DC是指行政机关采取额外程序需要增加的直接成本,EC_P是指因采取额外程序而由个人承担的可能减少的错误成本。当且仅当$DC < EC_P$时,才要求在现有程序外采取额外的程序保护措施。③

上述三个公式实际上都是汉德公式(Hand Formula)或汉德公式的变体。④ 尽管使用的符号有所不同,但它们所表达的含义基本上是一样的,即判断正当程序的标准是错误成本和直接成本两者之和的最小

---

① [美]波斯纳:《法律的经济分析》,蒋兆康译,法律出版社2012年版,第817页。

② 汤德宗:《行政程序》,载岳翁生编:《行政法》(下册),台湾翰芦图书出版公司1998年版,第869页。

③ [美]贝勒斯:《程序正义——向个人的分配》,邓海平译,高等教育出版社2005年版,第145页。

④ 法律的经济分析方法所使用的各种数学模型的基础都是联邦第二巡回法院著名法官勒尼德·汉德(Learned Hand)1947年在审理美国诉卡罗尔拖轮公司案(United States v. CarrollTowing Co.)时提出的一个判断过失责任的数学公式:$B < P \times L$。B表示预防事故的成本,P表示事故发生的概率,L表示一旦发生事故造成的实际损失。该公式的意思是:如果潜在的伤害人避免事故所需承担的费用小于事故发生所造成的损失乘以事故发生的概率,那么伤害人就存在过失责任。United States v. CarrollTowing Co., 159 F. 2d 169, 173 (2d Cir. 1947);波斯纳:《法律的经济分析》,蒋兆康译,法律出版社2012年版,第239页。

化。这样,正当程序的判断就成为一个数学计算问题。[①]

自马修斯诉埃尔德里奇案运用成本收益分析法提出正当程序的"利益衡量标准"之后,联邦最高法院在很多案件中,都沿用了这一方法和标准。适用的范围包括政府福利计划、政府雇佣、亲权、教育制度、儿童权利、囚犯权利、惩罚性赔偿、索赔和财产没收程序等。[②] 可是,检视所有这些关于什么样的程序符合宪法所要求的正当程序的案件,可以发现,一切都取决于具体案情和最高法院对案情的理解。根据马修斯案中的利益衡量标准,这几乎是不可避免的。因为该标准赋予了法院极大的自由裁量权(enormous discretion)衡量不同的利益,包括利益对个人的重要性、额外的程序保障对提高事实认定准确性的可能性和政府在行政效率方面的利益。[③] 我们知道,上述几个公式中的"P"实际上都是一个概率(probability),而这个概率值的确定具有相当大的不确定性和模糊性。这就意味着,在判断正当程序问题上,成本收益方法还需要进一步优化。

三、从波斯纳到贝勒斯:寻找衡量正当程序的经济学"圣杯"

波斯纳指出,从经济学的角度来看,诉讼制度的目的是要使两类成

---

① See Jerry L. Mashaw, *The Supreme Court's Due Process Calculus for Administrative Adjudication: Three Factors in Search of a Theory of Value*, U. Chi. L. Rev. Vol. 44 (1976) p. 28. 有趣的是,在1951年的反法西斯联合委员会诉麦格拉斯案(Joint Anti-Fascist Refugee Committee v. McGrath)中,大法官法兰克福特(Frankfurter, J.)在其赞同意见中声称:"正当程序不像某些法律规则,它不是一个具有固定内容而与时间、地点和情境无关的技术性概念。……几个世纪的盎格鲁—美利坚的宪政历史和文明塑造了正当程序的含义。'正当程序'不能被禁锢在任何公式(any formula)的危险限制之中。"这段话其后经常被法院的裁判所援引。但是,25年之后,在1976年的马修斯诉埃德里奇案中,联邦最高法院明确提出了正当程序的经济分析方法。See Joint Anti-Fascist Refugee Committee v. McGrath, 341 U. S. 123, 163 (1951).

② See Erwin Chemerinsky, Constitutional Law: Principles and Policies, *New York: Wolters Kluwer Law & Business*, 2011, pp. 595 – 618.

③ Id., at619.——对马修斯案提出的经济分析方法的批判,另参见马肖:《行政国的正当程序》,沈岿译,高等教育出版社2005年版,第109~169页。

本之和最小化。第一类成本是错误的司法判决的成本,第二类成本是诉讼制度的(直接)运行成本。这一命题对政府的行政程序来说同样成立。[①] 对此,有人总结说,如果用"EC"代表错误成本(error costs),用"DC"代表直接成本(direct costs),那么该目标可以简洁表述为:

最小化(EC + DC)之和

需要注意的是,法律经济学家指出,我们的目标并不是单独最小化其中一个,而是使两者之和最小化。因为,如果只试图最小化直接成本的话,错误成本可能变得过高。同样,在某一点上,为实现准确性而导致的直接成本的增加,可能比由于准确性提高而带来的错误成本的节约更大。[②]

波斯纳的公式体现出经济分析方法试图通过最小化成本来最大化经济效率(或财富)。这是法律经济学一以贯之的解释和解决法律问题的办法。虽然波斯纳多次声明,他并无意将"效率"作为社会选择的唯一有价值的准则,并承认当"效率"一词用于表示使价值最大化的资源配置时,它作为社会决策伦理准则是有其局限性的,[③]但是,这种将法律评价的根据,归结为经济成本或者"社会财富最大化"的做法,却难免遭到人们特别是那些信奉并坚守道德哲学的人的强烈批判。德沃金(Ronald Dworkin)即是其中的代表。

德沃金声称,波斯纳提出的法官的每一判决都应当使社会资源配置更为有效,这种集体目标忽略了个案当中当事人的权利。[④] 德沃金认为,社会的每个成员都享有一种作为同类而受到其他人最低限度尊重的权利,这是一个"原则问题"。假如我们完全根据整个社会最佳利益的成本收益算法来选择审判程序和证据规则,以有利于最大多数人的最大福利的方式,平衡被告利益和将从公共积累中获益的人们的利益。

那么,由于纯粹考虑成本的缘故,我们就会得出这样的结论:人们没有

---

① [美]波斯纳:《法律的经济分析》,蒋兆康译,法律出版社2012年版,第717~718页。

② [美]贝勒斯:《程序正义——向个人的分配》,邓海平译,高等教育出版社2005年版,第143页。

③ [美]波斯纳:《法律的经济分析》,蒋兆康译,法律出版社2012年版,第15页。

④ [美]德沃金:《认真对待权利》,信春鹰、吴玉章译,上海三联书店2008年版,第137页。

获得受到最恰当审判的权利。① 无疑,这种结论是错误的。因为,即使在一个成本效益社会里,对无辜者不得作有罪判决的禁令也存在道德价值。②对一项权利的侵犯构成一项特殊的伤害,既存在一种"赤裸裸的伤害",即不管惩罚是否公正,当事人由于丧失自由、被科处罚金或者被杀害而遭受的苦难、沮丧、痛苦和不满,同时也存在一种非正义的"道德伤害",即不公正的惩罚导致的进一步伤害。③ 德沃金批评说,那种想象的成本效益社会显得如此光怪陆离,该社会既承认无辜不得作有罪判决的绝对权利,又使证据和程序问题屈从于庸俗功利主义的成本效益分析。④

虽然德沃金的批评未必能得到法律经济学家的首肯,特别是,他对波斯纳的批判有时几乎是令人哭笑不得的堂吉诃德式的论辩方法。⑤但他还是提出了一个有意义的问题:在对法律程序进行评价时,涉及的因素不仅仅包括经济成本,而且还有其他价值。用德沃金的话来说,我们需要使用道德成本或道德损失概念来衡量各种结果或情形。⑥

简言之,德沃金的研究进路将"道德成本"(moral costs)作为经济分析方法中的错误成本的补充。因此,法律程序的目标可以表述为最小化错误成本、道德成本和直接成本之和。如果用"EC"代表经济上的错误成本或者所谓的"赤裸裸的伤害"之错误成本(economic or bare harm error costs),用"MC"代表"道德伤害"或者道德上的错误成本(moral error costs),那么,道德成本观念就给经济分析的公式添加了一个常量:⑦

---

① [美]德沃金:《认真对待权利》,信春鹰、吴玉章译,上海三联书店2008年版,第139页;德沃金:《原则问题》,张国清译,江苏人民出版社2005年版,第89页。

② [美]德沃金:《原则问题》,张国清译,江苏人民出版社2005年版,第98页。

③ 同上书,第98~99页。

④ 同上书,第100页。

⑤ 同上书,中文版译者序,第11页。

⑥ 同上书,第100页。

⑦ [美]德沃金宣称,对同一类型的所有案件来说,道德成本是一种客观的、不变的因素。也就是说,只要同一权利被侵犯,道德损害就是相同的,因此道德成本是每一类型的实体决定中的不变因素,是一个"常量"。德沃金:《原则问题》,张国清译,江苏人民出版社2005年版,第99页;贝勒斯:《程序正义——向个人的分配》,邓海平译,高等教育出版社2005年版,第148页。

最小化(EC+MC+DC)之和

德沃金的道德伤害论提醒人们注意,如果对当事人的权利保护不足,法律程序可能会因道德成本高而危及程序的正当性。虽然德沃金对经济分析方法持强烈的批判态度,不过,另一位法哲学家、美国佛罗里达州立大学哲学教授贝勒斯(Michael D. Bayles)认为,德沃金的道德分析进路并不像乍看起来那样与经济分析方法有很大的差别。[①] 因为,有些经济分析者已经认识到,实体规则可能有除经济效率之外的目标。比如,前文指出,波斯纳多次声明,他并无意将效率作为社会选择的唯一有价值的准则。此外,他还指出,给无辜者定罪的社会净成本可能会超过制裁给他造成的成本。如果以监禁的形式进行制裁,那么还会增加监禁成本,所以错误定罪的社会净成本会很高。[②] 虽然波斯纳并没有提出道德成本的概念,但其社会净成本概念无疑包含了道德成本的内涵。

贝勒斯认为,与波斯纳的经济分析方法一样,德沃金的道德成本进路也是一种工具主义的方法。在这种进路下,作出负担或利益决定的程序仍然被视为实现正确结果的手段而已。[③] 受萨默斯(Robert S. Summers)的"过程性价值"(Process Value)理论和马肖(Jerry L. Mashaw)的"程序尊严理论"(Dignitary Theory)启发,[④]贝勒斯提出了一种新的分析方法。贝勒斯指出,萨默斯、马肖等人提出的"公平"、"参与"、"尊严"等过程性价值(processvalue)可以由并不提高实体决定

---

① 德沃金将其道德成本论述建立在相关决定涉及的道德权利观念之上,但贝勒斯认为并不是必须这样做。因为各式各样的权利中的某些权利之所以被赋予,可能是出于经济考虑,比如交易成本。即使权利的经济分析也承认除了效率之外的其他因素,因而,根本没有必要将道德成本建立在权利之上。贝勒斯:《程序正义——向个人的分配》,邓海平译,高等教育出版社2005年版,第151页。

② [美]波斯纳:《法律的经济分析》,蒋兆康译,法律出版社2012年版,第891页。

③ [美]贝勒斯:《程序正义——向个人的分配》,邓海平译,高等教育出版社2005年版,第152页。

④ Robert S. Summers, Evaluting and Improving Legal Process: A Plea for "Process Values", *Cornell Law Review*, Vol. 60 (1974), p. 1; Jerry L. Mashaw, Administrative Due Process: The Quest for a Dignitary Theory, *Boston Law Review*, Vol. 61 (1981), p. 885.

准确性的程序来实现。尽管这些价值中的大多数都有助于得出准确的结果,但是这并非它们的唯一基础,而且往往也不是它们的主要基础。贝勒斯认为,可以把这种进路看作一种“内在过程价值”(inherent process value)的进路,或者,可称为“过程性利益”(process benefits)的分析方法。[①]

贝勒斯指出,程序所实现的过程性价值是与直接成本相对应的利益。在逻辑上,过程性价值处于直接成本的地位,因为过程性价值和直接成本都是独立于具体结果的。不过,与直接成本不同的是,过程性价值是一种负成本(利益)。[②] 贝勒斯认为,由于需要把利益和直接成本明确区分开来,因此,评价法律程序的公式需要增加另一个量以表示过程性利益。如果用“PB”代表过程性利益,那么,在波斯纳和德沃金的公式的基础上,该公式可表述为:

最小化(EC + MC + DC - PB)之和

贝勒斯解释说,在这个公式中,之所以减去而不是加上过程性利益,是因为其他项都是成本,而过程性利益则是负成本,我们的目标仍然是最小化这些因素的总和。[③]

贝勒斯的过程利益分析方法避免了程序工具主义可能存在的一个问题,或者说,避免了这一(错误)命题的成立:如果没有正确结果或者无法确定何种结果是正确的,那么就应当使用最廉价的程序。一方面,由于过程性利益可能抵消了大量的直接成本,因此,一个适当复杂且昂贵的程序可能依旧是合理的。[④] 另一方面,过程利益分析方法保留了“实体可影响程序”这个工具主义的命题,因为只要存在错误成本,并且可以以个别方式或者统计方式确定错误成本,那么,错误成本在这种

---

① [美]贝勒斯:《程序正义——向个人的分配》,邓海平译,高等教育出版社2005年版,第155页。

② 同上书,第157页。

③ 同上。

④ 同上。

分析方法下就是相关的。[①] 不难理解,如果涉及的利益重大,错误成本很高,则要求更完善的程序保护就是合理的。

到目前为止,贝勒斯提出的"过程性利益分析方法"作为成本收益法发展的一个新阶段,从理论上看可能是最完美的衡量、计算正当程序的标准和方法。

不过,如果将这种过程性利益分析方法付诸实践,实际效果会如何呢?且不说人们过去对波斯纳公式的直接成本和错误成本计量之困难的批评,也抛开德沃金所称的"道德成本"如何确定,我们先看看贝勒斯所言的"过程性利益"怎样计算。

关于"过程性利益"的内容,萨默斯认为其包括"理性、人道、对尊严和隐私的尊重";[②]马肖的"程序尊严理论"则把"平等、可预测性、透明性与合理性、参与、个人自主权"等很多价值浓缩为"人类尊严"。[③] 如果暂且仅考虑过程性利益中受认可度最高的"尊严"因素,那么,在运用正当程序的计算公式时,如何对"尊严"这种非货币的价值进行量化和测度呢?

我们知道,"仓廪实而知礼节,衣食足而知荣辱"。[④] 毫无疑问,人的尊严和经济基础密切相关,经济基础决定尊严高低。经济发展水平的提高也使人的尊严越来越高。[⑤] 但是,由于没有实际的市场来揭示尊严的价值,人的尊严是根本无法量化的。对尊严的价值的认识也因

---

① [美]贝勒斯:《程序正义——向个人的分配》,邓海平译,高等教育出版社2005年版,第157~158页。

② See Robert S. Summers, Evaluting and Improving Legal Process: A Plea for "Process Values", *Cornell Law Review*, Vol. 60 (1974), p. 3.

③ [法]马肖:《行政国的正当程序》,沈岿译,高等教育出版社2005年版,第186~195页。在现代人权的言说(discourses)里,"尊严"是一个核心概念,是政治生活的标准规范,是国际上最被广泛接受的框架,埋藏在无数的宪章、国际法和宣言里。例如,联邦德国《基本法》第1条规定:"人的尊严不可侵犯。尊重它、保护它,是所有国家权力的职责。"德国神学家莫尔特曼(Jürgen Moltmann)在其《论人的尊严》一书中写道:"每个人的尊严都植根于他和上帝的相似。"罗森:《尊严:历史和意义》,石可译,法律出版社2015年版,第1~3页。

④ 《史记·管晏列传》。

⑤ 熊秉元:《优雅的理性:用经济学的眼光看世界》,东方出版社2014年版,第175页。

主体偏好的不同而存在巨大的认知差异。

贝克尔指出,理性人对于不同活动带来的损害或利益的认识经常存在分歧。对某些人来说,任何竞争的劳动市场决定的工资率都是可以接受的,而在另一些人看来,低于某一最低限量的工资率则是对基本人权的侵犯;对某些人来说,只要愿意支付市场价格,赌博、卖淫甚至堕胎都可以自由地进行,而在另一些人看来,赌博无异于罪恶,堕胎等同于谋杀。[①] 同样,有人认为"士可杀不可辱",有人相信"好死不如赖活着";有人宁愿饿死而不吃"嗟来之食",有人则"为五斗米折腰拳拳事乡里小人"——因而,人的尊严实在是没有办法进行客观量化的。

或许有人会说,衡量人的尊严之价值,不妨借鉴精神损害的赔偿方式,因为,不唯人的尊严和精神损害,甚至生命权也可以用金钱来赔偿。这种说法并没有错。但是,这种金钱赔偿方式不过是"猜测"和"妥协"的结果。波斯纳指出,在没有实际的市场揭示某种价值的情况下,法院只能对可带来财富最大化的资源配置问题作出合乎情理的猜测。[②] 汉德法官也曾评论说:"价值是不可通约的。你只可以通过妥协——随你怎么称呼它——才能得到解决方案。这个方案必须是人们不会有太多抱怨的;但你不能指望有什么更为客观的措施。"[③]

因此,并不存在能够精确衡量程序正当性问题的具有神奇能力的经济学"圣杯"。正如波斯纳所说,(作为种种计算公式之基础的)汉德公式不过是对经济学上有效率的细心概念和过失之概念的一种并不完美但尚可接受的最近似表述。[④] 作为法律经济学的集大成者,波斯纳当然清楚经济分析作为解释和规范工具的局限性。[⑤] 他指出,没有单

---

① [美]贝克尔:《人类行为的经济分析》,王业宇、陈琪译,上海人民出版社2015年版,第73页。

② [美]波斯纳:《正义/司法的经济学》,苏力译,中国政法大学出版社2002年版,第62页。

③ [美]波斯纳:《法理学问题》,苏力译,中国政法大学出版社2002年版,第164页,注10。

④ [美]波斯纳:《正义/司法的经济学》,苏力译,中国政法大学出版社2002年版,第5页。

⑤ [美]波斯纳:《法律的经济分析》,蒋兆康译,法律出版社2012年版,第1版序言,第2页。

独哪种进路,包括法律经济学,能永久地捕获法律的复杂性。[①] 事实上,经济学的精髓在于其慧见而非技巧。[②] 波斯纳等人的解释也说明,与自然科学相比,经济学理论仍然很薄弱,尽管它算是人文(社会)科学中最强的。[③]

总之,既然"正当性"的判断不能立基于想当然的、一厢情愿式的道德哲学,也无法单独通过成本收益分析的会计学方式计算解决,那么,究竟还有没有更为"科学"的研究方法,帮助我们探索法律程序的正当性呢?

四、行政行为的过程分析:管理科学决策理论视角下的程序选择

尽管经济学上的成本收益方法,并没有提供判断正当程序的"万灵丹",但其积极价值是不容否认的。一方面,经济学的考察使人们注意到法律制度背后的成本因素;另一方面,就方法论而言,相对于过去传统的规范分析,经济分析提供了一种真正现代意义上的经验的科学的研究方法。[④] 美国著名经济学家曼昆(N. Gregory Mankiw)指出,对人类社会的研究,科学的方法就是:观察、(提出)理论和进一步的观察。[⑤]

---

① 苏力:《波斯纳文丛》总译序,载波斯纳《法理学问题》,苏力译,中国政法大学出版社2002年版,第13页。

② 熊秉元:《优雅的理性:用经济学的眼光看世界》,东方出版社2014年版,第49页。比如,以前不久引起社会广泛关注的"八达岭老虎伤人案"为例,对于老虎伤人的后果,园方和游客哪方主体负有责任呢?运用汉德公式,不需要通过具体计算也可以知道,游客不贸然下车的成本最小(近似为零),要求园方加强防护和安保、监督每一入园车辆和人员的成本则很高。两相比较,谁有过错,答案可以立即知晓。

③ [美]波斯纳:《法理学问题》,苏力译,中国政法大学出版社2002年版,第457页。

④ 苏力教授指出,波斯纳的贡献在于其一系列真正的法律研究方法的贡献。这不是那种形而上学的方法,不是那种说不清道不明的"解释的方法",而是一种真正现代意义上的经验的科学的研究方法。苏力:《波斯纳及其他:译书之后》,法律出版社2004年版,第193页。

⑤ [美]曼昆:《经济学原理》(上册),梁小民译,三联书店、北京大学出版社2001年版,第21页。

根据这种经验的科学的研究方法,我们应当仔细观察,在实际的行政管理活动中,行政机关在做出行政决定时是如何进行程序选择的。在此方面,管理科学的研究很有启发意义。按照管理科学决策理论学派的代表人物西蒙(Herbert A. Simon)的说法,“管理过程就是决策过程”。① 因此,我们的研究对象可变换为:行政机关在决策过程中是如何进行程序选择的。把所有行政决定的作出都视为是一个决策行为(Decision-making),无论其中是否具有政策考量因素,无论是从管理学还是从法学的角度看,都是可以接受的。

迄今为止,对决策最为普遍的描述是将决策行为解释为理性选择。② 经济学就被看作一门关于我们这个世界的理性选择的科学(science of rational choice)。③ “理性的经济人”因而成为经济学的基本假设。不过,包括经济学在内的社会科学在对待“理性”问题上深受严重的“精神分裂”之苦。一个极端是,经济学家不合理地赋予了经济人无所不知的理性。根据这一假设,经济人拥有完整、一致的偏好体系,让他始终可以在各种备选方案之间进行选择;他始终十分清楚到底有哪些备选方案;为了确定最优备选方案,他可以进行无限复杂的运算。④ 显然,这样的经济人是一个拥有超自然能力、可以把握宇宙间万事万物之规律的“拉普拉斯之妖”(Laplace's Demon),而并非真实世界里有血有肉、实实在在的人。

西蒙认为,实际上,在现实世界的真实生活中,人的理性是有限度的。人类的有限认知能力和知识的不完备性,都对理性的发挥存在限制。⑤ 组织中表现出来的理性,更是远远没有达到经济人那种无所不知

---

① [美]西蒙:《管理行为》,詹正茂译,机械工业出版社2016年版,第6页。

② 决策理论学派的另一代表人物马奇(James G. March)指出,这一观点就如同人们对人类行为的思考一样古老,它的经久不衰不仅证明了其自身的有用性,而且还证明了它与人们愿望的一致性。马奇:《决策是如何产生的》,王元歌、章爱民译,机械工业出版社2016年版,第2页。

③ [美]波斯纳:《法律的经济分析》,蒋兆康译,法律出版社2012年版,第3~4页。

④ 另一个极端是,社会心理学有试图将所有认知活动归因于情感的趋势。西蒙:《管理行为》,詹正茂译,机械工业出版社2016年版,第83页。

⑤ [美]西蒙:《管理行为》,詹正茂译,机械工业出版社2016年版,第90~93页。

的境界。① 也就是说,真实世界里存在的理性只是"有限理性",而非完全理性。

西蒙指出,有限理性制约着实际的决策过程。由于现实生活中的决策判断取决于有限理性,在这种条件下,人们寻求的是满意解,而非最优解。② 因为管理者追求"满意"而不是"最优",所以他们在作出抉择之前,不必考察所有可能的行动方案,也不必预先确定所有的备选方案确实就是这些。③ 换言之,在实际决策过程中,人们只考虑那些在因果关系和时间上与决策最密切相关的因素,而忽略那些仅存在间接影响的因素,除非存在显著的间接效应。决策过程对世界的复杂性进行了简化。④ 虽然简化可能导致错误,但是面对人类知识和推理能力的限制,除了简化外,别无其他现实的方法。⑤

---

① 组织是人类相互作用的集合体。组织的协调系统远远没有发展到高级生物有机体的中央神经系统的程度——组织更像是蚯蚓而不是类人猿。西蒙:《管理行为》,詹正茂译,机械工业出版社2016年版,第84页;西蒙、马奇:《组织》,邵冲译,机械工业出版社2013年版,第4页。

② 这是西蒙决策理论的核心思想,西蒙也因此以管理学家和心理学家的身份获得1978年诺贝尔经济学奖。[美]西蒙:《管理行为》,詹正茂译,机械工业出版社2016年版。马奇进一步指出,在满意化决策的情况下,如果首先寻找到符合各个标准的足够好的组合,那么,即使随后出现了更好的组合,也不会选择这个更好的组合。[美]马奇:《决策是如何产生的》,王元歌、章爱民译,机械工业出版社2016年版,第15页。西蒙和马奇的决策理论与人类的择偶过程非常匹配。大多数人经过寻寻觅觅找到满意的对象就会与之结婚,而并非一定要找到"最优"(the best)的那个他/她;否则,"青山还未踏遍,人已垂垂老矣"。结婚之后,虽然可能又会遇到"相见恨晚者",但除了少数例外,多数人还是会和原配保持婚姻关系而不是"另起炉灶"。

③ [美]西蒙:《管理行为》,詹正茂译,机械工业出版社2016年版,第112页。

④ 从认知的角度讲,满意化决策方式简化了复杂的世界,个体不用理会那些种类繁多的标准,而只需要将世界简化为两个部分——足够好的部分和不够好的部分。[美]马奇:《决策是如何产生的》,王元歌、章爱民译,机械工业出版社2016年版,第17页。

⑤ 西蒙指出,管理者每次面临决策时都不必根据人类所有价值去作出决策,他只需要按照有限的组织宗旨来考虑决策。比如,消防员可以全力关注火灾问题,卫生官员可以一心关注疾病问题,他们无须考虑其专业工作范畴以外的不相关问题。若管理者要对自己的决策负责,这种全力关注有限价值要素的做法,几乎是必不可少的。当上级正式指定组织目标时,也就给定了管理者制定决策的主要价值前提,只需实现这些指定目标。如果让消防部门的主管考虑人类的所有价值——他可能认为公园比消防卡车更重要——从而将消防部门改成娱乐部门,那么组织将一片混乱,职责也不复存在。[美]西蒙:《管理行为》,詹正茂译,机械工业出版社2016年版,第10、112页。

西蒙对管理决策过程的描述，与我们对自身判断过程的内省式了解是一致的。而且，它也符合心理学家和组织与管理研究人员对人类决策过程进行观察所得到的大量观察结果。① 由于目前有大量证据支持决策的有限理性和寻求满意的概念，所以，西蒙所描述的人类有限理性已经不再是一种假设，它的主要特征已经通过科学方法得到证实。②

有限理性理论是对经济学基本假设的重大修正，已经充分融入传统的理性选择理论之中，逐渐在大多数个体决策理论中占据了主导地位，并已被应用于企业的经营行为和演化理论，还成为诸如交易成本经济学、博弈论、信息和组织经济学等理论的基础；有限理性理论也已运用于政治、教育以及军事方面的决策之中。③

"有限理性和满意解"理论清楚地说明，在实际的行政管理活动中，决策主体在寻求"满意的程序"时，并不会实际通过具体的数学计算作出选择，尤其是决策者不会寻求量化当事人的尊严等"货币不可衡量因素"。④ 只有在极个别情况下，比如在反垄断案件中，决策者可

---

① 比如，目前，在决策过程中信息不足不再是典型问题（当然缺乏恰当的信息有时仍算是）。这个世界随时随地用信息充盈我们的眼睛和耳朵，每秒钟达到成百上千万比特的信息量。但根据最权威的证据，一秒钟内我们只能处理大约50比特的信息量。所以限制不是来自信息而是来自我们注意信息的能力。[美]西蒙：《管理行为》，詹正茂译，机械工业出版社2016年版，第215页。

② [美]西蒙：《管理行为》，詹正茂译，机械工业出版社2016年版，第112页。

③ [美]马奇：《决策是如何产生的》，王元歌、章爱民译，机械工业出版社2016年版，第8页。

④ 西蒙指出，如果我们想让效率概念在无法用货币直接衡量的决策过程中也适用，就必须对效率概念进行扩充。在非商业组织中，用货币衡量产出通常毫无意义或没有可能，所以理所当然就会出现货币不可衡量因素。甚至商业组织中也会出现这种因素，因为控制组织的人并不仅仅出于盈利的动机，他们还关心公众利益或雇员福利的问题，这些因素与盈亏都没有直接关系。而且，即使在纯商业组织中，内部运作过程也包含了非货币因素，因为特定活动与盈亏之间的关系无法直接评定。比如，人事部门的决定不能总是用货币单位来评价，因为我们无法直接确定某项具体的人事政策的货币效应。参见[美]西蒙：《管理行为》，詹正茂译，机械工业出版社2016年版，第238～239页。

能会通过经济分析方法对实体问题作出决定。① 但即使在这种情况下,程序的选择也不会通过计算来作出。我们从常识也可以知道,没有哪个行政官员在作出行政决定之前,会先算算当事人的尊严值多少钱。行政官员不会随时随地都携带着算盘,其大脑中也没有预装类似"阿尔法狗"(AlphaGo)那样的电脑芯片和程序软件。②

那么,决策主体究竟是如何进行程序选择的呢?

现代管理科学和心理学的研究表明,在实际的决策过程中,人类有两种信息处理方式,一种是理性的逻辑分析,另一种是直觉式的预感。③ 与之相对应,人类的决策模式也分为两种,一种是逻辑式决策,另一种是直觉式决策。在决策过程中,决策主体运用逻辑的方法对决策客体进行分析、综合,准确找出决策问题,明确提出决策目标,依据严格的逻辑推理,并结合经验的东西,对未来发展趋势作出科学预测,再

---

① 我国商务部反垄断执法人员指出,经济分析可以帮助厘清反垄断审查评估的思路,使案件审查的方向更明确,逻辑更清晰,结论更合理。但是,由于量化经济分析一般要基于一定的假设前提,因此,分析结果对案件审查具有重要参考价值,而不是具有决定性作用。经济分析不仅仅是量化分析,更重要的是经济学理论内含的逻辑对经济执法具有重要意义。董红霞:《经济分析在反垄断中的作用》,2016中国竞争政策论坛,北京,2016年10月27~28日。

② 2016年3月15日,谷歌公司研发的人工智能"AlphaGo"以4:1击败多次获得过国际围棋比赛冠军的韩国顶级棋手李世石。不过,即使如此,李世石的唯一胜局也很快成为永远的传说。2016年12月29日至2017年1月4日,一个注册名为"Master"的棋手在网络围棋对战平台上接连战胜多位世界冠军。在第60局对战世界冠军古力之前,"Master"宣布自己就是"AlphaGo",并将对人类的比分最终定格在60:0。参见包靖:《60连胜,谜底揭晓!Master宣布自己是AlphaGo》,载《重庆晨报》2017年1月5日,第12版。

③ 加拿大心理学家斯坦诺维奇(Keith Stanovich)、韦斯特(Richard West)等人率先提出,人类有两种思维方式:"直觉思维系统"和"理性思维系统"。在有些心理学文献中,这两个系统有时被分别称为"系统1"和"系统2"。系统1的运行是无意识且快速的,不怎么费脑力,完全处于自主控制状态。系统2则将注意力转移到需要费脑力的大脑活动上来,例如复杂的运算。系统2的运行通常与行为、选择和专注等主观体验相关联。两种系统各有千秋,各司其职。在此基础上,美国心理学家卡尼曼(Daniel Kahneman)提出,人类大脑有快、慢两种决策方式。他将心理学的前沿研究成果引入经济学,特别是研究人在不确定情况下进行判断和决策的过程而开启了行为经济学研究的先河,并因此获得了2002年度的诺贝尔经济学奖。关于"系统1"和"系统2"的含义,可参见[美]卡尼曼:《思考,快与慢》,胡晓姣等译,中信出版社2012年版,第4~14页;[美]泰勒、桑斯坦:《助推:如何做出有关健康、财富与幸福的最佳决策》,刘宁译,中信出版社2015年第2版,第21页。

运用类比、论证等逻辑的方法制定多套决策方案，最后择优选择恰当方案并付诸实施。[①] 这种决策模式就是逻辑式决策方法。

不过，由于决策环境及决策客体的复杂性，在决策过程中仅仅依靠逻辑思维是不行的，很多时候，决策主体无法以有条不紊的逻辑分析为依据，而是在很大程度上依靠他们对决策需求情境的直觉反应作出决策。在直觉式决策过程中，由于决策主体对于决策需求的反应过于迅速，所以无法对情境进行理性分析，决策主体通常也不能有效地叙述决策制定过程和决策判断基准。但是决策者对自己直觉决策的正确性很有信心，而且可能把根据直觉迅速作出决策的能力归功于自己积累的经验。[②] 现代管理科学社会系统学派的创始人巴纳德（Chester Barnard）早在1936年就提出了直觉式决策（非逻辑心理过程）的思想，并为现代生理学关于脑半球与思维方式的研究以及最近使用计算机断层摄影扫描和核磁共振成像技术获得的经验证据所证实。[③]

近年来，认知科学关于人类对弈过程中的直觉和人工智能关于计算机专家系统中的“if-then”指令的研究也证实了直觉决策其实并不神秘，专家快而准的“直觉”反应能力，其实只是其知识积累以及运用知识来识别问题求解过程的结果。也就是说，根据指令进行的直觉或判断推理，丝毫没有“不理智”的地方。[④] “阿尔法狗”战胜人类棋王的事实就充分说明，直觉思维完全可以用逻辑思维的方式表达出来。[⑤]

当然，在现实生活中，纯粹排他的逻辑式决策和纯粹的直觉式决策都并不存在。因为，所谓决策，就是以已知决未知——已知部分靠逻辑，未知部分靠直觉。完全的“从已知到已知”叫运算，不叫决策；完全的“从未知到未知”叫冒险，也不叫决策。[⑥] 实际上，决策制定风格更可

---

① 赵志琴：《行政决策中的逻辑思维方法探析》，黑龙江大学2010年硕士学位论文，第6页。

② ［美］西蒙：《管理行为》，詹正茂译，机械工业出版社2016年版，第121页。

③ ［美］巴纳德：《经理人员的职能》，王永贵译，机械工业出版社2016年版，第218～222页；［美］西蒙：《管理行为》，詹正茂译，机械工业出版社2016年版，第122～123页。

④ ［美］西蒙：《管理行为》，詹正茂译，机械工业出版社2016年版，第120～126页。

⑤ 都能说得清楚，全部都是计算，没有艺术的成分。

⑥ 牛根生：《决策的逻辑与直觉》，载《领导文粹》2008年第8期，第121页。

能是直觉和(逻辑)分析两种技能密切结合的一个连续集合。① 因而,我们可能会发现,有待解决的问题的本质,是确定影响决策的上述两种技能的最有效比例。② 那么,在一个成功的决策中,逻辑思维和直觉思维各有多少或者应该各占多少呢?有人认为,比较稳妥的决策模式是:逻辑控股,直觉补充。或者说:稳妥决策=51%以上的逻辑+49%以下的直觉。③

具体到行政管理活动,行政机关面临的实际情形是,在大多数情况下,法律对行政行为的程序已经作出了明确规定;在个别情况下,法律对行政行为的程序缺乏明确规定甚至没有任何规定。在法律对行政行为的程序已有明确规定时,行政机关需要根据案件的具体情况,通过理性的逻辑分析,选择适当的行政程序,即通过逻辑式决策作出程序选择;而在缺乏法律程序的明确规定时,决策主体只能根据知识和既往经验选择适当的行政程序,即通过直觉式决策作出程序选择。当然,由于任何决策都是逻辑与直觉的"混搭",在这两种情况下,逻辑式决策和直觉式决策的成分都存在,只不过,在前一种情况下,逻辑式决策的成分更多,而在后一种情况下,直觉式决策占优。

弄清了行政决策过程中程序选择的实际情形之后,接下来,我们着手研究如何判断程序的正当性。

五、正当程序的判断标准和审查方法:程序理性与过程性审查

对行政程序的正当性产生争议之后,法官或者任何其他居间裁判的第三方,都不可能对行政机关的程序选择是否"正确",作出精准判断。因为,管理决策的正确性只是相对的概念。④ 从某种意义上说,一

---

① [美]西蒙:《管理行为》,詹正茂译,机械工业出版社2016年版,第127页。
② 同上。
③ 牛根生:《决策的逻辑与直觉》,载《领导文粹》2008年第8期,第121页。
④ [美]西蒙:《管理行为》,詹正茂译,机械工业出版社2016年版,第71页。

切决策都是折中的结果。最终选择的方案，只不过是在当时的情况下可以选择的最佳行动方案而已，不可能尽善尽美地实现各种目标。①

那么，法官或裁判者能够对法律程序的“正当性”做出判断吗？答案是肯定的。

根据西蒙的有限理性与满意解理论，正当程序不可能是一种最佳的、具有唯一正确答案的程序，而只能是一种在特定的决策情境下，决策主体充分运用其“理性”——尽管这只是一种“有限度的理性”(bounded rationality)——所选择的令人满意的或者说可接受的程序。易言之，正当程序是一种充分体现了人类的正常理性的程序。正如亚里士多德和其他哲学家所言，人是一种理性的(rational)动物。人类通常喜欢通过理由(reason)，而不是通过随意的行为或者赤裸裸的暴力来安排人类事务。这种人类的正常理性在法律程序中就表现为“程序理性”(procedural rationality)。② 易言之，正当程序就是一种体现了“程序理性”的程序。

如何审查判断某个法律程序是否体现了“程序理性”呢？这又需要回归到什么是“理性”的问题。在说到“理性”这个词时，人们往往会想到审慎、深思熟虑且缺少热情的人物形象。但是对于决策理论家来说，“理性”这个词有着完全不同的意义。判断某个人是否理性的唯一标准并非是看这个人的信念或者偏好是否合理，而是看它们是否一致。一个理性的人可以相信鬼神，只要他的信念也与世界上存在鬼神这个信念一致。一个理性的人可以有好恶，但他的偏好要前后一致。简言

① [美]西蒙：《管理行为》，詹正茂译，机械工业出版社2016年版，第5页。西蒙指出，必须承认，决策过程有很多猜测因素。决策过程是连续接近的过程——目的不断被提炼，事实越来越清楚。在这个过程中，时间是必不可少的。因此，那些制定总体决策的人只能从总体上概略地设想各种情况。他们的处理方式尚有大量有待弄清楚的细节。……最能干的管理者往往最先承认他们的决策一般纯属猜测，他们任何自信的外表只是一种保护，让决策执行者及其下属不会对他产生疑虑。[美]马奇、西蒙：《组织》，邵冲译，机械工业出版社2013年版，第162页；[美]西蒙：《管理行为》，詹正茂译，机械工业出版社2016年版，第250页。

② Robert S. Summers, Evaluting and Improving Legal Process: A Plea for "Process Values", *Cornell Law Review*, Vol. 60 (1974), p. 26.

之,理性指的是逻辑上的一致,即合理与否。或者说,理性,要求人们遵守逻辑原则。①

管理科学决策理论指出,追求结果逻辑性的程序就是一个理性的程序。② 而要审查选择结果的逻辑性,就需要审查行政机关的推理过程(reasoning process)是否符合正常的逻辑规则。③ 在审查过程中,法院需要采用过程性审查方法(process review)严格检视(to take ahard look)行政机关的行为是否符合"程序理性"所要求的某些原则:(1)认真调查相关证据,并认真讨论相关论点;(2)认真权衡相关的证据和论点;(3)经深思熟虑(作出决定);(4)公正地且仅仅根据案件本身的是非曲直作出决定;(5)提供所作决定的理由。④

研究表明,在审查判断程序理性时需要运用的"过程性审查",是一种不同于传统的实体性审查(substantive review)和程序性审查(procedural review)的司法审查"新"方法。之所以要在实体性审查和程序性审查之外另辟蹊径,确立过程性审查这种司法审查方法,盖因对程序的正当性的审查,实体性审查是无能为力的。程序性审查所注重的对法律程序的环节、步骤的审查,也无法满足对其内在的、实质性的正当性(目的正当)之审查,尤其是在缺乏明确的法定程序时更是如此。而过程性审查对这两种审查方法力所未逮的问题,可以发挥有效的填补作用。同时,过程性审查在法院和行政机关的角色定位方面,还有其特殊的功能,它可以确保法官避免用自己的判断轻率取代行政机关的判断,而使法院成为行政机关之上的"超级行政机关"(super-agencies)。

关于作为程序正当性审查主体的法官,西蒙指出,与任何其他人一

---

① [美]卡尼曼:《思考,快与慢》,胡晓姣等译,中信出版社2012年版,第379~380页。

② [美]马奇:《决策是如何产生的》,王元歌、章爱民译,机械工业出版社2016年版,第2~3页。

③ See Gary Lawson, *Federal Administrative Law*, Thomson Reuters, 2009, p. 591.

④ 萨默斯指出,构成、规范法律程序的法律规则通常都包含了"程序理性"所要求的这几项原则。See Robert S. Summers, Evaluting and Improving Legal Process: A Plea for "Process Values", *Cornell Law Review*, Vol. 60 (1974), p. 26.

样，他们也只是“由有限知识和能力组成的选择有机体”。[①] 在审查法律程序的正当性时，法官不需要也不可能把行政行为重新做一遍，法官需要做的，是审查行政官员在作出程序选择时是否发挥了正常的理性，有无理性之外的因素扭曲了其正常判断。不难理解，如果脱离了特定的决策情境，以“事后诸葛亮”的态度评判某一法律程序的正当性，无疑是“站着说话不腰疼”。因此，对于正当程序之审查而言，过程性审查才是符合实际的恰当的司法审查方法。[②]

六、并未结束的结语：未来世界的研究课题

“工欲善其事，必先利其器。”传统的规范分析在遇到诸如正当程序如何判定这类问题时，常常没有妥当的解决办法，即使是经济分析这样的实证研究方法也是差强人意。可是，如果换一种思路，借助其他学科如管理科学的研究成果来审视正当程序问题，正当程序如何判定就变得豁然开朗，并且可能获得某些意想不到的发现，比如“过程性审查”这种特别的司法审查方法。本文的研究结论或许并无殊异之处，但是，将管理科学决策理论引入行政法学研究，则能为我们的方法武库增添一件有用的工具。

人们常说，换个角度，换种心情，你会看到不一样的风景。如果变换视野，拓宽思路，打开脑洞，那么，似乎走进了死胡同的正当程序的数学计量方法在将来某个时候完全有可能会实现。“阿尔法狗”完胜人类棋王的事实清楚地说明：人工智能的发展已到了一个临界点，人类做

---

① 转引自[美]波斯纳：《法官如何思考》，苏力译，北京大学出版社 2009 年版，第 110 页。此外，法官必须在有限时间内处理问题，他们不能等所有的知识都齐备了再按部就班地作出唯一正确的决断，不允许他等到“黄花菜都凉了”。苏力：《波斯纳及其他：译书之后》，法律出版社 2004 年版，第 8 页。

② 关于“过程性审查”，可参见刘东亮：《涉及科学不确定性之行政行为的司法审查——美国法上的“严格检视”之审查与行政决策过程的合理化》，载《政治与法律》2016 年第 3 期，第 133 页；刘东亮：《还原正当程序的本质——“正当过程”的程序观及其方法论意义》，载《浙江社会科学》2017 年第 4 期，第 103 页。

不到的事情,并不意味着人工智能做不到;人类的有限理性所受到的束缚,完全可能为人工理性所突破。①

或许真如有人所预言的,在未来世界,万物皆可化为一种"算法"。因为,从生命科学的角度看,一切生物包括人都不过是生化算法的组合。有朝一日,当以算法为基础的"数据主义"成功超越宗教和人文主义而接管世界,人类本身亦由万物互联网的设计者降级成芯片,再降成数据,最后在数据的洪流中溶解分散时,还有什么不能通过计算做出处理?② 一切皆有可能。因而,如何用数学方法解决包括正当程序在内的法律问题,是我们不能停止思考的研究课题。

① 当笔者修改本文初稿时,正值柯洁对战"阿尔法狗"。2017年5月23日至27日,"阿尔法狗"在三局比赛中以3:0完胜人类世界第一棋手柯洁。这一结果引发了人们对"人工智能"(AI)广泛而深入地思考,甚至产生了"人工智能未来会不会控制人类"这样的疑问和忧虑。

② "算法"是指进行计算、解决问题、做出决定的一套有条理的步骤。算法并不单指某次计算,而是计算时采用的方法。以色列历史学家赫拉利(Y. N. Harari)指出,现在,算法可以说是世界上最重要的概念。21世纪是由算法主导的世纪。赫拉利:《未来简史》,林俊宏译,中信出版社2016年版,第75、273页,第333~357页。

《法律和社会科学》(2017)
第16卷第2辑,第123~142页

保险法的行为经济学分析

何启豪*

摘要:在满足特定制度环境的背景下,根据经典经济学理论应当可以预测,理性行为人将在何时购买何种符合需要的保险产品。然而,越来越多的实证研究表明,人们的实际行为决策和经典经济学理论的预测并不一致。理论预测与实证结果的偏差给经典经济学的"理性人"的假设和理论,以及基于理论建构起来的保险监管框架带来了巨大挑战。近年来,随着认知心理学和行为经济学的发展,对经典经济学和保险法在实践中的偏差提供了新的解决方案。本文深入探讨了行为经济学和保险实践之间崭新的、生机勃勃的互动;以及二者互动给保险监管带来的影响;并以巨灾保险为例予以具体分析。

---

* 中国政法大学比较法学研究院副教授,美国康涅狄格大学法学院S.J.D(保险法)。作者感谢对外经济贸易大学国际贸易与金融法律研究所的项目支持。

一、导论

保险产品不同于一般商品,它是一种“无形产品”,本质上是“对金钱的或有求偿权”(contingent claims on money)。[①] 即当发生保险事故时,消费者将以支付的保费获取相应的金钱回报,而且保险赔付的数额一般远高于保费。消费者购买的保险产品不是保单本身,而是保单约定的风险保障,是针对未来风险的“安全感”。因此,在满足特定制度环境的背景下,根据经典经济学理论(standard economic theory)应当可以预测理性行为人将在何时购买何种符合需要的保险产品。

经济学对保险和保险法的发展具有重要影响。至少在美国的保险法学术研究中,法律经济学是一个占优势甚至主导地位(a dominant paradigm)的研究范式。[②] 在司法实践中,法律经济学对保险法影响颇深,著名高产法官波斯纳做出的诸多有关保险法的判决是其中重要的推动力量。[③] 立法方面亦然,奥巴马政府力推的美国医疗保险法(Affordable Care Act,2010)即为例证。该法案最大的法律和政治争议在于规定了强制(mandatory)健康保险,而该规定恰恰是建立在防止逆向选择(adverse selection)的保险实践和经济学理论互动的基础之上。[④]

然而,越来越多的实证研究表明,人们的实际行为决策和经典经济

---

① Tom Baker & Peter Siegelman, “Behavioral Economics and Insurance Law: The Importance of Equilibrium Analysis”, *The Oxford Handbook of Behavioral Economics and the Law*, pp. 491 – 517 (Doron Teichman & Eyal Zamir, eds. 2014).

② Kenneth Abraham, *Distributing Risk: Insurance, Legal Theory, and Public Policy*. New Haven: Yale University Press, 1986. 另外,以笔者在美国的求学经历为例,笔者曾在美国康涅狄格大学法学院获得保险法方向的法学博士(S. J. D)学位,博士论文的主要研究方法即为法经济学方法,导师组的主导师 Peter Siegelman 教授不仅具有法学教育背景,也是耶鲁经济学博士。

③ ALI Liability Insurance Project Preliminary Draft, No. 1, 2013; Jesse A. Langer, “Deciphering Posner's Insurance Jurisprudence”, *Connecticut Insurance Law Journal*, 2001 (7), pp. 1 – 6.

④ Affordable Care Act, § 1501(a)(2)(I), as amended by § 10106.

学理论的预测并不一致。[①] 理论预测与实证结果的偏见给“理性人”的假设、经典经济学理论,以及基于经济学理论建构的保险监管框架带来了挑战。近年来,随着认知心理学和行为经济学的发展,人们对经典经济学和保险法的互动提出质疑,并对二者在实践中的偏见提供了新的解决方案。本文研究行为经济学和保险实践之间崭新的、生机勃勃的互动。同时,作为法学论文,本文还将关注二者互动给保险监管带来的影响,并以巨灾保险为例予以具体分析。因为人们在购买巨灾保险的行为决策与经典经济学的预期效用理论(expected utility theory)预测相去甚远,而行为经济学恰好解释了为什么人们的行为会偏离了预期效用理论。巨灾保险的例子还为监管者提出了全新课题:对于作为理性人应当购买巨灾保险而实际上消费者往往低估巨灾风险而拒绝购买这样一个问题,监管者如何回应,以及在这种情况下,监管者如何创新介入巨灾保险市场的监管方式。

二、保险经济学和保险监管

保险经济学对保险之于人们的价值,以及为何予以监管已有较为成熟的解释。根据预期效用理论(expected utility theory),面对未来的不确定性,在掌握风险充分信息的情况下,人们通过权衡预期效用和成本做出是否购买保险的决定。[②] 诺贝尔经济学奖获得者 Kenneth J. Arrow 进一步明确指出,人们愿意支付较少的保费以对抗未来不确定的较大损失。[③] 申言之,人们购买保险主要基于两个原因:第一,风险

---

① Kahneman, D. , *Thinking, Fast and Slow*, New York: Farrar, Straus and Giroux, 2011; Kahneman, D. & Tversky, A, *Prospect Theory: An Analysis of Decision under Risk*, Econometrica, 1979(47), pp. 263 - 292.

② Kunreuther, H. , Pauly, M. V. , McMorrow, S. *Insurance and Behavioral Economics: Improving Decisions in the Most Misunderstood Industry*, Cambridge: Cambridge University Press, 2013, p. 8.

③ Arrow, K. J. *Essays in the Theory of Risk-Bearing*, Chicago: Markham Publisher Corporation, 1971, pp. 199 - 200.

厌恶(risk averse),即人们对资金的边际效用递减;第二,与储蓄相比,保险更有效率。因为储蓄仅仅将现有资金转移到未来,不管未来需不需要;而保险则仅仅将未来所需要的资金予以转移。① 预期效用理论告诉我们,保险的最有价值之处正是在于提供了一个机制,每人只需支付一小部分金钱,然后将大量小额资金汇聚起来,而未来少部分人需要资金时则有大量资金可供使用。

保险产品因其特殊性而备受监管者的瞩目。在信息充分和交易成本为零的情况下,每个风险厌恶的个人以精算公平的价格(保费与预期损失相同)购买所需保险,保险公司也有意愿提供适当的保险,而无需对保险市场予以监管。② 然而,由于在现实世界中,不仅仅交易成本为正,而且信息不对称同时存在于保险关系的供给侧和需求侧,保险监管因此获得了正当性。

(一)保险公司面对的信息不对称问题

诺贝尔经济学奖获得者 Geroge A. Akerloff 首先在关于"柠檬市场"(lemons market)的论文中,探讨了信息不对称问题(asymmetric information),③并很快被引入到保险市场的分析。④ 保险公司面对的信息不对称问题主要有两个:一个是道德风险(moral hazard),另一个是逆向选择(adverse selection)。这些问题一般发生在消费者比保险公司拥有信息优势,更了解其风险和预期损失的情况下。

所谓道德风险,是指消费者一旦购买保险后,由于保险公司将会承

---

① Tom Baker & Peter Siegelman, "Behavioral Economics and Insurance Law: The Importance of Equilibrium Analysis", *The Oxford Handbook of Behavioral Economics and the Law*, pp. 491 – 517 (Doron Teichman & Eyal Zamir, eds. 2014).

② Arrow, K. J. *Essays in the Theory of Risk-Bearing*, Chicago: Markham Publisher Corporation, 1971, p. 134.

③ Geroge A., Akerloff, "The Market for 'Lemons': Quality Uncertainty and the Market Mechanism", *The Quarterly Journal of Economics*, 1970(84), pp. 488 – 500.

④ Michael Rothschild, Joseph Stiglitz, "Equilibrium in Competitive Insurance Markets: An Essay on the Economics of Imperfect Information", *The Quarterly Journal of Economics*, 1976(90), pp. 629 – 649.

担风险损失反而使其不如未买保险之前谨慎避险。[1] 例如，当消费者购买洪水保险后，其加盖房屋防洪设施的意愿会降低，从而导致一旦风险事故发生反而造成损失增加。所谓逆向选择，是指拥有信息优势的高风险消费者更有意愿购买保险，从而导致保险公司承保的风险池（risk pool）汇聚了较高的风险。[2] 例如，年龄较大或身体健康状况较差的消费者更愿意购买健康保险。

保险公司面对的信息不对称问题，对真实世界中的保险公司和消费者之间的关系产生了重要影响。如同保险经济学的理论预测，保险公司在实践中采取了一系列方法解决道德风险问题。[3] 首先，采用成本分摊机制，如免赔额（deductible）和共同保险（co-insurance），使消费者也要分担因其疏忽大意而造成的损失。其次，在保险合同中规定了损失排除的条款，以约束消费者行为。例如，对于消费者因故意而造成的损失不予赔付。再次，采取预防措施以防止消费者的欺诈或懈怠。例如，保险公司在签订保险合同前，通过承保行为（underwriting）尽量挑选诚实、谨慎和值得信赖的消费者作为投保人。[4]

对于逆向选择问题，保险公司采取了一些类似的措施。首先，采用风险分类（risk classification）机制，分类的标准一般是损失的历史数据，以及一些特定标准，如是否抽烟（如健康保险）、年龄（如寿险）、居住地（如家财险）等，从而可以对风险较高的个体或群体收取较高的保费。其次，在保险合同中加入一些激励长期投保的条款，以避免消费者的短期行为，或提供多个风险类型让消费者选择，通过消费者自我选择而约束

---

① Bruggeman, V., *Compensating Catastrophe Victims: A Comparative Law and Economics Approach*, Kluwer Law International, 2010, pp. 61 – 64.

② Id., pp. 64 – 66.

③ Steven Shavell, "On Moral Hazard and Insurance", *The Quarterly Journal of Economics*, 1979(92), pp. 541 – 562.

④ Tom Baker & Peter Siegelman, "Behavioral Economics and Insurance Law: The Importance of Equilibrium Analysis", *The Oxford Handbook of Behavioral Economics and the Law*, pp. 491 – 517 (Doron Teichman & Eyal Zamir, eds. 2014).

其逆向选择。① 再次,采取预防措施,例如通过承保行为(underwriting)尽可能多地了解消费者的风险信息,从而降低消费者的信息优势。

在大多数情况下,保险公司能够较好的解决信息不对称的问题,而无需监管者的介入。但是,某些情况下则需要政府介入,如机动车第三人责任险一般规定为强制保险以避免逆向选择。在另一些情况下,由于保险公司难以获得历史数据,例如对于承保洪水、地震等巨灾,确认和量化巨灾风险非常困难,使得保险公司的承保意愿不足,需要政府介入以增加保险供给。市场失灵理论(market failure theory)对此作出了较为细致的解释,为政府监管提供了经济合理性。②

(二)消费者面对的信息不对称问题

消费者面临的信息不对称问题恰与保险公司相对,分别是反向道德风险(inverse moral hazard)和反向逆向选择(inverse adverse selection)。所谓反向道德风险,是指保险消费者,尤其是个人和中小企业,难以全面理解保险合同条款并评估保险公司的财务风险,道德风险可能诱使保险公司做出损害消费者利益的行为,比如过度投资而带来财务风险,甚至影响保险公司的偿付能力等。③ 保险公司的偿付能力显然影响其提供保险产品的质量,因为当保险公司无力偿付索赔时,其承保价值将大打折扣。所谓反向逆向选择,是指消费者面临苛刻或不友好的保险合同取代条款合理适当保险合同的风险,即"劣币驱逐良币"的风险。④

保险消费者难以解决信息不对称问题。第一种情况,虽然消费者依靠自己的力量可以解决信息不对称的问题,但成本巨大。例如,保险

---

① Michael Rothschild, Joseph Stiglitz, "Equilibrium in Competitive Insurance Markets: An Essay on the Economics of Imperfect Information", *The Quarterly Journal of Economics* 1976(90), pp. 629 - 649.

② Jeffrey R. Brown (eds.), *Public Insurance and Private Markets*, AEI Press, at 1, 2010; Spulber DF, *Regulation and Market*, MIT Press, 1989.

③ Robert W. Klein, *An Overview of the Insurance Industry and Its Regulation, in The Future of Insurance Regulation*, Brookings Institution Press, 2009.

④ Eric . D. Beal, "Posner and Moral Hazard", *Connecticut Insurance Law Journal*, 2001 (7), pp. 81 - 102.

合同一般为格式合同，条款繁多，语词佶屈聱牙，消费者（除非是保险法专家）需要花费较多的时间和精力成本才能理解保险合同，进而评估所购保险产品的优劣。[①] 在实践中，很少有消费者能够全面了解保险合同，大多数消费者仅仅关注保费和赔付金额等少量信息。直到发生保险事故，保险公司拒绝赔付时才开始阅读保单条款。

第二种情况，理论上可行，但实践中难以执行。例如，消费者可以通过审查保险公司过去的服务记录，如处理索赔、赔付损失等数据来判断保险公司所提供保险产品的优劣。在实践中，很少有保险公司愿意披露相关信息；即使披露，很可能是选择性的披露，让消费者难以获得全面准确的信息进行评估。

第三种情况，消费者在签订保单时无从知晓保险公司服务质量的信息，直到风险事故发生。这是因为保险本质上是对未来的承诺，保险事故发生的时间可能距离消费者购买保险的时间相距甚远。例如，保险公司的偿付能力，消费者购买保险时，保险公司的财务能力良好、偿付能力充足，但消费者难以保证保险公司保持良好的偿付能力或时时监督。

相比保险公司，监管者对消费者面对的信息不对称问题给予了更多的关注。这是因为消费者不仅面临反向道德风险、反向逆向选择等信息不对称问题，而且消费者相对缺乏（如个体力量较弱且缺乏集体行动等）解决信息不对称问题的能力。从监管目标来看，监管者主要监管保险产品（保险合同）和保险公司的质量，以保护消费者的利益。从监管方法来看，审批保险公司标准格式保单以保证保险产品的质量；偿付能力监管（如我国保监会推出的“偿二代”[②]）和设立保险保障基金以保证保险公司支付索赔的能力；市场行为监管以保证保险公司为消

---

① Daniel Schwarcz, Re-evaluating Standardized Insurance Policies, *University of Chicago Law Review*, 2011(78), pp. 1263 – 1349.

② “偿二代”即“中国风险导向偿付能力体系”，采用国际通行的定量监管要求、定性监管要求和市场约束机制的三支柱框架，确定的17项主干监管规则有机联系，共同作用，构建了一套保险公司风险识别和防范的安全网。参见陈文辉：《中国偿二代的制度框架和实施路径》，载《中国金融》2015年第5期。

费者提供良好的承保、索赔等服务。①

(三)行为经济学为保险监管提供新思路

经典保险经济学对保险和保险法产生了重要的影响。现行保险监管理论和措施也大多符合保险经济学模型。② 但在实践中,仍有很多保险消费者权益没有获得应有的保护。这主要是因为,依据经典保险经济学模型,在充分竞争的市场环境下,消费者被假定为理性行为人,能够最大化自己的效用。监管者充分尊重消费者的选择,如果消费者愿意购买相关保险产品,实施监管措施则会减少消费者的福利;如果消费者不愿意购买保险产品,实施监管措施则没有用处。

经典法律经济学研究也基本上采用这一路径,即关注个体行为,并假定所有个体在作出某种行为选择时,都会事先进行理性的准确计算。③ 例如波斯纳的法律经济学理论就是建立在理性人假设的基础之上。④ 然而,自上世纪中叶始,从 Herbent Simon 提出"有限理性"(bounded rationality)⑤到 Daniel Kahneman 和 Amos Tversky 提出的"前景理论"(prospect theory),⑥认知心理学的发现不断挑战基于传统经济学的理性人假设(unbounded rationality)。建立在这些基础上的行为法律经济学认为理性人假设并非普遍存在,人其实是有限理性,在作出选

① Tom Baker, Peter Siegelman, "Behavioral Economics and Insurance Law: The Importance of Equilibrium Analysis", *The Oxford Handbook of Behavioral Economics and the Law*, pp. 491 – 517 (Doron Teichman & Eyal Zamir, eds. 2014).

② Chandler, Seth. N. D. Insurance Regulation, in *Encyclopedia of Law & Economics*, available athttp://encyclo. findlaw. com/5700book. pdf. (last visited Sept. 12, 2017).

③ 侯猛:《社科法学的研究格局:从分立走向整合》,载《法学》2017年第2期。

④ Jesse A. Langer, "Deciphering Posner's Insurance Jurisprudence", *Connecticut Insurance Law Journal*, 2001(7), pp. 1 – 6.

⑤ Herbert A. Simon, "A Behavioral Model of Rational Choice", *Quarterly Journal of Economics*, 1955(69), p. 99. 简单地说,"有限理性"指出,人类的认知能力并不是无限的。

⑥ Kahneman, D., Tversky, A. "Prospect Theory: An Analysis of Decision under Risk", *Econometrica*, 1979(47), pp. 263 – 292. "前景理论"提供了一个描述性的选择模型,该模型预测,人们的实际行为要优于预期效用理论。该理论的核心功能在于区分了损失和收益,并强调人们更重视确定损失的痛苦而非对未来不确定收益的愉悦。

择时存在认知偏见。[①] 国内已经陆续开展了这方面的研究，如刘庄等人所做的法律教育对个体进行法律决策影响的实验研究。[②]

将行为经济学的研究成果应用到保险法领域，可为保险监管提供新的思路和正当性。保险消费者在保险市场中的行为，与经典经济学的理论预测并不一致，而是充满了“反常行为”(anomalies abound)。[③] 在需要购买保险以应对风险时，如对损失巨大但发生频率较低的巨灾风险(如地震、洪水等)，消费者往往低估巨灾保险的价值，导致保障不足；与此同时，消费者购买了大量超额保险以应对无需保障的风险，如消费品的延长保修保险(extended warranties)。正是由于消费者在处理与保险公司的关系时，并不总是能够最大化自己的效用，因而需要监管者予以介入，以提高消费者的福利。

三、行为经济学与保险消费者保护

由于行为经济学深受认知科学的影响，都探讨人的认知偏见及其对决策的影响。[④] 随着认知科学向法学领域的渗透，法学研究者也开始重视认知偏见(cognitive bias)对人们行为的影响。[⑤] 典型的认知偏

---

① 侯猛：《社科法学的研究格局：从分立走向整合》，载《法学》2017年第2期。

② 刘庄、冯时：《法律教育与法律决策的内在一致性：基于实验的研究》，载《法律和社会科学》(第12卷)，法律出版社2013年版，第48~71页。

③ Kunreuther, H., Pauly, M. V., McMorrow, S. *Insurance and Behavioral Economics: Improving Decisions in the Most Misunderstood Industry*, Cambridge: Cambridge University Press, 2013.

④ 如葛岩等人所做的认知科学研究同样讨论人在认知偏见的情况下如何决策。参见葛岩、秦裕林、林喜芬：《为什么自愿守法：自动化社会行为发生机制研究》，《法律和社会科学》(第14卷第1辑)，法律出版社2015年版，第1~29页。

⑤ Cass R. Sunstein, “Behavioral Analysis of Law”, *U. Chi. L. Rev.*, 1997(64), p. 1175; Cass R. Sunstein, Christine Jolls, Richard H. Thaler, “A Behavioral Approach to Law and Economics”, *Stanford Law Review*, 1998(50), p. 1471；中文研究与综述参见李安：《司法过程的直觉及其偏见控制》，载《中国社会科学》2013年第5期；葛岩：《法学研究与认知—行为科学》，载《上海交通大学学报》2013年第4期。

见包括,自我服务偏见(self-serving bias)、框架效应(framing effect)、锚定效应(anchor effect)、禀赋效应(endowment effect)、沉没成本效应(sunk cost bias)、表征性偏见(representative bias)以及习惯、上瘾等等。[①] 这些研究成果对保险法研究也产生了重要影响。下文将在分析与消费者决策相关的行为经济学理论和认知偏见的基础上,探讨如何避免这些认知偏见以加强对保险消费者的保护。

(一)默认选择(default option)与消费者决策

行为经济学的研究表明,当消费者在做决策遇到信息处理的问题和障碍时,消费者更倾向于设定的默认选择(default option),而不是仔细分析替代选择的利弊。这一研究成果在 *Nudge: Improving Decisions about Health, Wealth, and Happiness* 一书中予以了详细阐述。[②] 默认选择的框架效应(framing effect)被广泛应用于结果已经确定或被选中的选项比其他的选项有更高的预期回报的情况。例如,在驾驶员申请驾照时,申请书中的器官捐献为默认选择选项,即如果驾驶员不提出异议,则视为同意因车祸造成死亡后捐献器官。[③] 默认选择在不违背消费者意愿的情况下,通过引导增加了社会福利。

具体到保险法领域,由于存在一些信息处理障碍,消费者大脑中自发的"默认选择"更可能是不购买保险,任其暴露在风险之中。这些障碍包括但不限于:

1. 复杂性厌恶(complexity aversion),即避免需要对复杂事情进行评估的选择。[④] 相比于不购买保险,购买保险是对复杂事情的决策评估。

---

① Russell B. Korobkin, Thomas S. Ulen, "Law and Behavioral Science: Removing the Rationality Assumption from Law and Economics", *Cal. L. Rev*, 2000(88), p. 1051.

② Thaler, R. H., C. R. Sunstein, *Nudge: Improving Decisions about Health, Wealth, and Happiness*. Yale University Press, 2008.

③ Johnson, E., D. Goldstein, "Do Defaults Save Lives?", *Science*, 2003(302), pp. 1338-1339.

④ Bruce, J., J. E. Johnson, "Decision Making under Risk: Effect of Complexity on Performance". *Psychological Report*, 1996(79), pp. 67-76.

2. 对考虑特定事项的厌恶，如对死亡、禁忌等事项。① 当消费者购买人寿保险或重疾险时，需要对生死、癌症等疾病事项审慎评估。

3. 认知限制（cognitive constraints），Thomas Dohmen 等人的研究表明，认知能力越强的人比认知能力越弱的人反而更乐于承担风险。② 这就限制了认知能力强的人购买保险的意愿。

这些信息处理障碍使人们在保险决策分析中误判风险，而仅仅依据简单且不靠谱的试探决策规则（heuristic decision rules）进行风险决策。一般而言，当风险事故发生，且索赔赔付的金额高于保费时，购买保险的消费者获得经济收益。如果没有发生风险事故，没有购买保险的消费者事实上获得了经济收益（不包括因为购买保险而获得心灵安宁的精神收益）。对于没有购买保险的消费者，则不太可能在没有发生风险事故的情况下转而购买保险，即使购买保险是默认选择。③ 例如，有些消费者怠于购买财产保险或健康保险，可能是因为他们感知到的风险在其承受的阈值之内，除非亲身经历风险事故如房屋失火或遭受疾病，否则不太可能自愿购买保险。还有些消费者可能会在购买保险多年后，因从未发生保险事故而取消续订，即使续订保险是默认选择。④ 在这种情况下，如果监管者将经济效益最大化作为政策目标的话，则需要采取保费补贴或强制保险等措施引导消费者购买保险以抵御风险。

（二）直觉思维（intuitive thinking）与消费者决策

在认知心理学和行为决策研究的基础上，诺贝尔经济学奖获得者

---

① Cheris Chan, *Marketing Death: Culture and the Making of a Life Insurance Market in China*. New York: Oxford University Press, 2012.

② Thomas Dohmen, Armin Falk, David Huffman, Uwe Sunde, "Are Risk Aversion and Impatience Related to Cognitive Ability?", *American Economic Review*, 2010: 100(3), pp. 1238 - 1260.

③ Howard C. Kunreuther & Mark V. Pauly, "Behavioral Economics and Insurance: Principles and Solutions", *Research Handbook on the Economics of Insurance Law*, pp. 15 - 35 (Daniel Schwarcz& Peter Siegelman, eds. 2015).

④ Howard C. Kunreuther, Mark Pauly, Stacey McMorrow, *Insurance and Behavioral Economics: Improving Decisions in the Most Misunderstood Industry*, New York: Cambridge University Press, 2013.

Daniel Kahneman在其极具启发性的著作*Thinking:Fast and Slow*中,将人的思维系统区分为系统1(System 1)和系统2(System 2):系统1反应迅速,自动运作,无需或甚少需要注意力进行主动控制,主要采用简单和具体的联系,包括情绪反应或个人经验获得的简单行为法则,通常被称为直觉思维(intuitive thinking);而系统2则分配大量的注意力,进行有意识的精神活动,包括简单或复杂的计算和形式逻辑,通常被称为审慎思维(deliberative thinking)。①

直觉思维通常依据人们的经验、预期、目标和信念做出决策,这些依据简单明了,且不需要对不同选项进行细致的比较分析。直觉思维在很多情况下是很有效率的决策方式,比如今天去学校乘坐何种交通工具,中午吃什么饭菜等。但复杂情况下做的决策,采用直觉思维不免出现偏见。② 而审慎思维则要求人们投入大量的时间和精力,并采用复杂的决策辅助工具,如概率估计、贝叶斯模型以及形式逻辑等,进行风险评估。由于大多数情况下,购买保险属于复杂事项决策,消费者在决定是否购买以及购买多少保险时,需要比较不同选择模型(如预期效用理论)的预期损失和预期收益,并进行决策分析。③ 如果保费能够反映风险程度,且消费者是审慎思维的决策者,那么风险厌恶的消费者则应会在预算范围内购买适当的保险保障。

当人们采用系统2进行决策时,审慎思维使得决策充满理性。④ 经典经济学理论假定消费者的行为遵循预期效用理论,其前提是消费者(决策者)在系统2的指引下做出审慎决策。但在实践中,人们的很多决策却是在系统1的指引下做出,结果导致很多偏见和反常行为。保险消费者面对复杂风险时,经常受系统1直觉思维的影响和控制,做出

---

① Kahneman, D. *Thinking, Fast and Slow*, New York: Farrar, Straus and Giroux, 2011. pp. 20-21.

② Howard C. Kunreuther& Mark V. Pauly, "Behavioral Economics and Insurance: Principles and Solutions", *Research Handbook on the Economics of Insurance Law*, pp. 15-35 (Daniel Schwarcz& Peter Siegelman, eds. 2015).

③ Raiffa, H., *Decision Analysis: Introductory Lectures on Choices Under Uncertainty*. Addison-Wesley, 1968.

④ Kahneman, D., p. 15.

无视风险的决策,无法实现最大化预期效用。在这种情况下,政府一方面可以对消费者进行风险教育,营造审慎思维进行风险决策的环境。另一方面,政府也可以通过自由家父主义式(libertarian paternalistic)的方法,在消费者自由决策的同时,予以适当的引导。①

(三)保险消费者"需求反常"(demand anomalies)

Howard C. Kunreuther 等在 Daniel Kahneman 和 Thaler, R. H. 与 C. R. Sunstein 研究的基础上,将行为经济学的研究成果应用到保险领域。特别是在总结性的 *Insurance and Behavioral Economics: Improving Decisions in the Most Misunderstood Industry* 一书中,提出了保险消费者"需求反常"的概念,②即与预期效用理论的预测不同,保险消费者的行为在某些情况下受认知偏见的影响而出现"需求反常"的现象,某些保险购买过度而某些保险则购买不足。保险购买过度的情况包括人们购买保险以保障相对其财富而言微不足道的损失(如电视机延长保修保险);③购买不足的情况包括人们低估客观价值很高的保险,如很少购买针对发生频率低但造成损失高的保险(地震保险等);④但当灾害发生后人们却又大量增加对灾害保险的购买,即使超出了需求的限度。⑤

造成"需求反常"的主要原因是消费者的认知偏见导致对保险价

---

① Cass R. Sunstein & Richard H. Thaler, "Libertarian Paternalism Is Not an Oxymoron", *U. Chi. L. Rev.*, 2003(70). p. 1159.

② Howard C. Kunreuther, Mark Pauly, Stacey McMorrow, *Insurance and Behavioral Economics: Improving Decisions in the Most Misunderstood Industry*, New York: Cambridge University Press, 2013.

③ Tom Baker, Peter Siegelman, "Do You Want Insurance With That? Protecting Consumers from Add-On Insurance", *Connecticut Insurance Law Journal*, 2013(20), pp. 1–60.

④ David H. Krantz, Howard C. Kunreuther, "Goals and Plans in Decision Making", *Judgment and Decision Making*, 2007(2), pp. 137–168.

⑤ Howard C. Kunreuther, Warren Sanderson, Rudolf Vetschera. "A Behavioral Model of the Adoption of Protective Activities". *The Journal of Economic Behavior and Organization*, 1985(6), pp. 1–15.

值的评估错位,不符合预期效用理论的预测。① 典型的认知偏见一般分为两大类:

第一类偏见低估保险价值,造成需求不足,主要包括:(1)过度贴现(excessive discounting),将金钱的现今价值不合理高估,而将未来价值不合理低估,②因而不愿意今日支出小额保费以换取来日可能的大额赔付。(2)过度自信偏见(over-optimism bias),认为风险事故不会发生在自己身上。过度自信偏见比大多数的偏见更为根深蒂固、不理性,因为该偏见违背决策权重的独立性,并与一般风险选择模型中的效用严重偏离。③ 认为百年不遇的灾害不会发生在自己身上便是在巨灾风险认知中广泛存在过度自信偏见。(3)短视行为(myopic behavior),将视野仅仅局限在当下,忽视长期收益,认为保险是不合理投资。

第二类偏见则高估保险价值,造成需求过度,主要包括:(1)损失厌恶(loss aversion),损失的边际负效用超过收益的边际效用。虽然购买保险是实实在在的支出,但很多消费者将保费视为"成本"或"价格",而将未承保带来的损失视为真正的"损失"。④ (2)感情效应(affection effect),对特定人或特定财产的情感依恋,除非损失超过财富的边际效用,否则不应影响保险需求。⑤ (3)迷信(superstition),消费者相信购买保险能够预防风险事故发生。(4)群聚效应(herding),消费者受家人或朋友的影响跟风购买保险。(5)后悔厌恶(regret aversion),消费者希望做出最优选择,以"事后诸葛亮"的标准判断先前

---

① Tom Baker and Peter Siegelman, "Behavioral Economics and Insurance Law: The Importance of Equilibrium Analysis", *The Oxford Handbook of Behavioral Economics and the Law*, pp. 491 - 517 (Doron Teichman & Eyal Zamir, eds. 2014).

② Id.

③ AnatBracha, Donald J. Brown, "Affective Decision Making: A Theory of Optimism Bias", Fed. Resv. *Bank of Boston Working Paper*, 2010. pp. 10 - 16, available at http://www.bos.frb.org/economic/wp/index.htm (last visited Sept. 12, 2017).

④ Eric Johnson, John Hershey, Jacqueline Meszaros, Howard C. Kunreuther, "Framing, Probability Distortions and Insurance Decisions", *Journal of Risk and Uncertainty*, 1993 (7), pp. 35 - 51.

⑤ Christopher K. Hsee, Howard C. Kunreuther, "The Affection Effect in Insurance Decisions", *Journal of Risk and Uncertainty*, 2000(20), pp. 141 - 160.

决策,当损失发生时,消费者不想因为没有购买保险而后悔。①

在现实世界中,购买保险并不总是最优选择。购买何种保险以及购买何种程度的保险保障才是问题的关键。如何让保险给消费者带来最大价值是一个复杂的问题,不仅取决于消费者的偏好、损失的频率和严重程度,以及保险公司经营管理,还要考虑道德风险、逆向选择等复杂因素。行为经济学的研究充分表明,消费者的保险风险决策水准令人担忧。② 相比于开设银行账户或办理贷款,保险是更为复杂的金融产品,消费者难以做出符合最大化利益的决策也不足为奇。这就给监管者提出了更大的挑战,了解认知偏见及其造成的保险消费者"需求反常",对于监管有重要的意义,使之能够采取针对性的措施以加强消费者保护。

四、行为经济学视角下的巨灾保险供需分析

本部分以巨灾保险为例,从行为经济学的角度进行详细分析。面对巨灾风险,保险公司、消费者,甚至监管者在决策时均出现反常行为(anomalies):保险公司供给意愿不足,消费者需求意愿不足,政府不当介入。

(一)保险公司面对巨灾风险的行为决策分析

如前所述,认知心理学和行为经济学的研究表明,个体和机构在面对风险和未知时做出的决策,一般会受到直觉思维(intuitive thinking)和/或审慎思维(deliberative thinking)的影响。面对巨灾——发生频率低,但损失非常重大的风险时,保险公司要么忽视这种风险,要么过度应对,从而使决策不能够很好地反映出真实的风险水平。例如,当地震

---

① Graham Loomes, Robert Sugden, "Regret Theory: An Alternative Theory of Rational Choice Under Uncertainty", *The Economic Journal*, 1982(92), pp. 805 – 824.

② Howard C. Kunreuther, Mark Pauly, Stacey McMorrow, *Insurance and Behavioral Economics: Improving Decisions in the Most Misunderstood Industry*, New York: Cambridge University Press, 2013.

发生后,消费者购买地震保险的意愿较为强烈,但这种情况下,即使保费远高于往年,保险公司却更加谨慎承保甚至退出地震保险市场。①这表明保险公司陷入对最坏情况(the worst-case scenario)损失的担心,而没有审慎分析未来地震发生的真实风险。

影响保险公司承保与否以及如何定价的因素一般有两个:一是过往经验;二是风险的不确定性程度。如果保险公司有承保巨灾风险并赔付损失的过往经验,该经验一般会导致对最坏情况损失的担心。以美国加州地震保险市场为例,1916年保险公司开始承保地震风险;1985年加州通过法案要求保险公司承保地震风险;1994年Northridge地震造成保险公司赔付的灾害损失达206亿美元。震后,虽然投保需求剧增,但由于保险公司担心下一次地震会造成公司偿付能力不足,90%的保险公司停止承保或附加限制条件销售承保保险。② 正是由于这一情况,导致加州州政府于1996年成立了由国营的"加州地震局"来(California Earthquake Authority)承保地震风险。

此外,保险公司的巨灾保险供给还受到其他因素的制约。首先,由于历史数据有限,确认和量化巨灾风险更困难,可保性一直存有争议;其次,巨灾风险具有很强的关联性,使得难以运用大数定律对风险进行定价;最后,巨灾风险造成的损失巨大,超过一般保险公司的承保能力。③ 风险的不确定性程度越大,保险公司提供保险产品的意愿越低,并且承保价格越高。据测算,保险公司对不确定性较高风险的定价一般为不确定性较低风险的1.43~1.77倍。④

---

① Howard Kunreuther, "The Role of Insurance in Reducing Losses from Extreme Events: The Need for Public-Private Partnerships", *The Geneva Papers on Risk and Insurance - Issues and Practice*, 2015(40), pp. 741-762.

② Id.

③ Qihao He, "Climate Change and Financial Instruments to Cover Disasters: What Role for Insurance?", *The Role of Law and Regulation in Sustaining Financial Markets*, pp. 222-248 (Niels Philipsen et al., eds., 2015).

④ Kunreuther, H., Hogarth, R., Meszaros, J. "Insurer Ambiguity and Market Failure", *Journal of Risk and Uncertainty*, 1993, 7(1), pp. 71-87.

(二)消费者面对巨灾风险的行为决策分析

在面对发生频率低—损失后果严重的巨灾风险时,消费者受直觉思维的显著影响,并且更可能聚焦于短期目标。① 以加州居民购买地震保险的情况为例。1994 年 Northridge 地震后,1995 年进行的调查显示,尽管保费大幅增加,2/3 的房主仍购买了地震保险。② 这是典型的由于对最坏损失的担心。然而,由于自 1994 年后,加州多年未发生重大地震,如今购买地震保险的房主仅有 10% 。消费者对地震风险采取了"地震不会发生在我身上"的态度,过于低估风险。如果今天加州发生地震的话,将预计会造成最高可达 2000 亿美元的损失,而大多数房主的保险保障明显严重不足。③

传统理性决策理论更支持市场自我调节,④而行为决策理论则呼唤政府适当监管。行为决策理论认为,当人们做决策时,受到认知偏见的影响而表现出"有限理性"。⑤ 对于巨灾风险,由于受到可获得性偏见、过度自信等认知偏见的影响,消费者在购买巨灾保险时做出的决策并未最大化自己的预期效用。而政府监管可能影响或改变消费者对巨灾风险的认知和评估,从而提高消费者福利。

---

① Krantz, D. Kunreuther, H., "Goals and plans in decision-making", *Judgment and Decision Making*, 2007, 2(3), pp. 68 – 137; Kunreuther, H., Pauly, M. V. McMorrow, S., *Insurance and Behavioral Economics: Improving Decisions in the Most Misunderstood Industry*, New York, Cambridge University Press, 2013.

② Palm, R., Carroll, J., *Illusions of Safety: Cultural and Earthquake Hazard Response in California and Japan*, Westview Press, 1998.

③ Howard Kunreuther, "The Role of Insurance in Reducing Losses from Extreme Events: The Need for Public-Private Partnerships", *The Geneva Papers on Risk and Insurance - Issues and Practice*, 2015(40), pp. 741 – 762.

④ 传统理性决策理论认为,作为自利的经济人,人们做决策时会最大化自己的预期效用(expected utility)。Michael P. Vandenbergh, Amanda R. Carrico & Lisa Schultz Bressman, "Regulation in the Behavioral Era", *MINN. L. REV.* 2011(95), pp. 715, 730.

⑤ Gilovich, T., Griffin, D., "Introduction-heuristics and biases: Then and now, in Heuristics and biases: The psychology of intuitive judgment", 2002, pp. 1 – 18; Keith E. Stanovich, *Decision Making And Rationality In The Modern World*, Oxford University Press, 2009, p. 52.

(三)政府面对地震风险的行为决策分析

政府亦面临自身的局限和挑战,使得巨灾风险监管的困难增大。这些局限和挑战包括但不限于由于信息不对称和负外部性造成的市场失灵,由于对于低概率事件的忽略,造成决策的失误,由于缺乏长远视野,不能及时采取风险减损措施。① 面对地震、洪水等巨灾,监管者也受直觉思维的限制,表现在对地震、洪水等巨灾保险保单的价格和承保范围的限制更为关注。

以美国佛罗里达州为例,1992年Andrew飓风给保险公司带来了巨大的承保损失,很多保险公司意欲退出佛州家财险市场(彼时家财险承保洪水造成的损失)。1993年,佛州议会通过法案,要求保险公司在佛州每个县取消的家财险保单不能超过上一年度保单数量的10%;全州范围内,每三年取消的保单数量不能超过5%。② 2007年,佛州通过立法进一步加强对家财险保费的监管控制,并设立佛州飓风巨灾基金(Florida Hurricane Catastrophe Fund)提供再保险保障。监管者要求保险公司降低保费并扩大承保范围。监管者要求所有保险公司履行这一监管规定,即使该保险公司没有从佛州飓风巨灾基金购买再保险(该再保险的价格低于商业再保险的价格)。

更有甚者,2002年佛州成立了国营的公民财产保险公司(Citizens Property Insurance Corporation),该保险公司承保的价格低于市场价的15%甚至更多。③ 该类保险带来了一些严重的问题,如鼓励人们定居在洪水高风险地区(一般为沿海地区,即所谓的"海景房")。如果发生飓风,这将导致比未设立该保险公司更多的损失。如果发生类似

---

① Howard Kunreuther, Robert Meyer, Erwann Michel-Kerjan, "Overcoming Decision Biases to Reduce Losses from Natural Catastrophes", *Behavioral Foundations of Policy*, edited by EldarShafir, Princeton University Press, 2013.

② Lecomte, E., Gahagan, K., "Hurricane Insurance Protection in Florida", *Paying the Price: The Status and Role of Insurance against Natural Disasters in the United States*, edited by H. Kunreuther, R. Roth Sr Washington, D. C.: Joseph Henry Press, 1998, pp. 97 - 124.

③ Howard Kunreuther, "The Role of Insurance in Reducing Losses from Extreme Events: The Need for Public-Private Partnerships", *the Geneva Papers on Risk and Insurance-Issues and Practice*2015(40), pp. 741 - 762.

2005 年 Katrina 飓风的灾害，可能耗尽公民财产保险公司的所有资金，不得不由佛州全民通过税收的方式来承担投保人（灾民）的损失。

五、结语

行为经济学为保险监管，尤其是消费者保护提供了新依据和新思路。巨灾保险即为典型事例。本文分析了由于消费者、保险公司的决策行为偏离了经典经济学理论预测而造成了市场失灵，巨灾保险产品供给和需求皆不充分，导致不能充分发挥保险在巨灾治理和灾害救济中的作用。对于监管者而言，怎么才能修正消费者和保险公司，甚至监管者自身的不理性决策行为，促进保险市场的健康发展？笔者不揣浅陋，以巨灾保险为例，提出些许制度完善建议为本文做结。

第一，可以考虑推行多年期巨灾保险（multi-year insurance）。通常保险的承保年限为一年期，多年期保险可以有效地解决巨灾保险供给和需求的动力不足的问题。对于保险供给，多年期保险可以显著增加保险公司的保费收入，提高应对巨灾赔付的资金能力；同时，可以让保险公司在更广泛的时间范围内分散风险损失；再者，还可以减少交易成本，如市场营销成本和承保成本。① 对于保险需求，虽然消费者在经历巨灾后购买保险的需求旺盛，但随时间流逝很快将灾害忘记而不再续保。多年期保险可以有效解决消费者不再续保的问题。

第二，可以考虑推行强制巨灾保险（mandatory insurance），可以先在灾害频发地区试点推行。对于保险公司而言，强制保险可以有效解决逆向选择的问题。对于消费者，尤其是我国的消费者，购买一般家财险等保险的意识尚且不足、意愿尚且不强。对巨灾保险又受到认知偏差的影响，需求更是微不足道，强制保险可以有效提高消费者的保险

---

① Howard C. Kunreuther, Mark Pauly, Stacey McMorrow, *Insurance and Behavioral Economics: Improving Decisions in the Most Misunderstood Industry*, New York: Cambridge University Press, 2013, p. 233.

需求。

第三,呼吁有效的公私合作机制(Public-Private Partnerships)。对于巨灾治理,各行为方(监管者、保险公司和消费者)单独应对均有局限,宜当采用公私合作机制,需要政府和保险公司的通力合作。由于巨灾预防和灾害救助具有公共福利产品的性质,可从融资和供给两个维度切入开展合作。[①] 在融资方面,政府应当建立制度保障保险人实行风险定价(risk-based pricing),使风险高的投保人支付较高保费,对于低收入群体,可以提供公共财政资助;在供给方面,当灾害损失超过保险人的承保能力时,政府应当发挥再保险人的角色,分担保险人的风险,避免保险人丧失偿付能力,从而为保险公司提供地震保险产品减少后顾之忧。

① Alexander A. Boni-Saenz, "Public-Private Partnerships and Insurance Regulation", *Harv. L. Rev*, 2008(121), p. 1367.

《法律和社会科学》(2017)
第16卷第2辑,第143~159页

机器人法官的用途

岳　林*

摘要:人工智能技术正在进入法院,但是能够取代人类法官的机器人法官还依然处于幻想阶段。关于什么是人工智能或者机器人,法学界并无一致标准。我国法院现阶段应用的人工智能技术大都处于弱智能水平,因此尚不足以对人类法官的工作岗位构成威胁。但是对于司法辅助人员以及司法行政人员而言,人工智能技术则已经开始提出挑战。目前人工智能技术进入法院,其目的主要在于强化法院内部管理的行政管理,以及对法官判决进行更为细致的质量监控。因此推动司法人工智能技术以及建设所谓的"智慧法院",与当前司法改革强调"去行政化"以及"以审判权为中心"的逻辑是相互吻合的:法院内部管理效率将会进一步提升,法官自由裁量权将会受到更多控制,以及司法系统的权力将会更加集中。

1955年,美国科幻作家弗兰克·莱利发表了一

* 上海大学法学院讲师。本文受教育部人文社会科学研究规划青年基金项目(14YJC820069)和上海高校青年教师培养资助计划资助。

篇名为《赛博和霍姆斯法官》的短篇小说,虚构了一个机器人取代人类充当法官的故事。① 根据这种想象,机器人理性、高效,很少犯错(至少在形式逻辑意义上),不受情感干扰,更不会有动机去徇私舞弊、枉法裁判,因此比人类更适合操持司法。虽然幻想家们并不知道也不需要知道机器人法官的设计原理和制造工艺,他们往往愿意相信,科学技术总有一天会让他们的想象变成现实,所以机器人进入法院只是个时间问题。只不过和许多科幻预言一样,这一天似乎总是在无限地接近,但同时又在被无限地延迟。

就在2016年最后几天而言,网上传出消息,称南京法院将使用机器人协助法官判案。② 而此时恰逢人工智能棋手Master大杀四方,连克人类顶尖高手,人工智能一时成为全世界舆论关注的热点。③ 关注司法问题的人们不禁联想,科幻作品中的虚构,是否已经来到我们身边?但是南京中院迅速辟谣,称相关报道有违事实,机器人项目系子虚乌有。④ 看起来,这又是一则"狼来了"的假新闻。但只要检索网络,我们可以发现,在南京被否认的"科幻",在北京以及其他地方正在成为"现实"。譬如说,同样是在2016年年底,北京市高级人民法院高调推出了智能研判系统"睿法官"被主流媒体包括中央电视台和《人民日报》广泛报道。⑤

---

① Frank Riley,"The Cyber and Justice Holmes",*if*,March:54 (1955).

② 邱海鸿:《南京法院拟引入机器人辅助判案:"阿尔法"是替身还是帮工?》,载http://www.thepaper.cn/www/resource/jsp/newsDetail_forward_1590536_1,最后访问日期:2017年1月8日。

③ 除了对阵中国棋手陈耀烨那局,因为对手断线被系统判了和局,Master对人类棋手取得了60连胜,其中包括世界排名第一的柯洁。随后Master的操作者承认,这套人工智能系统就是之前已经战胜过人类棋手李世石的AlphaGo。褚鹏:《围棋迭代道在何方?》,载《北京青年报》2017年1月6日版。

④ 崔佳明:《南京法院拟引入机器人辅助判案?官方回应系编造》,http://www.chinanews.com/gn/2017/01-02/8111563.shtml,最后访问日期:2017年1月8日。

⑤ 中央电视台新闻直播间:《北京:"睿法官"智能研判系统如何办案》,2016年12月14日,载http://tv.cctv.com/2016/12/14/VIDEI3ZUHruDDUakhWAQSUqg161214.shtml,最后访问日期:2017年3月23日;徐隽:《"睿法官"辅助审判还远吗?》,载《人民日报》2016年1月4日版;李希:《北京法院探索建设"智慧法院""睿法官"系统正式上线》,载http://www.bj148.org/zzgjj/zzdt/201612/t20161214_1277407.html,最后访问日期:2017年1月8日。

而在这些报道中,“睿法官”的确被称作“机器人”。

在法院信息化的浪潮中,全国法院一盘棋,无论南京还是北京都不例外。最高人民法院在十二届全国人大第五次会议提出的工作报告明确提出,人民法院在2017年的工作方向之一就是要建设“智慧法院”,推进“审判智能服务”,构建“司法人工智能系统”。① “智慧法院”云云,是法院工作信息化的泛称,涵盖法院工作的方方面面。“审判智能服务”或者“司法人工智能系统”,则涉及法院最核心的职能,即司法裁判。

于是我们可以讨论这样一些问题:机器人法官到底是已来还是未来?这已经来的,以及将来要来的,又是怎样的机器人法官?国家、政府或者某一部分人,为什么要不遗余力地把机器人技术输入法院,让机器人法官发挥怎样的功能,实现怎样的目的呢?

一、什么是机器人

不同消息相互抵牾,很大程度上是因为概念混淆。其实我们一直都难以明确区分计算机(computer)、人工智能(artificial intelligence)和机器人(robot)这些事物;无论是普通民众,还是在这些领域深耕已久的技术专家,都会在这些概念上模棱两可。你所谓的机器人,在他看来可能就只是一台机器,毫无“智能”可言;而他认定的人工智能,在我看来也不过是一段计算机代码。至少,战胜人类棋手的那种所谓的AI,并不具备物理实体的形象,因此与科幻文学电影作品中常见的那种AI,似乎也是风马牛不相及的。因此,南京法院矢口否认的机器人,很有可能与北京法院大力推行的机器人可能并不是一回事。

美国法学家瑞恩·卡洛提出过一个可以用来界定机器人“本质”的标准,机器人都必须具备三种能力:一是感知(sense),即攫取或接受

① 周强:《最高人民法院工作报告》,载 http://www.court.gov.cn/zixun-xiangqing-37852.html,最后访问日期:2017年3月23日。

来自这个世界的信息;二是处理(process)它所感知到的信息;三是根据处理结果来反作用于这个世界。这也就是他所谓的“感知—思考—行动”范式。[①] 根据这套标准,我们并不需要对机器人和人工智能做出非此即彼的区分。我们无法想象,一个所谓的机器人是不具备智能的。以及机器人也不一定必须具备人形,例如工业机器人。所以 IBM 设计的 Watson,虽然没有专属性物质载体,严格来说只是一堆虚拟的代码,但也可以被纳入到机器人的范畴。

另一位美国法学家杰克·巴尔金对卡洛的机器人定义提出了批评。他认为机器人技术依然是一项正在迅速发展且远远尚未定型的技术,它的未来几乎是不可预测的;既然如此,人类怎么能这么匆忙地就给它做出“界定”(definition)呢?[②] 我也认为现在对机器人的本质下定义确实还为时尚早。其实就连“人”的本质定义,从古至今,人类自己也无法达成一致意见。但我还是认为,卡洛的定义是有用的,至少在当下有用。基于他的定义,我们可以对机器人(人工智能)做出进一步的区分:

首先,如果机器人只能按照初始设置来工作,不具备自我发展能力,那么这种机器人就是弱人工智能(weak AI)。例如,已经进入千家万户的扫地机器人,以及我们在电子游戏中熟悉的各种 NPC(non-player-Controlled Character),都是这种层次的机器人。这种机器人即便在某一领域具备让人类望尘莫及的能力,但它的思维模式和行动策略,依然尽在人类掌控之中。

其次,如果机器人具备了所谓的深度学习或者自主学习能力,能够在无人监督的情况下更新并且提高自己的能力,那么人类就可能无法跟上它的“进化”脚步了。这也是为什么 Master 的人类对弈者们对它的棋路完全望尘莫及,甚至认为人工智能已经彻底改变了这个游戏。而 Master 的人类设计师虽然书写了代码或者算法,但他们自身也无法

---

① Calo, Ryan, “Robotics and the Lessons of Cyberlaw”, *Cal. L. Rev*, 2015(103), p. 513.

② Jack M. Balkin, “The Path of Robotics Law”, 6 *Clif. L. Rev. Circuit*, 2015(45, 49).

准确预测 Master 的棋路。因此这一层次的机器人,可以被称为强人工智能(strong AI)。

最后,如果机器人这样一路发展下去,最终达到并且超越了库兹韦尔所谓的“奇点”(the singularity),那么也就获得了与人类一样甚至超越人类的意识能力。[①] 此时就像科幻作品不厌其烦地启示过的,机器人拥有了独立的情感和价值观,甚至可以说有了某种意义上的“灵魂”。因而,它们不需要也不会依附于人类,将自主决定如何安排与人类的关系。这种机器人可以说是超人工智能(super AI)。当然也有部分人工智能专家并不像库兹韦尔这般乐观。例如,皮埃罗·斯加鲁菲就把超人工智能视作一种宗教式的幻想或者巫术。[②]

因此,至少就弱智能和强智能而言,机器人依然只是一种工具;虽然在中文概念上,它有一个“人”字,但并不必然需要具备人类的形体特征或者思维特征,也不具备社会和法律意义上的“人格”(person)。既然它是工具,那么总是有某种用途的。无论我们称呼它为司法人工智能还是法官机器人,它总是要服务于某种目的,服务于活生生的人类为它设计的某种目的。

二、能做的,与不能做的

目前见诸报道的法官机器人,例如“睿法官”,它们所能做的其实也仅限于弱人工智能水平。“睿法官”的主要功能,就是以北京法院审判信息资源库为基础,为法官提供法规和案例检索,分析同类案件判决规律,辅助法官按照统一规范填写司法文书。对人类而言,这些工作本身并不复杂,经过一般法学教育以及司法培训的法官都能做到。“睿

---

① [美]Ray Kurzwil:《奇点临近》,李庆诚、董振华、田源译,机械工业出版社 2014 年版。

② [美]皮埃罗·斯加鲁菲:《智能的本质:人工智能与机器人领域的 64 个大问题》,任莉、张建宇译,人民邮电出版社 2017 年版。

法官"的存在价值,在于它大大缩减了法官从事这些事务的时间,从而大幅提高了工作效率。而用斯加鲁菲的话说,这种层次的人工智能,在计算机科学意义上并没有颠覆性的创新,只不过是凭借超强的计算能力来提高机器人的工作效率罢了。① 换言之,"睿法官"所取代的,本来就是一些"机械化"的简单工作,而并没有对这些工作本身的流程或者内容做出根本上的调整;人类司法人员从事这类工作时所需要完成的步骤,"睿法官"依然需要一一履行。所以我们很难说"睿法官"这样的机器人具备了人类法官的法律思维能力。

而且,"睿法官"是一种维持性(sustaining)技术,旨在实现既有制度目标。它并不是什么颠覆性(disruptive)创新,也不会打破既有的制度格局和利益配置。② 譬如说,它仍然服务于"同案同判"这一我国法院大力宣扬的司法政策,并且有利于对法官的管理和对审判的控制。这也是为什么南京中院在辟谣声明中说:

> "我院一直持续加强信息化建设,充分发挥信息化建设服务人民群众、服务审判执行、服务司法管理的重要作用,但是我们也深刻认识到,司法是具有经验和价值判断性质的工作,再聪明的机器或软件都不能完全替代法官的工作,只能为法官提供办案支持与辅助。"③

最高人民法院副院长贺荣同样斩钉截铁地说,即便信息技术正在掀起第四次工业革命,法院也正在经历智慧化改革,"但幸好,可以肯定的是,机器人大法官绝无可能"。④ 在最高人民法院工作的何帆也认为,"眼下最需要做的,是踏踏实实推进机器深度学习,将法官从重复劳动和繁琐事务中解放,从技术上健全法律统一适用和结果预判机制……

① 当然斯加鲁菲的标准可能过于苛刻了。在他看来,连战胜人类棋手的AlphaGo是暴力型人工智能。参见前注,第28~31页。

② 克里斯滕森:《创新者的窘境》,吴潜龙译,江苏人民出版社2000年版,第1章。

③ 崔佳明:《南京法院拟引入机器人辅助判案? 官方回应系编造》,载http://news.cnr.cn/native/gd/20170102/t20170102_523426074.shtml,最后访问日期:2017年3月23日。

④ 芮喆:《最高法副院长贺荣:机器人大法官绝无可能出现》,载http://news.youth.cn/gn/201611/t20161117_8856271.htm,最后访问日期:2017年3月23日。

你连法条都驯服不了,还指望能驯服数据?”①

如果我们通过围棋领域中的 AlphaGo 或者 Master 来想象机器人法官,那就只能一厢情愿了。不过我们还是可以从法律自身的角度来分析一下,为什么人工智能在司法领域暂时还达不到强智能水平。

首先,从卡洛的范式出发,机器人法官必须具备感知法律信息和案件信息的能力。也就是说,机器人法官必须清楚地知道,它需要针对什么样的案情以及适用什么样的法律。或许会有人认为,机器人是记忆以及搜索法律规范的好手,这方面可以完胜人类法官。但我们须得留意,即便法律人的语言在外行看来是“法言法语”、“不讲人话”,但依然属于自然语言,需要转码成机器语言后才能让机器人“读懂”或者“理解”。而自然语言只要经过转码,例如,把法律规范置换成机器语言,那么也就脱离了自然语言所处的语境,成为纯粹抽象的一堆代码和符号。

因此,由于机器人无法进入自然语言的语境,那也就无法像人类一样理解和使用自然语言。例如,法律规范中的“公序良俗”或者“淫秽”,就是机器人无法“体验”的,所以也就不可能被它所理解。实际上这也是目前人工智能发展遇到的最主要障碍。机器人法官只要没有人类的躯体和身份,不能像人一样生活在真实社会之中,那么它对任何案情的“理解”都是抽象的、形式的和虚拟的。现在所谓的机器人法官,它所获得的信息完全依赖于人类的信息输入(input)。这就意味着,人类完全可能通过对案件事实的“裁剪”或者“包装”来控制信息输入,进而操纵机器人法官的信息输出(output),也即最终的司法判决。

其次,机器人法官需要对感知到的诸多信息进行综合加工。就人类法官而言,他们需要通过阅读大量法律规范或者判例,来建构自己对某一法律文本或者案件事实的理解。而无论法律文本还是案件事实,这些信息之间可能相互矛盾,并不符合韦伯所谓的“形式理性”。但人类法官往往会通过不可明言的一些“诀窍”对信息进行分析和判断。这一思维过程并不是纯粹精密的逻辑推演,而包含了许多价值判断以

① 何帆:《南京中院辟谣后,我们离“阿尔法法官”还有多远》,微信公众号“法影斑斓”,2017 年 1 月 2 日。

及情感因素。[1] 如果机器人法官缺乏人类法官的这些技能,那么当它们需要处理这些并不“形式理性”的信息时,可能就无法计算出一个结果,或者造成系统崩溃,也就是我们通常所谓的“死机”。而这也是弱智能机器人被人们称为“弱智机器人”的原因。例如扫地机器人,往往就会与地板上的一团电线“死磕”,身陷其中而无法自拔。

如今的人工智能技术主要是指强人工智能,它们更多只是在统计学公式或者计算机算法的帮助下,来模拟人类可能做出怎样的判断与选择。而这种模拟出来的结果,很难说是机器人自己的判断与选择,更不能说机器人能够像人一样思考和判断。今天的人工智能技术,已经在很大程度上被媒体渲染和夸大了,以至于有时候人们混淆了科幻与现实的差异。其实只要打开谷歌翻译或者 Siri,发现它们还是一如既往的笨拙,几乎是“人工智障”(Artificial Idiot),那么法律人就可以安心许多。至少在司机、厨师或者理发师被机器人取代之前,法律人还不用太担心自己的饭碗。

但是,即便今天已经进入到法院的那些“机器人”并没有从根本上改变既有的司法制度和权力利益格局,它还是触发了一些局部变化,并且为法院的未来增添了更多的不确定性。而且就算人工智能技术具有难以突破的技术瓶颈,但它毕竟还在一直发展,被它渗透的人类社会生活也在不断变化。所以面对机器人法官,我们可以没有近忧,但不可没有远虑。至少我们不能否认,现在的机器人法官或者其他法律机器人技术正处于一个从弱智能向强智能迈进的过程中(也许会非常漫长)。

三、司法变迁

我不想成为“脑洞大开”的“未来学家”。我只是希望站在传统法学研究角度,来思考机器人技术可能会给司法制度乃至整个法律制度

---

① See Dewey, John, “Logical method and law”, *Cornell LQ*. 1914(10), 17.

带来怎样的影响。其中有些影响,或许已经是看得见、摸得着的了,而有一些或许已经显出端倪。

(一)司法职业结构的重构

只要机器人技术从理论进入到应用,就必然会带来人类的下岗问题。乐观者如库兹韦尔和杰瑞·卡普兰都相信,人工智能虽然会在具体岗位上挤占人类的空间,但整体来看,人工智能不仅会提高人类社会的总效率,而且会创造出新的工作岗位。因此机器人引发的失业只会是暂时现象。而悲观者如比尔·盖茨和霍金则相信,人工智能会永久地夺走一部分人的工作,而且不会为他们创造新的工作机会。

机器人法官以及其他人工智能技术能够提高法官工作效率,这是不争的事实。据苏州市中院统计,仅仅是一项语音识别技术,就能使庭审时间平均缩短20%~30%,复杂庭审时间更是缩短了50%。[①] 最高法院也提到过一个数字,即智能审判系统能减轻法官30%以上的事务性工作。[②] 而案多人少是近年来法官遇到的主要问题。和工厂遇到劳动力短缺问题时一样,法院的应对策略也是在尽量增加现有人手劳动时间、扩充新手的同时,试图通过技术革新来提高劳动生产率。而且很有可能,只要在某一个环节出现了技术突破,就会带了整个生产链条生产效率的大幅度提升。例如,语音识别技术不仅可以减轻书记员的工作量,而且也能够削减其他庭审人员(特别是法官)所耗费的时间和其他资源。而且,国家对于每一个司法工作岗位,都要提供诸多福利和保障。但机器人可以不吃不喝,不需要休息,24小时不间断地持续工作。

根据《人民法院第四个五年改革纲要(2014~2018)》的要求,我国法院将对工作人员进行分类管理,即分为法官、审判辅助人员、司法行政人员三类。由于法官从事的是司法裁判这一法院的核心工作,因此法官的员额受到了比例限制(中央政法专项编制的39%以内)。根据

---

① 李林、田禾主编,吕艳滨执行主编:《中国法院信息化发展报告No.1(2017)》,社会科学文献出版社2017年版,第40页。

② 芮喆:《最高法副院长贺荣:机器人大法官绝无可能出现》,载http://news.youth.cn/gn/201611/t20161117_8856271.htm,最后访问日期:2017年3月23日。

这一制度设计,这三类人员从事的工作内容应当是有很大不同的。

就目前而言,如果仅考虑到信息技术以及人工智能技术的发展水平,那么法院对法官的需求并不会立即下降,许多人担心的大规模裁员并不太可能。但是对法官之外的审判辅助行政人员以及司法行政人员而言,他们则会面临相对紧迫的处境。这和其他行业的内部管理信息化、自动化是同样的道理。早在20世纪,随着电脑取代打字机,打字员这个职业几乎灭绝。现如今,随着新一轮信息化浪潮的来临,许多传统办公环境中的工作都会减少对人力资源的需求,甚至也会彻底消失。

当然书记员这类工作岗位依然还会保留一段时间。毕竟目前的语音识别技术还不完善,仍然需要人工调试和监督。特别是在中国这样一个构成复杂的大国,司法工作人员需要面对不同地域的方言以及不同民族的语言,如何识别这些语言,以及在这些语言之间进行准确翻译和切换,都是浩大繁杂的工程。所以在这些技术成熟之前,现有的辅助人员和行政人员还需要继续"站岗"。

当然这也不意味着,法官可以高枕无忧。即便机器人法官可能将长期处于弱智能状态,但我们的社会生活却没有停止智能化。可能在其他生活领域,例如某些消费领域,社会关系及其行为的智能化程度已经达到相当高的程度。如果我们把阿里巴巴的淘宝平台视为一个独立的社会系统,那么这个系统对商家和消费者的行为习惯是高度掌控的。因为从用户注册到商品下单以及用户反馈,所有法律关系的构建,所有交易行为的进行,都是在这个平台设置的环境中实现的;平台不仅掌握了大量用户信息,而且设置用户的行为方式以及纠纷解决方式。如果在这个平台内发生的纠纷,能够被它内部的智能化纠纷解决机制所处理,那么也就不会进入法院,等待人类法官的发落了。

当然,目前淘宝平台的纠纷解决系统尚且达不到自主裁判的程度,依然需要与线下的法院、法官进行对接。但是当法官处理这类案件时,会发现淘宝平台从一开始就对许多法律工作进行了规范化处理,例如当事人身份、联系方式、地址的搜集,纠纷双方的争议焦点的归纳,以及部分证据的保留等。因此法官在审理相关案件时也就较为清闲。甚至可以说，随着这类平台自身智能化程度的提升，也许到了某一天，法官会清闲到开始怀疑，自己对这类平台内出现的纠纷还保留有多大的影响力。

同理，如果在具体某个生活领域，例如法律教学、文学创作或者交通管理，人类所有的行为都被信息系统记录在案（例如支付宝、微信或者电子眼），所有相关法律关系都被纳入某个信息化系统之中，那么其中涉及的法律问题以及事实问题也就会越来越规范化，纠纷也就越来越易于解决。换言之，智能化程度越高的生活领域，法官介入的必要性也就越少。因此，机器人法官能否取代人类法官，不仅取决于机器人技术能否模拟或者预测人类法官的思维和行为，还取决于人工智能技术在司法之外的各个社会领域的发展水平。因此，过去由法院法官承担一部分工作，也许会分流到其他社会领域中去，其他社会领域可能也会出现智能化的机器人来解决纠纷。到了未来的某一天，也许我们很难说是机器人技术取代了人类法官，而更应该承认，法官作为一项社会分工，已经逐渐失去了它的社会价值。

（二）对自由裁量权的控制

韦伯曾经说过，法律的法典化降低法官尊严。因为法律的形式化、理性化，会让法官变得越来越不自由。① 像机器一样工作，在某些人看来这可能意味着严谨和高效，但对一个法官来说，如果把他比作机器人，这却很有可能是一种侮辱。同案同判是我国司法系统大力宣扬的一项司法政策，似乎这也几乎是法学界一致认可的共识。不过我们也不应忽略，韦伯自己并非一味地宣扬他所谓的“形式理性法”，相反他对此还怀有不少疑虑。法律制度的理性化程度越高，实际上也就相当于法官的自由程度越小。在具体历史阶段，这种趋势或许是进步的。但是从人类社会发展的整体角度看，难道说法律制度的未来，就必然要将法官的自由裁量权限制到极致？

我国是大陆法系国家，法官被要求尽量做到同案同判，而且司法体

① ［德］韦伯：《法律社会学》，康乐、简惠美译，广西师范大学出版社2005年版，第326页。

制一直被诟病为“行政化”。但是,因为我国是个大国,区域差异、城乡差异极大,所以具体到法官从事裁判工作时,很难做到全国范围内的同案同判。[①] 虽然最高法院颁布了大量司法解释以及指导案例,在实际效果上也无法统一全国范围的司法裁判尺度。而人工智能技术进入法院,无论它是弱是强,只要它能在全国范围内按照统一标准铺开,那么都会在很大程度上限缩法官的自由裁量空间。因为一方面,人工智能系统会按照统一的规格,让整个诉讼流程中的信息(包括法律规范和案件事实)都更加标准化,不会再留给法官多少自由解释发挥的余地;另一方面,法官的每一步操作都有机器人相伴,因此实际上处于被严格监控中,甚至可能连一个多余的空格或者标点符号都打不出来。因此即便今天的机器人法官可以被定性为法官助手,但它其实还起到了监督者的作用。可能随着它的介入程度不断加深,被辅助的法官会逐渐觉察出,自己反倒更像机器人的助手。

今天依然有不少人认为,即便人工智能会削减一定数量的司法行政人员甚至司法裁判人员,但要说机器人完全替代人类那还为时尚早。[②] 毕竟今天的法律规范,还是用人类语言或者自然语言来书写的,其中许多价值判断内容,如前所述,都是机器人无法“理解”的。因此,只要人工智能技术尚未发展到可以掌握自然语言以及价值判断的程度,那么人类法官也就不可能被机器人彻底淘汰。而问题恰恰也就在于,无论自然语言还是价值判断,都是今天人工智能技术正在持续不断进攻的壁垒。今天我们对于司法自由裁量权的信心,不过是建立在人工智能技术尚不“发达”的前提之上。也许库兹韦尔的“奇点”永远都不会到来,但技术总是在一天天进步的,一些微妙和微小的变化,或许已经正在发生。

且不论机器人技术或者人工智能技术,更一般意义上的信息技术,就已经对既有司法制度包括不少人的司法理念产生了影响。例如已故

---

① 苏力:《送法下乡》,北京大学出版社2011年版。

② 贾阳、郑博超:《“机器人”如何参与司法办案》,载《检察日报》2016年11月21日版。

上海法官邹碧华就提出了“法院的可视化管理”概念,主张搭乘信息化的东风,促成法院内部事务在管理学意义上的可视化。通过信息技术,所有法律工作作为一个整体系统,能够全面地展现在管理者眼前;不同工作、事项、人员之前的关系都是可控的,特别是矛盾和问题,都能够被及时发现和处理。更重要的是,对法院内部事务的管理,势必会对法官的司法裁判产生直接的影响甚至干预作用。譬如说,对法官的绩效考核涉及法官判案的审理时间、结案率、上诉率、判决书信息输入错误率、请示案件数等,基本上涵盖到法官从事审判活动的每一个步骤。也许法官的审判思维和判断过程永远都是个人的和私密的,但是只要付诸文字,付诸行动,法官的一举一动都将处于可视化管理之中。[①] 如果这套可视化管理系统是智能化的,那么我们也就不必把机器人法官想象成人类法官的替代品,而可以把它想象成一个无所不在的司法管理者。

因为更为关键的问题,可能并不在于机器人法官与人类法官之间的竞争,而在于究竟由谁来设计和控制人工智能技术。如果未来的人工智能技术能够识别自然语言以及能够进行价值判断,且无论在多大程度上达到甚至超越人类,那么此时最为重要的问题,就是人类是否还能保持对人工智能技术本身的“自由裁量权”。就像在科幻作品中,例如《2011 太空漫游》或者《黑客帝国》,机器人已经发展到我们所谓的超人工智能水平,人类反倒被机器人控制和奴役。而这也是科幻作家最为津津乐道的主题。但是,人与机器之间的关系问题,或许更多属于科幻的问题意识,对我们法律人来说过于超前了。而根据某些哲学、宗教立场,在人机关系问题上,机器人永远都不可能拥有人类的“智慧”或者“灵魂”。至少就目前而言,更值得我们关注的问题,可能还不是人机关系,而依然是以人工智能技术为中介的人与人之间的关系。

机器人技术对司法带来的变化,以及即将带来的变化,首当其冲针对的就是司法工作人员。而对法官这一群体来说,在最终失去饭碗之

① 邹碧华:《法院的可视化管理》,法律出版社 2017 年版。

前,最大的变化就是司法裁判过程将会受到更多的监控与制约。这到底是好事还是坏事,肯定会有不同的观点。总有人愿意生活在一个较为宽松的环境里,在这个环境下有基本的秩序或者规则,但具体内容以及实现方式可以有多种选择,存在较大的不确定性;而也会有人愿意生活在一个秩序井然的"法治国"(Rechtsstaat)中,事无巨细都被既定规则考虑到了,凡事都有规可循,人们也无需从事有风险的选择。对待法院工作特别是司法裁判也是如此。有的法官希望自由裁量权越小越好,从而规避自己的职业风险;但也有的法官会愿意享有更多、更大的自由裁量权,每天都可以进行新的尝试与探索。

(三)司法权力的集中化

在韦伯的法律社会学和支配社会学视角下,法律的形式理性化,是要与法律制度的科层化相互匹配的。当法官裁判工作高度人工智能化的同时,法院管理科层化也会相应提升。所以人工智能不仅仅是司法裁判技术,同时也可以是司法管理技术;机器人法官既是人类法官的辅助者,同时也是人类法官的监督者。

韦伯提出的"理性科层制"至少具有如下特点:(1)人们依据法律或行政规章明确规定的"权限"来办理公务;(2)组织内部形成明确的等级关系,但上级并不能剥夺下级职权;(3)公务和私事严格隔离;(4)官员选任以专业技能为标准,而不是依据社会身份。① 现代社会的法院,无论西方还是东方,无论大陆法系还是普通法系,也都大体符合上述特征,因此可以说都是高度科层化的组织体系。

至少就目前而言,以及在可以预见的未来,人工智能技术在司法体系内部主要还是作为一种管理技术来使用的。我们暂时还没有必要对所谓的"机器人法官"进行过于科幻或者浪漫的想象。从表面上看,人工智能技术正在削减人类法官岗位以及限制自由裁量权,但对司法制度更深层次的影响,还在于它会进一步强化司法体制的科层化。而这一科层化进程,在韦伯看来恐怕还是整个现代社会理性化的延续。换

---

① [德]韦伯:《支配社会学》,康乐、简惠美译,广西师范大学出版社2004年版,第22~24页。

言之,人工智能技术并没有带来断裂式的革命效果;相反,它更可能是一种"逆革命"(counter-revolution)技术,继续强化既有的权力关系。

目前全国智慧法院的建设,是由最高法院提供"顶层设计",地方各级法院具体实施。[①] 因此在各地法院之间,人工智能技术的内容和标准还很不一样。这样一种建设方式,可以通过地区法院之间的竞争来筛选出较好的技术标准,从而避免"一刀切"式的改革,增加制度改革的灵活性。值得注意的是,最近建设智慧法院或者信息法院的浪潮,一方面的确受到了人工智能技术的影响,另一方面也是在迎合我国法院系统自身进行司法改革的内在需要。通过人工智能来优化或重构法院内部管理体制,可能也是很多人提倡智慧法院建设的一个主要动力。[②]

由此也可以想见,随着人工智能技术的成熟,或许真有一天,全国法院系统内部会建立起一套整齐划一的人工智能系统。如果是这样,那么人工智能技术控制的对象就不仅仅是处于司法裁判岗位的法官,而是要把最高法院以下的各级别各地区法院机关都要囊括在内。全国法院的权力,也会因此越来越向最高法院集中。也许到了某一天,全国所有地方法院都会沦为最高法院的派出法庭。所以以"去行政化"为主要目的的制度改革,到最后可能会走到一个悖谬的极端,那就是反而会强化司法权力的集中化。

四、小结

目前关于人工智能的多数讨论,针对的都是人机关系。但是通过本文的讨论,我们可以发现,至少在司法领域,至少就当下而言,人工智能技术扮演的主要角色,依然是处理人与人之间关系也就是制度关系

---

① 李林、田禾主编:《中国法院信息化发展报告 No. 1(2017)》,社会科学文献出版社 2017 年版。

② 邢丙银:《上海高院院长崔亚东对话法学专家:人工智能代替不了法官》,载 http://www.thepaper.cn/newsDetail_forward_1700734,最后访问日期:2017 年 6 月 5 日。

的一种中介。无论在弱智能还是强智能水平上,所谓的机器人法官都不可能完全替代人类法官。但是,它又会真真切切地挤压人类法官的工作空间,并且对法官工作加以高强度、全方面的控制。而这种控制,归根结底,依然是来自于人的控制,依然是一部分人对另一部分的控制。如果我们把这种控制关系理解为人机关系,那么也就可能像卢德运动中的那些工人一样,把错误的对象当作假想敌。

技术本身的确是中立的。而且,我们的生活已经因为人工智能技术而享受到了不少好处。从历史角度看,许多人类工作被机器取代都是社会发展的需要。因此,在人工智能进入司法领域的过程中,人类法官受到的某些损失可能也是难以避免的,我们不能仅仅因为这部分人的这部分损失,就对人工智能技术唱反调。

但是,我们也没有必要对人工智能技术给予过于美好的想象。斯加鲁菲说人工智能技术会让人类变得更傻。① 这话说对了一半。更准确地说,社会中总有一部分人会因为科技进步而变得更傻,而总有另外一部分人可能会因此变得更加聪明。变傻的人总是大多数。因为这部分人会因为极度依赖人工智能来生活和工作;而另一部分人,则会凭借人工智能技术获得更多的社会资本,从而巩固他们的社会精英地位。因此,大部分人对人工智能技术的依赖,实际上也就成了对另外这一少部分精英的依赖,从而体现为支配与被支配的关系。但人工智能技术在强化这种关系的同时,会非常巧妙地对其进行掩盖或者美化。

就司法工作而言,包括法院管理和司法裁判,人工智能技术其实正在强化人类法官的工具性角色,让人类变得像机器一样越来越可控,像零件一样可以替换。而随着人工智能的进一步发展,将来的司法裁判工作可能会变得高度"傻瓜化",人类法官无需掌握太多知识以及接受太多培训也能胜任司法工作。就像导航软件让"路痴"也能上路,无人驾驶技术让盲人也能开车一样,过去人们所必须掌握的一些技能,完全可以让机器去学习,让机器为我们代劳。所有真正有效的司法知识,可

---

① [美]皮埃罗·斯加鲁菲:《智能的本质:人工智能与机器人领域的64个大问题》,任莉、张建宇译,人民邮电出版社2017年版,第99页。

能会被隐藏到人工智能的算法“黑箱”中去,仅仅被少部分掌握人工智能控制权的人类所掌握。

因此,由谁来设计司法人工智能,以及如何来使用、控制和改造机器人法官,也就成了更为根本的问题。现代国家的正式政治话语大都承认,法律必须经过民主程序方可获得正当性。但是在人工智能时代,计算机代码是否也应当以及如何接受民主程序的审核呢?莱斯格说“代码就是法律”,其实是把计算机代码描述成一种架构(architecture),一种宪制(constitution),而非文本意义上的法律。[①] 也就是说,法律所具有的实效,将取决于它所处的社会环境和技术条件。实际上这也还是常识:即便法律文本赋予了人们平等的权利,但这种权利只是一种允诺,一种完全可能落空的允诺;权利的兑现,必须依赖于法律制度所处的社会环境以及人自身的奋斗和努力。而人工智能技术,它并不必然成为“为法权而斗争”的工具;实际上它倒是很有可能,成为人类历史上前所未有的高效社会控制手段。

对今天的普通民众而言,包括对仍在法学院学习、研究法律的学生和教师而言,人工智能技术已经或者可能为我们带来极大的便利。例如,“法盲”们只需在手机上下载 APP 就能处理简单的法律问题;法学院学生也能通过法律人工智能服务总结、归纳司法考试的重点、要点,并且提供精准度较高的押题服务;教师可以在人工智能的帮助下检索文献甚至写作文献……似乎,人工智能技术已经被我们大多数人所“占有”。但是,只要计算机代码的创作权和控制权依然掌握在少数人手中,民众的这种占有并不是真正的占有。

《共产党宣言》曾经说过,劳动者不仅不应当成为机器,而且还应当成为机器的占有者。换言之,我们应当把人工智能技术作为一种生产资料来占有和使用。也许,这个观点对我们思考今天以及未来的机器人法官,仍然是有点用处的。

---

① [美]劳伦斯·莱斯格:《代码 2.0:网络空间中的法律》,李旭、沈伟伟译,清华大学出版社 2009 年版,第 4 页。

《法律和社会科学》(2017)
第16卷第2辑,第160~177页

隐性歧视为何在立法中难以立足

柯振兴*

摘要:隐性歧视指行动人并未意识到的,但却受其影响的对其他群体的歧视性态度或者刻板印象。为了将隐性歧视纳入反歧视法进行规制,很多学者运用认知心理学、认知神经学等方法论证隐性歧视的普遍性,以及隐性歧视可能带来的歧视行为。然而,很多法官以及学者质疑这些研究的可靠性,比较抗拒将隐性歧视纳入反歧视法。他们认为仓促纳入隐性歧视会增加错案,会对原有法律体系产生较大冲击,并使反歧视的立法目的落空。在*Wal-Mart Stores, Inc. v. Dukes*一案,美国最高法院中也拒绝承认隐性歧视理论作为专家证言的法律效力。

一、引言

显性歧视(explicit bias)和隐性歧视(implicit

---

* 美国印第安纳大学毛瑞尔法学院法律科学博士候选人。
感谢国家留学基金委“国家建设高水平大学公派研究生项目”资助。

bias)是一组对照的概念。[①] 前者指行动人明知自己对其他种族、性别的人有歧视性的态度或者刻板印象;后者指虽然对其他群体有歧视性的态度或者刻板印象,但行动人并没有意识到。在美国的很多领域,隐性歧视都是热门话题,比如,在反就业歧视法中,在判断用人单位是否对女性或者少数族裔有歧视行为时,隐性歧视理论是不是员工一方的有效证据?在美国的刑事法领域,美国近些年发生多起白人警察枪杀黑人的事件,白人警察是否对黑人存在隐性歧视?

然而,无论学术讨论多么热烈,隐性歧视迄今为止还没有得到美国反就业歧视法的承认。在美国,就业歧视的认定一般有两种情况:一种是区别对待,另一种是区别影响(后详述),隐性歧视一直没有在区别对待中占据一席之地,而在区别影响中,最高法院在 *Wal-Mart Stores, Inc. v. Dukes*[②] 案中否定了隐性歧视作为专家证言的效力。笔者认为,这主要有两个原因。首先,从研究的角度来看,隐性歧视这一现象的存在或许争议不大,但是一个人具有隐性歧视与它所作出的歧视行为是否有因果关系,争议就比较大,如果法官贸然引用,容易造成错案。其次,现行的美国法律也没有为隐性歧视留下空间,如果将隐性歧视纳入法律,会给反歧视法带来很大的变动,因此被很多司法界人士所抵制。

本文将考察这段学术史,包括美国学界对隐性歧视的研究,也包括隐性歧视为何难以被纳入法律。对于我国社科法学的发展,美国这段学术史可以作为他山之石,帮助我们思考社科法学的研究成果如何才能在立法和司法中发挥更大的作用。

历史上,美国有很多心理学研究成果被立法和司法所应用,最典型的就是美国最高法院在著名的 *Brown v. Board of Education*[③] 一案的脚注中引用了一份关于学校的种族隔离制度会对儿童心智发展产生负面影响的心理学研究。在我国,我们也开始运用心理学等研究成果考察

---

① 从英文文献来看,隐性/显性有多种表达,除了 implicit-explicit,还有 unaware-aware, unconscious-conscious, intuitive-analytic, direct-indirect, procedural-declarative 等。在中文文献中,这一对概念也被翻译为内隐/外显。

② 564 U. S. 338 (2011).

③ 347 U. S. 483 (1954).

具体的部门法,[1]但是隐性歧视研究在美国的这段历史告诉我们,这种应用研究还是要慎重,要考虑各种因素。

就部门法的角度而言,随着劳动者权利意识的增强,劳动者在关注自身经济利益的同时,也会越来越关注工作或者求职中是否受到歧视的问题。事实上,这两年来,法院先后受理过多起求职中的性别歧视诉讼以及工作中的性取向歧视诉讼。笔者推测,不久之后,我们也将会有专门的反就业歧视立法。而未来的反歧视法如何对待隐性歧视问题,尚属未知。就此而论,本文或能为中国将来的反就业歧视立法提供参考。

二、隐性歧视研究综述

(一)隐性歧视研究兴起的背景

隐性歧视研究在美国的兴起,除了得益于科技进步(比如研究人员可以通过心理学实验甚至认知神经学的方法去研究),也有深厚的社会背景。Sturm认为,美国的反歧视运动经历了两代。第一代反歧视,所反对的歧视活动都是比较简单的、清晰的歧视活动,比如对黑人和白人、男性和女性公开的区别对待。1965年《民权法案》第7条确立了反歧视立法,员工起诉雇主后一旦胜诉就可获得恢复原职、补偿积欠工资(back pay)等各种救济。经多年的宣传,现在的美国雇主中,赤裸裸的歧视行为已经很少见到。如今的歧视活动,变得细微也更加复杂。[2]比如,很多单位女性职工都可能遭遇的"玻璃天花板"现象,即女性职员在晋升到一定级别的岗位后,虽然公司并未明令禁止女性员工担任公司高层领导,但是实际上女性很少能够得到高层职务。很可能这与

① 参见周煜:《"人格物"是一个伪命题吗?——基于行为法律经济学的分析》,载《法律科学》2015年第2期。

② Sturm, Susan, "Second generation employment discrimination: A structural approach", *Colum. L. Rev.*, Vol. 2001(101), p. 460.

雇主的隐性歧视有关。第二代反歧视运动声言要处理这些问题。如果要规制隐性歧视,两个问题难以回避:一是隐性歧视的来源;二是隐性歧视和特定的歧视行动之间是否存在因果关系。

(二)隐性歧视的来源

1. 弗洛伊德的潜意识理论

人类如何认识世界和感知世界,这一问题一直苦恼着古往今来的哲学家,也成为弗洛伊德的思考起点。当时,支配性学说仍然是 17 世纪笛卡尔创造的心身二元论。按照笛卡尔的说法,身体是物质性的,可以以第三人的视角进行研究,而人的心灵是非物质的,只能从内部加以研究。后人加以补充认为,可以通过内省的方法(introspection)认识心灵。年轻的弗洛伊德一度笃信心身二元论,然而在长期的临床医疗中,他开始怀疑这一学说,特别是对于通过内省认识自己的说法,他发现,在日常生活中,我们很多时候并不知道涌入脑海的很多想法来自哪里,也不知道他们怎么来的。①

在潜心研究后,弗洛伊德提出了人有两种思维过程:一种是本我(Id),通常发生在意识之外或者是潜意识的,包括了人们的欲望,希望和直觉,都是为了快乐和满足。另一种是自我(Ego),受意识的控制,也受逻辑和理性的约束,要求人们尊重现实并且遵守伦理和法律。自我为本我的冲动行为设置了界限,能拒绝或者修正本我的冲动。

20 世纪 80 年代,Lawrence 教授最早将弗洛伊德的自我与本我理论引入反歧视法中。他认为,很多时候,种族歧视可以从潜意识中找到来源。这种潜意识包括,人们对自身群体之外的群体的直觉性的、无法解释的不喜欢,或者他们的解释是和事实以及他们过去的经验相矛盾的。因此,Lawrence 主张,反歧视法要消除各类歧视行为,就必须承认这种非理性的种族歧视并在法律中加以规制。②

---

① David Livingstone Smith, *Freud the philosopher*, https://aeon.co/essays/from-philosophy-to-psychoanalysis-a-classic-freudian-move,最后访问日期:2017 年 8 月 12 日。

② Lawrence III, Charles R., "The Id, the Ego, and Equal Protection: Reckoning with Unconscious Racism", *Stan. L. Rev.*, Vol. 1986(39), pp. 317 – 388.

但弗洛伊德理论的为人诟病之处就是潜意识的无法测量,更无法被反复验证,因此被认为缺乏科学性。在当代的文献中,已经鲜有用这一理论来论证隐性歧视的存在。①

2. 认知心理学的回答

认知心理学认为,导致人们存在隐性歧视的原因有很多,比如人的自尊心使得人们会不自觉地歧视别人。又比如,物以类聚、人以群分,人们常常会根据过去的经验对人群进行归类,因此隐性歧视可能来自自我归类的意识,即过去经验的一种无法确定的内省轨迹影响人们对社会分类中的某类人群的评价。

以2016年的一项心理学实验为例。在实验前,Yudkin等教授把实验参加人分为A、B和C三组,其中C组成员被要求说明自己最喜欢的橄榄球球队。然后,研究人员为A组成员和B组成员指定他们喜欢的球队,并满足如下条件:有些A组成员和C组成员喜欢同一支球队,有些A组成员与C组成员喜欢的球队不同。对于B组成员,他们最喜欢的球队必须与A组和C组成员所喜欢的球队都不同。C队成员先进入实验室,随后A组和B组成员也分别进入,并在和C组成员打招呼时暗示自己喜欢的球队。之后,A、B组和C组成员都被分到0.3美元。按照实验步骤,A组成员先"盗窃"C组成员的钱,之后,作为"惩罚",C组成员可以从A组成员处取走一定数额的资金。

实验结果显示,如果A组成员与C组成员喜欢同一个球队,那么相比A组成员与C组成员喜欢不同球队的情况,C组成员从这些A组成员那里拿走的钱更少,这也意味着对A组成员"偷窃"行为的惩罚也越少,C组成员对与同自己有相同爱好的人多少有些偏袒。

实验还发现,如果C在更短的时间内做出判断,那么他对于喜欢相同球员的A组成员和喜欢不同球员的A组成员所做出的惩罚,金额的差异更加明显。相反,如果C做决定的时间更长,那么两者的金额差距可能比较接近。实验者因此认为确实存在对歧视的反思(reflexive),即如

① Greenwald, Anthony G., and Linda Hamilton Krieger, "Implicit bias: Scientific foundations", *California Law Review* Vol. 2006(94), p. 945.

果实验者经过较为深入的思考，潜意识中的歧视偏见会在一定程度上被克服。①

3. 认知神经科学的新研究

社会认知神经科学是20世纪90年代兴起的新学科。隐性歧视的问题是认知神经科学家关注的问题之一。

2016年的一篇综述文章中援引了*Human Brain Mapping*期刊发表的一个研究。研究人员先招募一些白人和黑人志愿者，并让他们观看同样的录像。录像中，针或者棉签分别扎在一个紫色的手、白色的手和黑色的手上。在观看录像时，研究人员通过fMRI（功能性核磁共振成像技术）对志愿者进行脑部扫描。扫描结果显示，当看到自己相同种族的人被针刺时，相对于看到不同种族的人被针刺时，志愿者大脑中与人的情感和社会经验相关联的脑岛（insula）部分活动要剧烈得多。但是，若白人和黑人志愿者同时看紫色皮肤的手时，脑岛的活动就没有显著性差异。研究人员还发现，如果IAT（隐性态度测量）显示一个人的隐性歧视比较严重（关于IAT的介绍参见下文），那么，当他看到其他种族的手被刺时，相对于隐性歧视不那么明显的志愿者，他的脑岛活动没有那么剧烈。② O' Connor等人同样使用fMRI发现，隐性歧视可能和大脑区的杏仁核（amygdala）有关，而这个区域负责人们的情感上的学习和评估。③

---

① Yudkin, Daniel A., et al. "Reflexive intergroup bias in third-party punishment", *Journal of experimental psychology: general* Vol. 2016(145. 11), pp. 1448 – 1459. 后半部分的结论也与Jolls和Sunstein的观点一致。借用Kahneman和Frederick的模型，Jolls和Sunstein认为，人的认知有两套系统，系统一的特点是快速、直觉性的和容易出错的，而系统二的特点则是缓慢且深思熟虑、更加不容易犯错。对应到反歧视领域，隐性歧视属于系统一。在很大程度上，人们对种族、性别的反应是非常快的，没有时间思考，是一种自动的反应，很多时候人们自己也会惊讶为何会出现歧视。参见Jolls, Christine, and Cass R. Sunstein, "The Law of Implicit Bias", *Calif. L. Rev.* Vol. 2006(94), p. 975。

② Princess Ojiaku, *Is everybody a racist*? https://aeon.co/essays/unconscious-racism-is-pervasive-starts-early-and-can-be-deadly, 最后访问日期：2017年8月15日。

③ Phelps, Elizabeth A., et al., "Performance on indirect measures of race evaluation predicts amygdala activation", *Journal of cognitive neuroscience* Vol. 2000(12. 5), pp. 729 – 738.

此类研究发现,大脑活动透露出人们对于不同群体有着不同的神经反应。这种不同很可能是隐性歧视在神经中的编码。那么,隐形歧视普遍存在吗?这篇综合文章的题目也提出了类似的问题:是否每一个人都是种族主义者?

(三)隐性歧视和歧视行动之间是否有因果关系

1.研究工具——IAT简介

20世纪八九十年代,Implicit Association Test(以下简称IAT)的出现极大提高了隐性歧视的测量精度。目前,开发此技术的心理学家Anthony Greenwald已经完成了多种语言版本的IAT在线测试工具。① 通过对大规模的参与者进行测量来获得大量数据,为了解隐性歧视的普遍性存在,也为认识隐性歧视可能带来的行为后果奠定了基础。

IAT测试的一般步骤是,测试者首先选择种族、性别等领域进行测试。比如选择种族后,会出现概念词"黑人"、"白人"和属性词"好"、"坏",好词包括喜悦、爱、和平等,而坏词包括苦恼、糟糕等。这个测试将经历四轮。前两轮比较简单,第一轮只要猜对画面上的黑人和白人即可,第二轮只要猜对画面上的词性即可,比如喜悦属于好词,糟糕属于坏词。第三轮时,好的词和白人放一起,坏的词和黑人放在一起,然后看到白人或者好词按E键,看到黑人或者坏词按I键。第四轮则是一个换轮,好的词和黑人在一起,坏的词和白人放一起,看到好的词或者黑人按E键,否则按I键。

测试的逻辑假设是,假如一个人在潜意识中就认为黑人和坏词连在一起,白人和好词连在一起,那么在第三轮,人的反应会比较快也比较准确,但是在第四轮,因为这种新搭配与潜意识里的刻板印象不符,测试时需要重新思考,因此无论是准确度还是速度都会下降。

根据2007年的一篇总结性文章,在2000年7月到2006年5月之间,使用过IAT的人数高达250万。统计结果显示,大部分人在潜意识里确实喜欢白人甚于黑人,喜欢年轻人甚于老年人,以及喜欢异性恋甚

① 中文版本可以访问https://implicit.harvard.edu/implicit/china/。

于同性恋。[①]

2. IAT 与歧视行动之间的因果关系

即使 IAT 找到了每个人隐性歧视的秘密,隐性歧视要在反歧视领域中立足,还需要证明隐性歧视确实和歧视行为有关联。以 McConnell 和 Leibbold 的研究为例。首先,参与者(心理学课程的学生)进入实验室,并受到白人实验员的欢迎,白人实验员还会向参与者提一些问题,比如你认为哪些变化能改进心理学课程的质量。之后,参与者将被要求填写一个问卷(该问卷另有作用,不在该实验研究范围之内)。完成问卷后,白人实验员告退,并告诉参与者会有新的人协助参与者。参与者同时被要求完成 IAT 的测试。完成测试后,黑人实验员登场,黑人实验员同样对参与者进行了采访,比如你觉得这些测试难不难、或者你觉得指引测试进行的语言是否清晰等。以上全部过程都进行了录像,并由一些培训过的评判员负责给参与者的行为打分。这些分数主要测量参与者对实验员的友好程度,包括参与者的舒适程度、参与者如何回应实验员的笑话、参与者的身体是向实验员倾斜还是更加远离等。白人实验员和黑人实验员也要对参与者的交往行为进行打分。

实验结果显示,如果一个人的 IAT 测试显示他更偏爱白人,那么无论是评判员还是实验员,他们的打分都会显示参与者与白人实验员的交往更加友好,与黑人实验员的交往则不如之前那般友好。这一实验显示,IAT 的测试分数确实与人们的歧视行为有关系。[②] 之后,这样的研究还扩展到其他的歧视行为。比如,研究发现,在 IAT 测试结果认定对黑人友好的人更加愿意和黑人做室友,对黑人不友好的人则属于更加不愿意和黑人做室友的人群。[③]

---

① Nosek, Brian A., et al., "Pervasiveness and correlates of implicit attitudes and stereotypes", *European Review of Social Psychology* Vol. 2007(18.1), pp. 36 – 88.

② McConnell, Allen R., and Jill M. Leibold, "Relations among the Implicit Association Test, discriminatory behavior, and explicit measures of racial attitudes", *Journal of experimental Social psychology* Vol. 2001(37.5), pp. 435 – 442.

③ 关于这类研究的综述参见 Lane, Kristin A., Jerry Kang, and Mahzarin R. Banaji, "Implicit Social Cognition and Law", *Annu. Rev. Law Soc. Sci.* Vol. 2007(3), pp. 427 – 451。

2009年,Greenwald等人搜集了学术界的122个相关研究后发现,IAT有非常高的预测效度(predictive validity),可以预测隐性歧视导致的歧视性行为。①

(四)对隐性歧视研究是否科学的怀疑

在上述研究中,IAT及相关的研究受到的争议最大。就IAT本身来说,有人认为,从研究的信度(reliability)②来看,同一个人在不同时间所做的测试,结果可能不一样,因此研究的信度很弱③。2003年,Fazio和Olsen在一篇综述中还认为,IAT的设计忽略了文化因素和个人因素。就文化而言,比如,在历史上,黑人的形象刻画都是和负面情况在一起。因此当学生进行IAT测试时,这一形象会很轻易地进入学生的脑海并加速做出选择。这也解释了为什么白人大学生在测试中,呈现出偏好"白人 = 好"的比例特别高。就个人而言,比如,一个对花生过敏的人自然讨厌花生,而另一个人看过菜单上对花生的描绘,可能会增加对花生的好感,所以对于一个事物的喜好不能一概而论。④

而关于IAT测试分数与歧视行动的因果关系的研究,也遇到很多质疑。一些质疑来自对既有研究的直接反驳。比如,Mitchell和Tellock质疑了这些研究的预测效度。他们认为,McConnell所做的那类实验中的发现,可能存在其他解释。比如,在实验中参与者对黑人实验员不大友好,有可能是参与者与黑人打交道不多,经验少,从而有些害羞或者在交流中带有一种焦虑,导致看上去不大热情。因此,实验中

---

① Greenwald, Anthony G., et al., "Understanding and using the Implicit Association Test: Iii. Meta-analysis of predictive validity", *Journal of personality and social psychology* Vol. 2009(97,1), pp. 17 - 41.

② 一般指测量结果的一致性、稳定性及可靠性,一般以内部一致性来表示该测验信度的高低。

③ Jesse Singal, *Psychology's Favorite Tool for Measuring Racism Isn't Up to the Job*, http://nymag.com/scienceofus/2017/01/psychologys-racism-measuring-tool-isnt-up-to-the-job.html,最后访问日期:2017年8月1日。

④ Fazio, Russell H., and Michael A. Olson, "Implicit measures in social cognition research: Their meaning and use", *Annual review of psychology* Vol. 2003(54,1), p. 316.

发现的行为便不是隐性歧视所致。①

另一些挑战则通过综合分析以往实验来质疑隐性歧视对歧视性行为的影响。比如,在梳理大量相关研究所做的元分析研究中,Blanton发现,隐性歧视与歧视性行为之间的关系要远小于人们的预计。② 因为隐性歧视在科学研究领域屡被质疑,法律人对隐性歧视概念的司法应用多存怀疑,③美国法院也拒绝采纳隐性歧视作为专家证言证据。

三、隐性歧视在反就业歧视法中的地位

反歧视法最核心的内容是如何判定雇主有歧视的行为。如前所述,美国最高院提出两大判断标准:区别对待(discrete treatment)和区别影响(discrete impact)。

(一)区别对待审查标准对隐性歧视的态度

区别对待主要考察雇主是否基于种族、性别等原因对少数族裔、女性等弱势群体有歧视行为,即雇主有意识地根据种族、性别等因素做出雇佣决策。而隐性歧视的情况指即使雇主有种族、性别方面的刻板印象,他也没有意识到。从定义上看,区别对待就不包括隐性歧视。

如果将隐性歧视强行纳入区别对待的审查,会导致很多不利后果。首先是引起审判上的混乱。1973 年,最高法院在 *McDonnell Douglas Corp v. Green*④ 一案中最早确立了区别对待案件的审查步骤。第一步是员工承担举证责任,对雇主的歧视行为提供初步证据(prima facie)。

---

① Mitchell, Gregory, and Philip E. Tetlock, "Antidiscrimination Law and the Perils of Mindreading", *Ohio St. LJ* Vol. 2006(67), p. 1094.

② Oswald, Frederick L., et al., "Predicting Ethnic and Racial Discrimination: A Meta-Analysis of IAT Criterion Studies", *Journal of Personality and Social Psychology* Vol. 2013 (105.2), pp. 171 – 192.

③ Maurice Wexler, et al., *Implicit Bias Evidence and Employment Law: A Voyage Into the Unknown*, https://www.bna.com/implicit-bias-evidence-and-employment-law-a-voyage-into-the-unknown/,最后访问日期:2017 年 8 月 10 日。

④ 411 U.S. 792 (1973).

员工可以举证以下事项:(1)他/她属于种族中的少数群体;(2)对于雇主所寻找的申请者,他已经申请并且也胜任这项工作;(3)虽然符合资质,但是仍被拒绝;(4)在被拒绝后,这个申请岗位仍然开放,并且雇主继续寻找同样具有原告资质的申请者。完成这一步后,举证责任转移到雇主一方,雇主需要证明雇主拒绝聘用的原因是合法的,不包含歧视的因素(比如,在该案中,雇主就要举证拒绝让 Green 复职是因为他参与了一个封锁工厂的非法活动)。之后,雇员也可以继续举证来证明雇主的反驳仅仅是一种托辞(pretext)。

我们可以通过一个"难办案件"来考察为什么隐性歧视无法被纳入区别对待的审查范围。假设某公司想找一个经理岗位的人,面试了一个白人和黑人,黑人的面试成绩更好,而白人的工作经验更丰富。从公司业务考虑,雇主最终选择了工作经验更丰富的白人,但是雇主也承认,潜意识里他也更偏向于招白人雇员。按照最高法院确立的规则,法官主要是通过评估各项事实来考察雇主是否基于种族招聘员工。既然雇主提出的抗辩是根据工作经验而不是基于种族录取白人雇员,那么法官将考察这个白人是否具有良好的工作经验、工作岗位是否需要工作经验等事实。如果评估下来,这些事实基本符合雇主的抗辩,那么雇主的抗辩成立。案件的难以处理在于,若法院也将隐性歧视列入考察标准,等于绕过了事实评估的步骤,仅仅依靠雇主的心理活动进行定案。① 对于法官来说,审判过程会发生很大的变化。

同时,隐性歧视的引入还会带来很大的错案风险。如本文第二部分所述,隐性歧视是细微的断断续续的心理活动,科学上还没有发展出准确测量隐性歧视的工具,对于隐性歧视和歧视性行为之间关系的因果关系也没有定论。因此,贸然地用隐性歧视标准去审查雇主行为,很可能会夸大雇主的实际情况造成错误,使得不一定能得到救济的劳动

---

① Shin, Patrick S., "Liability for Unconscious Discrimination? A Thought Experiment in the Theory of Employment Discrimination Law", *Hastings LJ* Vol. 2010(62), pp. 67 – 102.

者都能获得救济。[①]

此外,贸然将隐性歧视纳入区别对待,也会使反歧视法很难实现它的立法目标。

第一,Shin 指出,将隐性歧视纳入区别对待法案,将使法律失去道德评价的作用。在反歧视法的判断诸要素中,特别是考察雇主是否存在故意歧视的情况时,其实带有一种道德评价——歧视是不好的。但是,如果将隐性歧视作为雇主歧视的证据,那么,一个道德评价问题会转变为一个科学问题,而行为人也可以以无意识之行为为自己开脱。这将不利于雇主自觉减少歧视行为。[②]

第二,将隐性歧视纳入区别对待后,也将使反歧视法失去威慑功能。[③] 反歧视法为受害者提供了多种救济途径,比如,恢复原职或者要求雇主提供积欠工资等。这些经济代价也是对雇主的威慑,使雇主不得不约束自己的行为。但对于隐性歧视如何被改善以及改善效果如何,学术界仍然在讨论。假如雇主没有办法改进隐性歧视的情况并遇到诉讼,大概率的情况还是败诉。反歧视法便不再是对雇主的威慑,而是像 Shin 所说的,变成法律对于雇主的雇佣决定的一种征税。[④]

因此,美国法院对于将隐性歧视纳入区别对待,基本持抵制的态度。比如在 *Jackson v. Harvard Univ.*[⑤]一案中,法官认为,区别对待案件所关注的,是故意的歧视,而不是无意识的态度。又如,在美最高法院 *Price Waterhouse v. Hopkins* 一案中,撰写多数意见的大法官 Brennan 虽然承认隐性歧视现象的存在,但仍然要求员工去证明是不是隐性歧视导致了歧视性行为。他说:"当我们说性别在雇佣决定中发挥了一

---

① Wax,Amy L.,"Discrimination as Accident", *Ind. LJ* Vol. 1999(74),pp. 1129 – 1397.

② Shin,Patrick S.,"Liability for Unconscious Discrimination? A Thought Experiment in the Theory of Employment Discrimination Law", *Hastings LJ* Vol. 2010(62),pp. 67 – 102.

③ Wax,Amy L.,"Discrimination as Accident", *Ind. LJ* Vol. 1999(74),pp. 1129 – 1397.

④ Shin,Patrick S.,"Liability for Unconscious Discrimination? A Thought Experiment in the Theory of Employment Discrimination Law",*Hastings LJ* Vol. 2010(62),pp. 67 – 102.

⑤ 721 F. Supp. 1397.

个动机性的作用时,我们说的是,如果我们问雇主在做出决定的那一刻决策的理由是什么,并且如果我们收到雇主一个诚实的回复,即其中一个决策原因是申请者或者员工是女性。”换言之,当区别对待的行动发生时,在雇主做出决定的那一刻,雇主必须清醒地认识到他正在对女性区别对待。

不过,在学术界,鉴于隐性歧视的普遍性及对劳动者特别是少数族裔带来的伤害,依然还有很多人支持将隐性歧视纳入区别对待的审查范围。从法条上看,区别对待是雇主因为(because of)或者基于(based on)雇员的身份(比如族裔、性别)。在这里,“because of”这个词非常模糊,是否包括隐性歧视的情况仍有解释的空间。其次,支持者也找到一些法院判决允许将隐性歧视纳入区别对待的审查。比如在 *Thomas v. Eastman Kodak Co.*①一案中,法官认为,判断雇主是否存在歧视行为,重要的问题是雇员是不是因为种族问题而被区别对待,无论是雇主基于种族因素有意识地去区别对待,还是仅仅因为未经过思考的刻板印象或者歧视而简单地做出决定。又如,在 *Price Waterhouse v. Hopkins*②一案中,大法官 Brennan 在多数意见中指出:“无意识的或者根深蒂固的歧视,其伤害程度或者值得消除的程度,并不亚于公然的或者蓄意的歧视”。Lane 等人认为,Brennen 的话暗示了,即使歧视行为是下意识的,也不能免除歧视的认定或者由此而来的后果。③

此外,即使无法将隐性歧视纳入区别对待的审查范围,Krieger 等人还是讨论了如何在一些细节上用隐性歧视的理论改变法院的规则,从而更好地保护劳动者。比如,在 *McDonnell Douglas Corp. v. Green* 案确立审查基本框架后,法院还提出了“比较者”(comparator)作为补充性的考察因素。最高法院指出,该案还需查清楚的一个事实是,参与关闭工厂的白人是否也被工厂开除并且复职请求被拒绝,因为比较者的

---

① 18 F. Supp. 2d 129.

② 490 U. S. 228 (1989).

③ Lane, Kristin A., Jerry Kang, and Mahzarin R. Banaji, “Implicit Social Cognition and Law”, *The Annual Review of Law and Social Science is* Vol. 2007(3), p. 443.

信息是证明雇主的抗辩是不是托辞的一个重要因素。一个更极端的情况类似 *Proud v. Stone*[①]。部门经理解雇了一个黑人,黑人起诉部门经理歧视,部门经理回应说,是我决定聘用你来我们公司,这已经说明我不会歧视黑人,不然当初招聘的时候我就不会录用你。Krieger 从两个方面质疑"比较者"的参考价值。首先,从很多认知心理学的研究来看,隐性歧视并不是一个稳定的状况,隐性歧视是否会导致歧视性行为,取决于当时的实际情况,包括特定的场合、他对场景的理解等,场景上一个小小的变化就会导致行为的不一致。因此,雇主没有歧视一个员工,对于雇主是否潜意识中歧视另一个情况类似的员工,参考价值不大。其次,具体到 Proud 案,Krieger 分析说,在招聘场合,可能是部门经理和 HR 一起负责面试和招聘,同时招聘也必须符合反歧视法规定的一般规范,此时,部门经理的招聘决定可能受到其他人或其他因素的影响。然而,当员工正式踏入工作后,之前这些制约因素逐渐消失,部门经理的隐性歧视可能会浮出水面,因此需要承担法律责任。[②]

Krieger 还讨论了反歧视法中的诚实信念规则(the honest belief rule)。这一规则虽然不是由美国联邦最高法院创设,但已被第七、第一巡回法院接受。这一规则指,当雇主对员工的指控提出抗辩后,即使雇主所提出的理由是错误的、考虑不周的或者是愚蠢的,只要雇主真诚地相信他当时确实是以这样的理由行动,那么这些理由就不能被称作托词。Krieger 指出,大量关于隐性歧视的研究已经证明了,在雇主相信他的决定是基于合法的非歧视的原因的同时,隐性歧视的想法经常发生在决策者意识的注意之外,但是隐性歧视仍很容易造成对于少数族裔的区别对待。[③]

---

① 945 F. 2d 796 (4th Cir. 1991).

② Krieger, Linda Hamilton, and Susan T. Fiske, "Behavioral realism in employment discrimination law: Implicit bias and disparate treatment", *California Law Review* Vol. 2006 (94. 4), p. 1039.

③ Krieger, Linda Hamilton, and Susan T. Fiske, "Behavioral realism in employment discrimination law: Implicit bias and disparate treatment", *California Law Review* Vol. 2006 (94. 4), p. 1035.

(二)区别影响审查标准对于隐性歧视的态度

在区别影响类型的案件中,员工不需要证明雇主有歧视的故意,只要雇主的表面中立的政策客观上造成了弱势员工被歧视的事实,员工即可起诉雇主。以美最高法院 *Griggs v. Duke Power Co.*[①]为例。Duke Power 公司在一次内部招聘中,想通过考试选拔人才。但是法院指出,由于历史原因,白人教育和黑人教育处于隔离(segregate)状态,黑人受到的教育不如白人。这种受教育的差异也体现在考察结果中,有58%的白人通过了考试,但是只有6%的黑人通过考试。当黑人和白人同时参加这项考试时,黑人通过考试的比例相比白人要少得多。因此,法院认为公司的考试制度造成了对黑人的不利后果,应承担一定责任。

因此,无论是雇主故意制定、因为隐性歧视而制定,还是因为考虑不周等其他原因制定这样的政策,法院在所不问,只考察结果。这也意味着,如果真是因为雇主存在隐性歧视而制定这样的政策,员工将有机会获得补偿。[②]

区别影响还有另一种情况。在 *Watson v. Fort Worth Bank & Trust*[③]一案中,美国联邦最高法院宣布,除了像 *Griggs* 一案中的标准化考试,如果雇主制定的政策赋予下级较大的决策权,这类主观性较强的政策也可以接受审查。其理由是当雇主的主观政策给予监管人员足够的裁量权,那么监管人员很容易因为对少数族裔等弱势群体的隐性歧视而对后者不利。如 *Rowe v. General Motors Co.* 一案中法官所指出的:"当一个部门的升迁和流动政策基本上全部依赖于直接领导的主观评价和个人推荐,这就是一个方便歧视黑人的机制,其中很多歧视的情况都被秘密掩盖而经理实际上并不知情。完全依赖白人的决定性推荐的黑人

---

① 401 US 424 (1971).

② Andrey Lee 认为,反之,这也显示了区别影响和隐性歧视的一个张力:区别影响理论不再考虑决策人的角色,因此无需再证明隐性歧视理论的必要性。Lee, Audrey J., "Unconscious Bias Theory in Employment Discrimination Litigation", *Harv. CR-CLL Rev.* Vol. 2005(40), p. 491.

③ 487 U.S. 977 (1988).

要指望一个没有歧视的决定,我和其他人都表示怀疑。"[1]

不过法院也要求,员工必须证明监管人员的特定行为使得弱势群体遭到歧视性的后果,才能得到补偿。员工一方可邀请心理学家做专家证言以帮助证明这个因果关系。在 *Pippen v. Iowa*[2] 一案中,黑人雇员起诉爱荷华州政府,认为州政府的招聘政策太主观,最终导致了黑人更少地被政府雇佣。员工一方请了 Greenwood 教授发表专家证言。教授认为,虽然他没有审核过招聘过程中的任何文件,也没有审核过与员工相关的任何雇佣决定文件,但是他坚信,隐性歧视会对决策者的雇员决定产生影响。虽然他承认不能排除其他原因可能导致黑人和白人在招聘结果上的差异,但是在他看来,即使在最好的情况下,歧视心理也会下意识地入侵招聘程序。

在 *Wal-Mart Stores, Inc. v. Dukes* 一案之前,法院一度认可这类专家证言。2007 年,在 *Velez v. Novartis Pharmaceuticals Corp.*[3]一案中,原告认为,雇主的员工评估和管理系统太主观,而这种主观性导致了员工容易受到歧视。专家证人 David Martin 也做了和 Greenwald 类似的证言。法官认可这一专家证言的法律效力:"Martin 的意图不是证明公司的评估和管理系统实际导致了区别对待或者区别影响,他仅仅提供证据展示这一系统如何使得歧视变得可能。(至于)他的报告是否成功,最终是一个陪审团的问题。"

然而,这种认可在 *Wal-Mart Stores, Inc. v. Dukes*[4] 案中被间接否定。Dukes 等人起诉沃尔玛在工资和晋升方面存在性别歧视,虽然沃尔玛没有故意对男女员工进行区别对待,但是其政策在客观上导致了女性受歧视的后果。员工一方邀请了 William Bielby 博士做专家证言。Bielby 博士首先指出,研究已经证明,当公司政策允许监管人员可以基于各种主观因素进行决策时,他们对于女性的刻板印象将很可能影响

---

① 457 F. 2d 348 (5th Cir. 1972).

② No. 12 - 0913, 164 LC ¶ 61, 501, (854 N. W. 2d 1). 2014 Iowa Sup. LEXIS 82.

③ 244 F. R. D. 243.

④ 131 S. Ct. 2541 (2011).

决策,因为公司决策者本身就倾向于允许保留这些刻板印象。接着,Bielby 博士将这一结论应用于沃尔玛的制度,指出沃尔玛的企业文化很容易导致歧视。

美国最高法院反驳称,Bielby 博士无法证明这些对女性的刻板印象在沃尔玛的雇佣决定中具体发挥什么样的作用。正如他自己所承认的,他无法准确计算,在沃尔玛,到底是 0.5% 还是 95% 的决策可以被认定为是来源于监管人员对女性的刻板印象。美国联邦最高法院表示,如果 Bielby 博士承认对这个问题没有答案,那么最高院可以安全地不用考虑他所说的内容。

虽然 *Dukes* 案没有直接指向隐性歧视,但是它已经清楚地表明了最高院的态度:一个心理学研究结论不能直接适用于一个特定的公司,就像一个全国性的研究数据不能直接适用于一个特定的公司。特别是沃尔玛这样的大公司,那么多门店,无法证明每一家门店都存在这样的问题。之后,基层法院基本都按照 *Dukes* 案的结论处理这一问题。

在 *Pippen v. Iowa* 一案中,无论是爱荷华的基层法院还是高等法院,都认为这些证据无法证明负责招聘人员的隐性歧视与雇佣结果之间存在因果关系。对此,Jones 总结说,根据爱荷华法院的逻辑,专家的作证既没有提供州政府歧视性决策的具体比例,也没有说明为什么从全国性研究获得的隐性歧视的数据能够被应用于爱荷华州政府。因此,法院不认可专家意见。①

四、余论:法律之外如何改善隐性歧视

作为一篇法律与社会科学的综述,本文应该就此结束了。不过,鉴于隐性歧视的普遍性,鉴于法律目前还无法回应隐性歧视,美国的社会科学包括自然科学界的人仍在探索如何限制和改善隐性歧视。十分有

① Jones, Annika L., "Implicit Bias as Social-Framework Evidence in Employment Discrimination", *University of Pennsylvania Law Review* Vol. 2017(165.5), p. 1237.

趣,Devine 等人的实验已经证实,如果一个人参加他们组织的教育,比如帮助人们认识他自己和社会中的隐性刻板印象并学习不再带着刻板印象去认识社会,增加与其他族裔等群体的交流等,在 12 周后再去让这些人参加 IAT 测试,测试结果显示隐性歧视的情况已经大大减轻。①

Terberk 等人还发现,在心理学实验中,如果让一个组的组员服用心得安(propranolol,一种用于治疗心律不齐、心绞痛等的药物),另一组仅仅服用安慰剂,当他们参加 IAT 测试的结果显示,服用心得安的组员,其隐性歧视现象要少于服用安慰剂的对照组成员。该研究暗示,心得安可能通过与去甲肾上腺素(noradrenaline)有关的情感机制来缓解隐性歧视。②

---

① Devine, Patricia G., et al., "Long-term reduction in implicit race bias: A prejudice habit-breaking intervention", *Journal of experimental social psychology* Vol. 2012(48.6), pp. 1267 – 1278.

② Terbeck, Sylvia, et al., "Propranolol reduces implicit negative racial bias", *Psychopharmacology* Vol. 2012(222 3), pp. 419 – 424.

《法律和社会科学》(2017)
第16卷第2辑,第178~203页

于欢是因愤怒杀人吗
——民众眼中于欢攻击合理性的构建

王　硕*

摘要:刑法理论认为正当防卫判断的重点是客观因素。本研究针对于欢故意伤害案所做的实验却表明,被试对主观因素或更为重视。媒体报道中有关于欢通过攻击来表达愤怒,因而应当轻判的说法,并不完全符合被试的判断。回归分析进一步显示,被试认为于欢的行为是有明确目的性的攻击行为。结果分析表明,被试对于情绪等主观状态的评定,对于其评价判决是否合理有着重要影响。但目前刑法理论对于这些主观状态仅作"有或无"的判断,这实在差强人意。本研究建议,刑法理论欲在这方面做出改善,应更多参考实证研究证据,而非仅依赖于理论思辨。

前言　正当防卫的构造

根据目前的刑法理论,认定构成正当防卫需考

* 北京大学法学院硕士研究生。本文的写作受到葛岩、刘庄和侯猛老师的诸多帮助,尤其感谢葛岩老师对于问卷统计结果等表述的详细指导。

虑客观和主观两方面因素。客观方面包含四个条件:(1)正当防卫只能针对不法侵害实施;(2)防卫的对象必须是正在进行的不法侵害;(3)防卫必须是针对不法侵害者本人实行;(4)防卫不能超过必要的限度。

主观方面,也称防卫意识,包括防卫认识和防卫目的。前者指行为人对不法侵害的诸多事实因素的认识;后者指行为人在认识因素的基础上决定实施防卫行为,并希望通过防卫行为达到某种结果的心理愿望。[①] 根据目前的通说,即防卫意识必要说,只有当防卫人意识到自己的行为是为了实现防卫的目的时,其行为才属于正当防卫。[②] 对于在什么情况下一个人具有了防卫意图,则存在目的说与认识说。[③] 总体上,我国目前的刑法理论以目的说为主。[④]

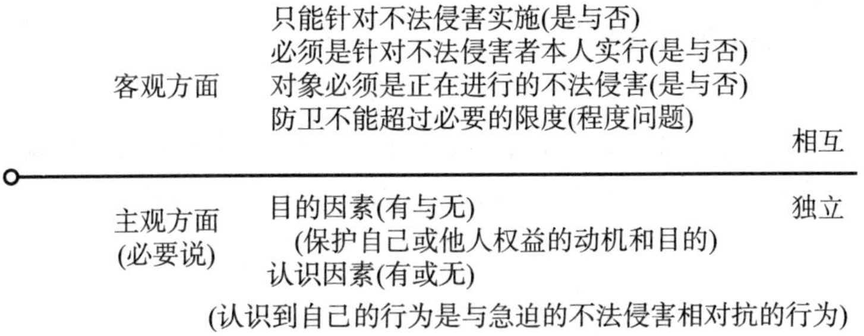

图 1　中国刑法理论对于正当防卫的构造

---

① 比如,甲持刀拦路抢劫乙,乙往路边的山上跑,甲在后面追赶,乙不小心蹬落一块石头,结果将甲砸成重伤。此时,如果乙没有意图要通过蹬落石头防止甲的抢劫,则不能认为乙蹬落石头的行为构成正当防卫,乙需承担过失致人重伤的责任。参见黎宏:《论正当防卫的主观条件》,载《法商研究》2007 年第 2 期。

② 刘士心:《防卫意思新探》,载《甘肃政法学院学报》2006 年第 3 期。

③ 目的说认为,行为人不仅要认识到急迫的不法侵害,还必须具有保护自己或他人权益的动机和目的;认识说则认为,只要行为人认识到自己的行为是与急迫的不法侵害相对抗的行为,就具有防卫意识,而不以积极的防卫目的,动机存在为必要。参见王剑波:《防卫意思构成标准的反思与重构》,载《铁道警官高等专科学校学报》2011 年第 5 期。

④ 刘士心:《防卫意思新探》,载《甘肃政法学院学报》2006 年第 3 期。

在上述正当防卫的构造中,主观因素只衡量"有或无",不关注程度问题①(见图1-1)。然而,正当防卫的雏形是为了防卫自己、亲友的权利免受侵害,是由动物的本能转化而来的。② 其不仅是对于客观情况的简单反映,更是一类复杂的心理活动。③ 因此,仅仅对主观方面进行"有或无"的判断,可能是对主观方面重要性的严重低估,更可能是对其复杂程度的轻视。

在笔者看来,民众对于主观方面因素十分重视,甚至会将主观因素作为评判行为的决定性指标。这一点,网民对《南方周末》报道的"于欢故意伤害案"评论中有较好的体现——刺死辱母者本身是一类注重道德情绪的评判。④

一、是可忍孰不可忍

2017年3月23日,一篇名为《刺死辱母者》⑤的文章在网上疯传开来。文中提到一位女企业家与其儿子被讨债人堵在办公室中。其间,

---

① 目前刑法理论将正当防卫的认定分割成两个方面。客观方面,包含三个"是与否"的判定与一个"程度问题"的判定。主观方面,包含两个"是与否"的判定。这两方面的衡量,被认为是两个独立的部分,两者不会相互影响。比如,A被一群人殴打,其反击的行为要构成正当防卫所必需的主观因素,并不会比当A被一个人殴打时要求的更少。同样的,一群人直接冲上来打A并有导致重伤的危险,相对于一个人偷偷地拿气枪偷袭A并有导致重伤的危险,虽然A在两种情形下的情绪实际上差别很大,但在理论上说,A所能进行的反击的客观限度是一样的。

② 张佃江:《正当防卫的正当化根据及其解释论意义》,西南财经大学2011年硕士学位论文。

③ 犯罪心理学的研究表明,攻击行为是由双方共同造成的。比如,"大部分人对挑衅的反应都是给予同样的反击,作为回应,第一个发出挑衅的人随后增加挑衅的力度,通过这种逐步升级的方式,言语的攻击通常都会演变成身体上的报复和暴力。"参见CurtR. Bartol:《犯罪心理学》(第7版),杨波等译,中国轻工业出版社2017年版,第208页。

④ 之所以强调是根据南方周末的报道而非根据判决书,是因为判决书的内容与该报道有相当的出入,一些较为关键的细节都被报道忽略了。而网舆恰恰是对南方周末报道的回应。为了明白事情发生的原初状况,使用报道而非更为接近案件事实的判决书更为可取。

⑤ 载http://www.infzm.com/content/123659,最后访问日期:2017年5月7日。

讨债人对女企业家百般侮辱，其中一个讨债人甚至脱下裤子用极端手段侮辱女企业家。该文认为，法院认定其子刺死辱母者的行为构成故意伤害罪，并判处无期徒刑，是不近人情的裁判。①

主流舆论或多或少支持了《刺死辱母者》的观点，认为于欢的故意伤害行为因符合伦理道德的要求应当被原谅。《人民日报》还认为，于欢案中存在法律与伦理的两难困境。② 主流媒体认为判罚过重，其核心理由是被害方对于攻击行为的引发具有明显过错，是被害方违反道德的、对于欢母亲的极端侮辱行为引发了于欢的攻击。

这些主流媒体的意见或有一定的可信度，但未必能够代表民众意见。何况，这些说法太笼而统之，虽然足够应付茶余饭后的闲谈，却对司法的具体裁判以及类似情况的借鉴参考没有太多意义。本文报告以于欢案为原形设计的一项实验，旨在更为具体而非含混地分析民众对于欢案的看法，刻画民众对于欢案的真实感受，寻找出那些能够影响民众对司法判决的认可程度的具体因素。实验中，首先，被试需报告其对以于欢案为原型改编的案件的各种感受，以及对于该判决合理性的评价；其次，通过回归分析方式寻找报告中能够预测被试对于案判决合理性的评分；最后，刻画出民众对于于欢案的真实想法。

---

① 最初接触此案件，首先引起笔者关注的是10%的月借贷利息。由于放贷人以之为业，且这一行业非绝对垄断，所以超高的借贷利息透露了借贷人的资信状况。但从网民评论看，这一信息被忽略了。

② 《人民日报》的《法律如何回应伦理困局》认为，"虽然涉及一些具体细节的争议，比如，警察在离开接待室后，是准备离开还是仅仅外出调查，但最主要的争议，还是集中在于欢是否正当防卫或者防卫过当上。尤其是，于欢由于母亲和自己被侵害而产生强烈情绪的情况下，是否犯下了故意伤害罪。"载 http://news. sohu. com/20170326/n484795277. shtml，最后访问日期：2017 年 5 月 7 日。侠客岛的《对司法失去信任才是最可怕的》认为，"在大众的认知中，这种不法伤害从一开始就是存在的，杜志浩们限制了于欢和母亲的人身自由，辱骂，抽耳光，向他们播放黄色录像，用男性生殖器当着儿子的面肆意凌辱母亲。这不但是对生命健康权的剥夺，更是对人格尊严的挑衅。于是，民众支持于欢拿起水果刀，特别是在警察介入无果后……"载 http://news. sohu. com/20170326/n484788578. shtml，最后访问日期：2017 年 5 月 7 日。

二、理论依据

在很大的程度上,判决的不合理之处,就在于欢攻击行为的合理之处。因此,实验的核心问题是了解为什么有人相信于欢的行为具有合理性,或为什么该行为能够被接受。可接受性判断的形成,一般而言,源于三种可能,即结果的可接受性、过程的可接受性,以及原因的可接受性。

首先可以肯定,不存在结果的可接受性,因为此案导致一死多重伤,后果严重。其次,也可以大致推断不存在过程的可接受性。过程可接受性关注攻击方决定采取攻击行为后,直到攻击结果发生前的时间段中,是否存在能够合理化攻击行为的事由。整个攻击过程并不复杂,媒体报道中也没有描述被害人的过度反抗或者其他意外因素。

据此,民众对于欢行为的合理化,更可能是对攻击行为发生原因的合理化,或说,是对攻击动机的合理化。从攻击动机来看,犯罪心理学将攻击行为分为敌意性(或表达性)攻击行为和工具性攻击行为。① 其中,表达性攻击是由愤怒引起,是通过攻击来表达内心的感受,本质上不是为了伤害。② 工具性攻击则是把伤害作为达到其他目的的一种手段,具有造成伤害的目的。③

根据这一划分,如果于欢的行为是因讨债人辱母导致的,那么,该行为就属于表达性攻击。在这一维度上,最常见的解释理论是"挫折—攻击理论"。该理论认为,攻击行为的发生是因为挫折产生了愤怒,而愤怒(可能与攻击线索结合)引发了攻击行为。④ 那么,于欢的愤怒是如何产生的？在情绪心理学看来,引发愤怒的原型场景是"对我和

---

① CurtR. Bartol:《犯罪心理学》(第7版),杨波等译,中国轻工业出版社2017年版,第187页。

② 比如摔门而出是表达性攻击。

③ 比如刺客刺杀是工具性攻击。

④ [美]戴维·迈尔斯:《社会心理学》,侯玉波等译,中国工信出版集团2016年版,第350页。

与我相关的事物进行贬损人格的攻击”。[①] 在这一原型的基础上，个体愤怒程度与进行贬损人格等行为出现的原因，以及该个体自身的性格有所关联。《刺死辱母者》对于被害人侮辱于欢母亲的行为加以了强调，因此，民众有可能认为于欢的攻击行为是要表达自己的愤怒。既然是为了表达愤怒，于欢的攻击行为也就不具有伤害目的，法院认为于欢的攻击行为属于故意伤害也就不合理。或许，这正是民众认为判刑过重的原因。

对于实验设计而言，如果民众是从表达性攻击的角度来理解于欢的攻击行为，可以预见，民众至少会认为在攻击开始前的瞬间，于欢处于极端愤怒的状况。同时，于欢的愤怒程度越高，法院的判决也就会越显得不合理。因此，本次实验让被试对案中人的愤怒情绪进行了评估，并通过检验其与判决合理性的评分来探求表达性攻击的解释的可信度。

除愤杀外，另一攻击动机解释认为于欢的攻击行为是工具性的攻击。与表达性攻击不同，工具性攻击是有预谋的、有计划的、冷静的行为。在表达性攻击中有愤怒，而工具性攻击则无明显的愤怒。[②] 引发工具性攻击的情绪可能是恐惧，因为“恐惧是一种回避的动机。如果没有内部的或外部的约束，恐惧可能支持逃离的行动……在恐惧中，必须要应对的是位于时空中的一种显而易见的(尽管不一定被清晰地感知)危险。”[③]“一个身处恐惧的人总会想办法脱离危险，而恐惧会激活行为抑制系统，此一系统将使身体为作战进行准备。”[④]

工具性攻击的解释更接近司法界为于欢脱罪的理由。这一解释认为，于欢的攻击行为是有目的的自保行为。该解释的持有者认为法院判决不合理，是因为其认定法院错误低估了当时的危险状况。从实验设计的角度来看，如果民众是从工具性攻击的角度来理解于欢的行为，

---

① Michelle. N. Shiota 等：《情绪心理学》(第 2 版)，周仁来译，中国轻工业出版社 2016 年版，第 170 页。

② 支愧云、陈永进：《敌对性攻击与工具性攻击》，载《重庆师范大学学报》(自然科学版)2004 年第 3 期。

③ [美]迈克尔·刘易斯等：《情绪心理学》(第 3 版)，南莎译，电子工业出版社 2015 年版，第 543 页。

④ Michelle. N. Shiota 等：《情绪心理学》(第 2 版)，周仁来译，中国轻工业出版社 2016 年版，第 162 页。

那么,对于判决合理与否的认定将与于欢是否处于愤怒状态没有太多关联,而会与恐惧情绪的程度有更明显的关联,同时也与民众对于客观危险情况的评估有所关联。因此,在实验中,笔者让被试对案中人的恐惧情绪与客观危险程度进行了判断,以便通过恐惧情绪、客观危险状况与判决合理性的关联情况来探求工具性攻击理论的可信度。

此外,本次研究还特别关注了案中人在民众心目中的默认形象,以及案中人的背景与性格对于民众评价判决合理性的影响。因为在法律与认知科学研究中,非法律因素对于法律判断的影响不断被发现。①也因为《刺死辱母者》一文中提到了于欢母亲所借高利贷为月利息10%,笔者据此推测于欢母亲在当地信誉不佳。不过,笔者在与其他人交流时发现,很多人并不认同这点,以及那些对法院判决否定态度的人更为明显。

为了弄清民众对于案中人物的性格想象,以及探求哪些性格因素可能影响到民众对于判决的认可,笔者为每个案中人编写了一份补充材料,并根据有无补充材料将被试进行了分组(见表 1)。通过比较不同组别被试对于案中人情绪因素、性格因素等的评分,可以评估补充材料与被试对案中人性格背景因素的想象与补充材料接近程度,甚至可以逆推出被试对于案中人性格等因素的想象。

表 1 设计实验时的 8 组划分

组号简称	张娟补充材料	熊武补充材料	刘天补充材料
abc	有	有	有
abc2	有	有	无
ab2c	有	无	有
ab2c2	有	无	无
a2bc	无	有	有
a2bc2	无	有	无

① H. Spamann, "Justice is less blind, and less legalistic, than we thought: evidence from an experiment with real judges", *Journal of Legal Studies*, Vol. 2016(45).

续表

组号简称	张娟补充材料	熊武补充材料	刘天补充材料
a2b2c	无	无	有
a2b2c2	无	无	无

虽然在实验设计的时候,对问卷进行了8个分组。但是,由于样本数量较少,且经过初步分析后发现8组分析的结论与以是否有某个材料为标准划分的3组的讨论结果大致相同。最终的问卷处理时,按照3组进行(见表2)。

表2　最终分析时采用的分组

分组	包含的补充资料
1	张娟补充资料
2	熊武补充资料
3	刘天补充资料

三、实验设计

许多民众所熟知的于欢案的案情,源自《南方周末》报道《刺死辱母者》。但报道其内容与法院的一审判决书中的于欢案有颇多差异。如报道忽视了一名被刺伤的讨债人背部受伤(于欢可能对他进行了背刺)①,报道特写了杜志浩等人脱下裤子等行为。② 由于本研究关注民众反应,

① “司法鉴定科学技术研究所司法鉴定中心2016年10月13日出具的司鉴中心〔2016〕临鉴字第2693号鉴定意见书,对郭彦刚伤情重新进行鉴定,记载:右侧胸背脊住见一条长度为4.0cm的皮肤瘢痕;鉴定意见:被鉴定人郭彦刚遭他人持械作用,致血气胸伴肺萎陷,失血性休克等,已危及生命,且具有手术适应症,评定为重伤二级。”转引自《【完整文字版】山东聊城于欢故意伤害罪一审判决书》,载https://www.douban.com/note/612915408/,最后访问日期:2017年5月12日。

② 判决书中没有提及并不代表这些事情客观上没有发生,此处只是强调作为司法案件的于欢案与作为新闻热点的于欢案两者存在较大的区别。

故实验采用的故事以报道为准。

实验阅读材料将故事拆分成三个阶段。阶段一,从讨债人上门讨债到辱母者杜志浩首次出现在讨债现场。这一阶段的讨债行为强度较弱,在《南方周末》的报道中也只是提到四五个人把于欢母子堵在办公室,在她俩面前播放黄色录像带。阶段二,从杜志浩在讨债现场出现至民警闻讯赶来。在杜志浩出现后,讨债行为有明显升级,报道中极端的侮辱行为都发生在此阶段。员工的报警也反映了情形的危险。阶段三,民警抵达现场之后又离去,直到于欢用刀刺伤讨债人员为止。

三个阶段的划分对于实验有着重要的意义。由于研究的目的是具体地描述民众对于欢案的认知,因此需要精确了解民众对于欢案细节的认知。通过时间的划分,能够将故事进行切割成相对独立的片段。比如,通过对比阶段一和阶段二民众对于当事人情绪的评价,就能够推测民众如何评估辱母行为对于当事人情绪的影响。如果没有这两个阶段的区分,直接让被试评价案中人的情绪,就没办法了解到辱母行为和一般讨债行为在民众眼中对当事人情绪影响的差别。此外,通过划分阶段能减少被试处理信息的负担,帮助其更好地表达内心的真实感受。

在问题的设置上,围绕着"对法院判决合理性评分"这一因变量,一共设置了五组问题。五组问题的假定结构如图 2 所示。图中的关系仅仅是实验设计的构想,不代表最终结论。

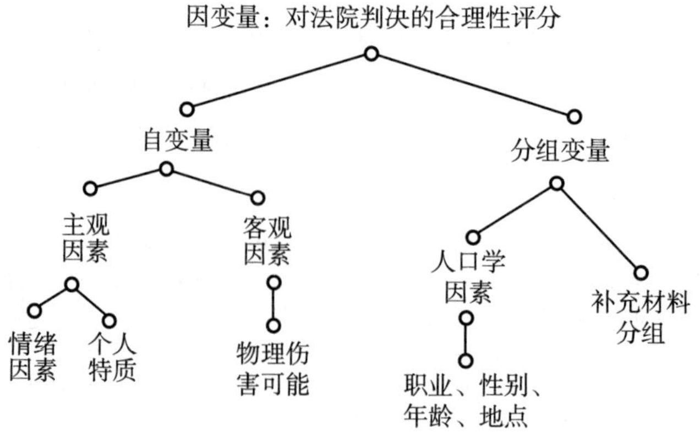

图 2　问卷问题结构

第一组问题为被试对案件客观事实的评价。依据刑法,构成正当防卫的要件之一是存在客观危险,因此需要测量被试这方面的评价。为了避免设问难以理解,问题简化为:“讨债人有多大可能会造成物理伤害?”

第二组问题为被试对案件所涉人员主观情绪的评价。实验要求被试对于欢(在虚构案件中为熊武)和于欢母亲(在虚构案件中为张娟)的愤怒和恐惧情绪,依时间阶段做出评价。如此设问的理论依据如前述。

第三组问题为被试对案件所涉人员个人特质的评价,包括性格和经历等,即上述非法律因素,如此设问的理论依据如前述。

第四组问题为被试对法院判决的合理性评价。假定回答问卷的过程是一个深度认知加工过程,被试对于欢案的思考会逐渐深入,故此问题在问卷开始和结尾共出现两次,旨在观察对新闻的一般性判断和经过较深入思考后的判断是否有所不同。

第五组问题有关被试的人口学信息,包括性别、年龄、工作和所在位置,旨在观察被试背景对法院判决合理性的影响,以及被试的代表性。①

四、问卷内容

问卷使用以于欢案为原型改编的一个故事作为开始:

“张娟是富强公司的全资投资人。因为资金周转的需要,于2015年9月1日向何田借款50万元,约定月息为10%。因公司运营不善,只打算借用几月的款项拖了1年多都没有还清,张娟前后已还款90多万元加上一间市价40余万元的房子,但仍欠何田16万元。

① 例如,在工作信息的收集时,笔者突出了心理、司法和传媒相关以及公务员,就是为了避免这些具有特殊知识和特殊观点的群体会对结果产生的可能影响。但从事后的分析来看,这一担心是多余的。

2016年3月19日,何田让专门从事借款催讨的陈亮向张娟催讨剩余的16万元。陈亮于是召集了赵某、孙某等10人于下午4点前往富强公司讨债,将张娟及其儿子熊武堵在公司接待室,并在富强公司的大门前架设了烧烤架,一边吃一边谩骂要求张娟还钱。——*A 此为第一段材料*

当日晚上约8点,与陈亮相识的刘天来到富强公司,并召集其余人进入接待室讨债。此后,讨债者强制熊武母子观看黄片、使用淫语进行羞辱,刘天甚至脱下裤子后用其下体摩擦张娟面部。富强公司的员工感到事态不妙,于是报警。——*B 此为阶段二材料*

民警闻讯前来后,只留下了"要账可以,但是不能动手打人"便离去。熊武母子本希望随民警一同离开,却被强制留下。看到民警离去,顿感绝望的熊武与刘天等发生肢体冲突,而后从旁边的桌子中抽出一把水果刀,并将刘天、陈亮、赵某与孙某刺伤。——*C 此为阶段三材料*

最终,刘天因休克性失血死亡,陈亮受重伤,赵某与孙某受轻伤。最终,法院认为熊武刺伤陈亮等四人的行为构成故意伤害罪,判处无期徒刑。"

之后,被试随机分配为8组,并依据组别获得3段补充材料。这些材料并非每一份问卷都有,以每一段材料有或者没有补充材料,问卷排列组合分为8组。这样安排的理据如前所述。①

① 其中,于欢母亲苏银霞在虚构案件中的对应人"张娟"的补充资料参考了网易文章《"辱母案"身家千万母亲苏银霞何以陷入高利贷陷阱?》,载 http://news.163.com/17/0328/20/CGL3EI8S0001875P.html,最后访问日期:2017年5月8日。杜志浩在虚构案件中的对应人"刘天"的补充资料参考了《刺死辱母者》文章中的相关内容。于欢本人的资料在网上没有,其在虚构案件中的对应人"熊武"的补充资料是笔者的虚构。

> 关于张娟的补充材料：
>
> 张娟是富强公司的创始人。由于行业不景气，富强公司已经连续亏损了好几年了。在向何田借款前，张娟曾数次向其他人借过高利贷。在熊武刺杀刘天后不久，张娟就因涉嫌非法集资而被公安局调查。

> 关于熊武的补充材料：
>
> 由于父母都是做生意的人，熊武从小就跟着父母忙里忙外。在其他的时间，熊武则喜欢跟着周围的哥们到处闲逛，因此他的学业平平，高中毕业后就直接到富强公司上班。

> 关于刘天的补充材料：
>
> 刘天不久之前曾因涉嫌参与钱某组织的黑社会性质团伙而被公安局调查，但最终他被排除了嫌疑。由于讨债效率高，刘天常常被雇用以催还民间借贷。富强公司周边的有借贷历史的企业家，或多或少都被刘天羞辱过。

为保证实验材料中的信息为被试接收，问卷中还设计了操纵检验部分。具体方法是列出三个对错判断问题，回答全部正确的被试，其问卷才会被视为有效问卷。三个问题如下所示：

> 请判断下列陈述是否正确：
>
> A 陈亮是受何田的要求去富强公司讨债的。
>
> B 刘天进入接待室后用下体摩擦张娟面部。
>
> C 熊武刺伤刘天等人时，民警已经离开。

完成操纵检验后，被试须对法院判决的合理性做出判断。问题如：

对于熊武将刘天刺伤致死等故意伤害四人的行为,您认为法院判处无期徒刑是否合理?(请您在下列选项中,勾选你认可的评分)

1								9
非常合理								非常不合理

注:这一表格是“九级量表”的范例,本次问卷中基本都采用这一量表来采集被试的观点。

此后,按照上面划分出的案件过程,分阶段询问一些问题。比如,第一部分,向被试再次提供了阅读材料中的第二段(A),以及人物的补充材料(这里的补充材料同样存在分组,比如在开始没有提供张娟补充材料的问卷,这一部分也不会提供张娟的补充材料):

阅读材料回顾:

2016 年 3 月 19 日,何田让专门从事借款催讨的陈亮向张娟催讨剩余的 16 万元。陈亮于是召集了赵某、孙某等 10 人于下午 4 点前往富强公司讨债,将张娟及其儿子熊武堵在公司接待室,并在富强公司的大门前架设了烧烤架,一边吃一边谩骂要求张娟还钱。

关于张娟的补充材料:……

关于熊武的补充材料:……

在刘天出现前(也即上面文字所描述的状态下):您认为下列陈述的符合状况是?(采用九级量表)

Q1 张娟是恐惧的? Q2 熊武是恐惧的? Q3 张娟是愤怒的? Q4 熊武是愤怒的?Q5 讨债人有对张娟母子构成物理伤害的可能?(以构成刑事处罚为标准)?(采用九级量表)

这一部分结构示范如下:

阶段一材料(A)根据分组情况提供熊武张娟的材料 情绪判断　客观危险情况判断 阶段二材料(B)根据分组情况提供熊武张娟刘天的材料 情绪判断　客观危险情况判断 阶段三材料(C)根据分组情况提供熊武张娟刘天的材料 情绪判断　客观危险情况判断 生命危险情况评价

在这之后,再次向被试展示了补充材料,并让被试对案中人的性格等进行了评价。问题如:

请您现在对案中当事人的总体概括做一个评价。(均用九级量表收集答案) 1. 下列对于张娟的描述是否符合? Q1 她讲诚信。Q2 她有羞耻心。Q3 她讲道德。Q4 这是她第一次被逼债以及被当众羞辱。 2. 下列对于熊武的描述是否符合? Q1 他善于控制情绪。Q2 他有羞耻心。Q3 他崇尚暴力。Q4 这是他第一次目睹母亲被逼债及被当众羞辱。 3. 下列对于刘天的描述是否符合? Q1 他善于控制情绪。Q2 他崇尚暴力。Q3 他讲道德。Q4 这是他第一次使用类似手段羞辱欠债人。

然后,又一次询问了被试在何等程度上认可法院判决。

最后,要求被试填写其人口学信息,包括性别、年龄、学历与职业。

五、数据采集与分析

问卷通过问卷星平台发出,共有 3000 多人次参与了实验。① 最终得到有效的问卷 488 份。判断问卷是否有效的标准为上述操纵检验结果,以及用时大于 150 秒且小于 700 秒。用时要求大于 150 秒,是因为在最开始 10 份测试问卷的平均用时为 150 秒,考虑到最开始填写问卷的为法学院的学生,且是在非常专心的情况下填写的,因此,用时短于 150 秒的问卷视为无效。在所有用时大于 150 秒且通过了操纵检验问题的问卷中,用时超过 700 秒的问卷仅有 13 份,且非常分散,其中 700 ~ 800 秒为 3 份,这一样本数量远低于用时 600 ~ 700 秒的 14 份,因此,用时大于 700 秒的问卷被认为属于无效问卷剔除。被试基本情况如下:

表 3　问卷基本情况

补充资料	频率	百分比	人口学因素			地点	频率	百分比	地点	频率	百分比
张娟补充资料(有)	226	46.3	性别	频率	百分比	安徽	4	0.8	西藏	2	0.4
张娟补充资料(无)	262	53.7	男	253	51.8	北京	31	6.4	新疆	2	0.4
熊武补充资料(有)	243	49.8	女	235	48.2	福建	10	2	云南	2	0.4
熊武补充资料(无)	245	50.2				甘肃	1	0.2	浙江	27	5.5
刘天补充资料(有)	212	43.4	年龄	频率	百分比	广东	49	10	重庆	8	1.6
刘天的补充资料(无)	276	56.6	18 以下	2	0.4	广西	15	3.1	四川	24	4.9
人口学信息			18 ~ 25	67	13.7	国外	4	0.8	天津	5	1
学历	频率	百分比	26 ~ 30	138	28.3	海南	2	0.4	上海	30	6.1
高中及以下	49	10	31 ~ 40	194	39.8	河北	19	3.9	8 组分组情况		
本科或与本科同等学力	389	79.7	41 ~ 50	72	14.8	河南	26	5.3	a2 代表不含材料 a		
硕士研究生	45	9.2	51 ~ 60	14	2.9	黑龙	6	1.2	a 张娟 b 熊武 c 刘天		

① 具体而言,问卷是通过问卷星的互助平台完成的。在这个平台上,填写问卷的人可以获得积分,再通过积分去让其他人填写你的问卷。也正因此,本次问卷在设计时尤为关注答卷的筛选。

续表

补充资料	频率	百分比	人口学因素			地点	频率	百分比	地点	频率	百分比
博士研究生	5	1	60 以上	1	0.2	湖北	20	4.1		频率	百分比
						湖南	11	2.3	abc	47	9.6
职业	频率	百分比	答题时间统计			吉林	5	1	abc2	68	13.9
司法相关人员或学生	16	3.3	个案数	有效	488	江苏	56	11.5	ab2c	47	9.6
心理相关人员或学生	43	8.8	平均值		304.4	江西	18	3.7	ab2c2	64	13.1
传媒相关人员或学生	33	6.8	中位数		271	辽宁	19	3.9	a2bc	56	11.5
非 ABC 相关的公务员	71	14.5	最小值		151	山东	56	11.5	a2bc2	72	14.8
非 ABC 相关的学生	40	8.2	最大值		697	山西	18	3.7	a2b2c	62	12.7
其他	285	58.4				陕西	18	3.7	a2b2c2	72	14.8

从问卷基本情况来看,被试男女比例接近,教育程度,职业和地理分布较为分散,应具有一定代表性。

表 4　两次询问被试对于判决合理性的结果

第一次询问无期是否合理			第二次询问无期是否合理
平均值	6.59		6.78
中位数	7		7
标准差	2.197		2.084
相关性 0.684	t 值 −2.391		显著性(双尾)0.017*

从被试的判决评价来看,有一半的人给出了 7 以上的评分(分数越高代表被试对判决结果越不满意)。这一结果与舆论上对判决结果的否定态度相符。值得注意的是,第二次询问时被试对于判决的结果更加不满意了,虽然变化幅度不大,但具有统计学意义上的显著性。①

① 在设计问卷的时候,笔者曾以为通过回答问卷的过程,被试能够更好地理解案件,比如意识到于欢母子实际上对于类似的讨债场景比较熟悉等,因而会对司法抱有更大的理解等。因此,这一结果确实让人比较吃惊,或许,这是行为态度一致导致的。

表5 三个阶段被试对于情绪和客观危险评分的统计情况

统计	张娟恐惧	熊武恐惧	张娟愤怒	熊武愤怒	物理可能
第一阶段温和讨债阶段					
平均值	3.47	3.86	3.81	3.71	4
中位数	3	3	3	3	3.5
第二阶段刘天出现辱母行为发生阶段					
平均值	2.99	3.28	3.13	3.05	3.32
中位数	2	2	2	2	3
变化幅度	-13.83%	-15.03%	-17.85%	-17.79%	-17.00%
显著性1	0.000**	0.000**	0.000**	0.000**	0.000**
自由度	487	487	487	487	487
t	6.183	7.603	7.790	6.906	7.481
第三阶段民警出现至熊武伤人					
平均值	2.82	3.09	2.9	2.79	3.23
中位数	2	2	2	2	3
变化幅度	-5.69%	-5.79%	-7.35%	-8.52%	-2.71%
显著性2	0.002**	0.001**	0.000**	0.000**	0.115
自由度	487	487	487	487	487
t	3.152	3.380	4.071	4.224	1.579

注:(1)数值越小说明越符合;(2)显著性1是第一阶段和第二阶段的对应指标的差异性检验;(3)显著性2是第二阶段和第三阶段的对应指标的差异性检验;(4)表格中有"**"表明在0.01级别(双尾),相关性显著,有"*"表明在0.05级别(双尾),相关性显著。

对于情绪部分和客观危险部分,值得关注的是阶段之间的差异。在各个指标上,第一阶段与第二阶段之间的差值有15%左右(具体数据见表5),由于研究使用的是9分量表,相当于很多人都给出2或以上的差值。而第二阶段和第三阶段的变化则明显变小了,在情绪部分,大约有7%的变化(具体数据见表5),而在物理伤害可能的评价上,则几乎没有变化,只有2.7%($t=1.579$, $df=0.487$, $p=0.115$,双尾),在统计学上也不存在显著差异。引起第二阶段和第三阶段差异的最大变化因素是民警。从中可以看出,被试并不认为民警的离去会使客观环境变得更加危险,但却认为这会给当事人造成心理影响。

表6　被试对案中人个人特质的评分

	张娟诚信	张娟羞耻心	张娟讲道德	张娟第一次
平均值	4.9	3.65	4.37	4.13
中位数	5	3	4	4
	熊武控制情绪	熊武羞耻心	熊武崇尚暴力	熊武第一次
平均值	6.04	3.27	5.51	3.25
中位数	6	3	6	3
	刘天控制情绪	刘天崇尚暴力	刘天讲道德	刘天第一次
平均值	7.09	3.43	7.36	7.02
中位数	8	2	8	8

注:评分越高,代表越不符合。

可以看出,被试对于熊武母子是持较积极评价的。比如,有超过一半的人认为他们俩是第一次遇到这种情况。但是,被试也同样认为熊武对于情绪的控制较差,相对来说崇尚暴力;而张娟可能是一个不那么讲诚信的人。

分组分析是指根据分组因素对组件的结果进行比较,以便得知分组因素是否产生了影响以及产生了什么影响,也为接下来的回归分析做出了必要准备。分组变量有两个,一个是人口学因素,另一个是补充材料的有无。①

① 考虑到篇幅的问题,人口学因素笔者将只展示与回归有关的部分。

表 7　情绪因素和客观危险评价的分组分析结果

ANOVA 检验	张娟资料是否包含			熊武资料是否包含			是否包含刘天的资料			性别		
		平均值	显著性		平均值	显著性		平均值	显著性		平均值	显著性
第一次判决合理性评价	包含	6.66	0.532	包含	6.47	0.234	包含	6.54	0.661	男	6.58	0.94
	不包	6.53		不包	6.71		不包	6.63		女	6.6	
第二次判决合理性评价	包含	6.8	0.812	包含	6.7	0.392	包含	6.84	0.559	男	6.76	0.88
	不包	6.76		不包	6.86		不包	6.73		女	6.79	
P1 张娟恐惧程度	包含	3.47	0.998	包含	3.45	0.869	包含	3.46	0.919	男	3.25	0.023*
	不包	3.47		不包	3.49		不包	3.48		女	3.71	
P1 熊武恐惧程度	包含	4.04	0.108	包含	4	0.18	包含	3.81	0.647	男	3.57	0.004**
	不包	3.71		不包	3.72		不包	3.9		女	4.17	
P1 张娟愤怒程度	包含	3.68	0.228	包含	3.6	0.046*	包含	3.84	0.795	男	3.56	0.01*
	不包	3.92		不包	4.01		不包	3.79		女	4.08	
P1 熊武愤怒程度	包含	3.63	0.501	包含	3.58	0.229	包含	3.79	0.49	男	3.4	0.003**
	不包	3.77		不包	3.84		不包	3.64		女	4.04	
P1 物理伤害可能	包含	4.05	0.681	包含	3.86	0.219	包含	4.03	0.822	男	3.64	0.001**
	不包	3.96		不包	4.13		不包	3.98		女	4.39	
P2 张娟恐惧程度	包含	3	0.924	包含	3.13	0.133	包含	3.06	0.521	男	2.86	0.17
	不包	2.98		不包	2.84		不包	2.93		女	3.12	
P2 熊武恐惧程度	包含	3.42	0.193	包含	3.51	0.025*	包含	3.26	0.872	男	3.2	0.406
	不包	3.16		不包	3.06		不包	3.3		女	3.37	
P2 张娟愤怒程度	包含	3.08	0.627	包含	3.17	0.645	包含	3.27	0.209	男	3.03	0.317
	不包	3.17		不包	3.08		不包	3.02		女	3.23	
P2 熊武愤怒程度	包含	3.11	0.579	包含	3.17	0.247	包含	3.11	0.613	男	2.96	0.35
	不包	3		不包	2.93		不包	3		女	3.15	
P2 物理伤害可能	包含	3.32	0.978	包含	3.37	0.617	包含	3.37	0.65	男	3.24	0.444
	不包	3.31		不包	3.27		不包	3.28		女	3.4	
P3 张娟恐惧程度	包含	2.87	0.622	包含	2.94	0.217	包含	2.98	0.149	男	2.73	0.318
	不包	2.78		不包	2.71		不包	2.7		女	2.92	
P3 熊武恐惧程度	包含	3.21	0.248	包含	3.33	0.019*	包含	3.14	0.662	男	2.97	0.229
	不包	2.98		不包	2.85		不包	3.05		女	3.21	

续表

ANOVA 检验	张娟资料是否包含			熊武资料是否包含			是否包含刘天的资料			性别		
		平均值	显著性		平均值	显著性		平均值	显著性		平均值	显著性
P3 张娟愤怒程度	包含	2.96	0.555	包含	3.02	0.203	包含	3.03	0.203	男	2.84	0.529
	不包	2.84		不包	2.78		不包	2.79		女	2.96	
P3 熊武愤怒程度	包含	2.85	0.563	包含	3.04	0.013*	包含	2.83	0.737	男	2.66	0.178
	不包	2.73		不包	2.54		不包	2.76		女	2.93	
P3 张娟生命危险	包含	3.63	0.724	包含	3.68	0.392	包含	3.62	0.775	男	3.52	0.515
	不包	3.55		不包	3.5		不包	3.56		女	3.66	
P3 熊武生命危险	包含	3.88	0.113	包含	3.9	0.058	包含	3.62	0.569	男	3.6	0.397
	不包	3.53		不包	3.49		不包	3.75		女	3.79	
P3 物理伤害可能	包含	3.29	0.559	包含	3.33	0.338	包含	3.3	0.551	男	3.18	0.59
	不包	3.18		不包	3.13		不包	3.18		女	3.29	

注:表格中有“**”表明在0.01级别(双尾),相关性显著,有“*”表明在0.05级别(双尾),相关性显著。

可以看到,整体上,补充材料对于情绪因素和客观危险评价的影响很小。但熊武的补充资料影响到了一些情绪因素的评价,即当没有提供熊武的补充资料时,被试会认为熊武会感受到更多的恐惧和愤怒,甚至熊武的补充材料也会影响到对张娟的愤怒评价。

人口学变量中,只有性别变量有影响产生。具体而言,男性与女性对于第一阶段的情绪和客观因素方面的判定有差别;但是在前后两次对法院判决合理进行评价时,结果没有差别。这或许体现出女性对于情绪等感知更加的敏感。不过,就对于法院判决的合理性评价或说公平正义感而言,男女性的分组无统计意义上的显著差别。

表8 案中人个人特质评分的分组分析

ANOVA 检验	张娟资料是否包含			熊武资料是否包含			是否包含刘天的资料			性别		
		平均值	显著性		平均值	显著性		平均值	显著性		平均值	显著性
张娟诚信	包含	5.12	0.044*	包含	4.79	0.238	包含	4.69	0.058	男	4.77	0.165
	不包	4.72		不包	5.02		不包	5.07		女	5.05	
张娟羞耻心	包含	3.88	0.033*	包含	3.61	0.723	包含	3.44	0.077	男	3.54	0.256
	不包	3.45		不包	3.69		不包	3.81		女	3.77	

续表

ANOVA 检验	张娟资料是否包含			熊武资料是否包含			是否包含刘天的资料			性别		
		平均值	显著性		平均值	显著性		平均值	显著性		平均值	显著性
张娟讲道德	包含	4.59	0.036*	包含	4.23	0.157	包含	4.22	0.172	男	4.36	0.922
	不包	4.18		不包	4.51		不包	4.49		女	4.38	
张娟第一次	包含	4.44	0.006*	包含	4.02	0.315	包含	4.11	0.851	男	3.97	0.109
	不包	3.86		不包	4.24		不包	4.15		女	4.31	
熊武善控情绪	包含	6.23	0.069	包含	6.07	0.808	包含	6.02	0.821	男	5.81	0.01*
	不包	5.89		不包	6.02		不包	6.06		女	6.29	
熊武羞耻心	包含	3.38	0.319	包含	3.38	0.294	包含	3.03	0.042*	男	3.31	0.673
	不包	3.18		不包	3.16		不包	3.45		女	3.23	
熊武崇尚暴力	包含	5.1	0**	包含	5.28	0.021*	包含	5.5	0.941	男	5.44	0.456
	不包	5.86		不包	5.73		不包	5.51		女	5.58	
熊武第一次	包含	3.46	0.048*	包含	3.19	0.531	包含	3.14	0.332	男	3.15	0.309
	不包	3.07		不包	3.31		不包	3.34		女	3.36	
刘天控制情绪	包含	7.05	0.72	包含	6.99	0.27	包含	7.06	0.796	男	6.98	0.217
	不包	7.12		不包	7.19		不包	7.11		女	7.2	
刘天崇尚暴力	包含	3.41	0.896	包含	3.45	0.866	包含	3.47	0.776	男	3.36	0.551
	不包	3.44		不包	3.41		不包	3.4		女	3.5	
刘天讲道德	包含	7.36	0.968	包含	7.25	0.263	包含	7.3	0.592	男	7.28	0.369
	不包	7.37		不包	7.47		不包	7.41		女	7.46	
刘天第一次	包含	6.98	0.715	包含	7.11	0.445	包含	7.17	0.252	男	7	0.783
	不包	7.06		不包	6.94		不包	6.92		女	7.06	

注:表格中有“**”表明在0.01级别(双尾),相关性显著,有“*”表明在0.05级别(双尾),相关性显著。

虽然三个补充资料均未能对被试评价各个阶段案中人的情绪判断产生影响。然而,它们对于案中人个人特质评价产生了显著的影响。尤其是,张娟的补充资料明显影响了对张娟所有个性指标的评价。这或表明,被试对于张娟的预设个性想象与补充材料的描述距离最远,预设优于补充材料。此外,张娟材料降低了熊武的暴力程度得分。这或体现出被试认为母子间的行为具有某种投射关系。①

为选择哪些变量应纳入回归分析，我们对因变量，即法院裁决的合理性判断，与其他变量的相关性加以检验。结果表明，所有变量均通过相关性检验，故均纳入回归分析。

表 9　被试两次对判决合理性的评价与其他变量的双相关检验

皮尔逊相关性检验	第一次判断	第二次判断		第一次判断	第二次判断
P2 张娟恐惧程度	-.144**	-.195**	张娟诚信	-.169**	-.182**
P2 熊武恐惧程度	-.157**	-.220**	张娟羞耻心	-.206**	-.253**
P2 张娟愤怒程度	-.093*	-.163**	张娟讲道德	-.231**	-.269**
P2 熊武愤怒程度	-.111*	-.185**	张娟第一次	-.096*	-.129**
P2 物理伤害可能	-.177**	-.160**	熊武善于控制情绪	-.120**	-.114*
P3 张娟恐惧程度	-.102*	-.147**	熊武羞耻心	-.239**	-.276**
P3 熊武恐惧程度	-.114*	-.177**	熊武崇尚暴力	.176**	.254**
P3 张娟愤怒程度	-.134**	-.169**	熊武第一次	-.104*	-.187**
P3 熊武愤怒程度	-.120**	-.161**	刘天控制情绪	.128**	.177**
P3 张娟生命危险	-.180**	-.217**	刘天崇尚暴力	-.094*	-.144**
P3 熊武生命危险	-.163**	-.214**	刘天讲道德	.132**	.202**
P3 物理伤害可能	-.139**	-.175**	刘天第一次	.169**	.213**

注：表格中有“**”表明在 0.01 级别（双尾），相关性显著，有“*”表明在 0.05 级别（双尾），相关性显著。

对第一次判断的回归分析显示（见表 10），显著性的因素中包含了两个阶段的客观危险因素判断（P2 物理伤害可能，与 P3 张娟生命危险），1 个主观情绪因素判断（P3 张娟恐惧程度），以及 3 个案中人的个人品格因素判断（张娟讲道德、熊武崇尚暴力与熊武羞耻心）。② 从标准

---

① 或许在被试看来，对暴力程度的评价是先天的，而一个行为恶劣的母亲会导致孩子的行为表现得比其事实上的暴力程度更加暴力。

② 借由 SPSS 自带的自动线性建模，能够方便地得到拟合程度最好的线性模型，而拟合程度越高，就说明解释力越强。而本文采纳的回归模型，就是通过上述方式获得的最高拟合程度的。在自动线性建模中被排除的因素就是不具有显著性的因素。自动线性建模的过程是，现将所有的因素纳入回归，然后根据显著性进行排列，然后将显著性因素较高的因素再纳入进行回归。那些在自动建模过程中被排除的，也即没有在表格中出现的因素，都属于不具有统计学意义上的具有解释力的因素。因此可以认为，只有在表格中出现的因素，才可能具有统计学意义上的显著性。

化系数来看，两个回归系数绝对值较高的变量，物理伤害可能（-2.523），张娟生命危险（-2.836），均为客观因素判断。换言之，当客观危险程度判断上升时，法院的判决更可能会被认为不合理。① 而且，当张娟的道德感和熊武的羞耻心判断上升时，法院的判决也更可能被认为不合理。但在第三阶段，当认为张娟感受到的恐惧增多，熊武越是崇尚暴力时，法院的判决更可能被认为合理。②

表10 对第一次法院判决合理性判断的回归分析结果

	未标准化系数B	标准误差	标准化系数Beta	t	显著性
张娟讲道德	-0.151	0.053	-0.147	-2.834	0.005**
P3 张娟生命危险	-0.172	0.061	-0.182	-2.836	0.005**
P3 张娟恐惧程度	0.169	0.068	0.16	2.497	0.013*
熊武崇尚暴力	0.115	0.046	0.112	2.488	0.013*
P2 物理伤害可能	-0.205	0.081	-0.208	-2.523	0.012*
熊武羞耻心	-0.114	0.053	-0.117	-2.144	0.033*
刘天是第一次侮辱	0.081	0.043	0.087	1.873	0.062
P3 物理伤害可能	0.175	0.096	0.175	1.834	0.067
刘天控制情绪	0.085	0.052	0.078	1.652	0.099
a 因变量：第一次询问无期是否合理		R^2	调整后 R^2	标准估算的误差	
		0.135	0.119	2.062	

在对第二次判断结果的回归分析中（见表11），R^2 明显增加，说明回

① 本次问卷的所有变量都是分数越大，代表描述的情况越不真实。比如，P3 张娟的生命危险程度与第一次询问时法院的判决合理性的系数是-0.172，这代表 P3 张娟的生命危险程度的评分上升会导致法院判决合理性评分的下降。也就是说，生命危险程度越高，法院的判决就越不合理。也即生命危险程度和法院判决的合理性呈负相关。

② 读者或许对张娟越不恐惧，判决越合理这一直接结论有所疑问。但把“张娟的恐惧程度”和“判决的合理性”两个做单独分析，就会发现这一系数的真实含义：当他们认为张娟特别恐惧或特别不恐惧时，判决都被认为不合理；只有当张娟的恐惧处在合理范围内，判决才被认为是合理性最高的。一个较为合理的推测是，被试将熊武的行为解释成帮助张娟脱离困境。如果张娟完全不恐惧，便不需要熊武的帮助，或者，张娟过于恐惧，以至于熊武不敢帮助。

归方程对于变量变化的解释能力得到增加。值得特别注意的是,涉及客观因素评价的变量只剩下“张娟生命危险”一项,其回归系数还有所降低。涉及案中人情绪判断的变量数额保持为6项目未变。这或说明,第二次判断时,被试更少依赖客观因素评估。若假定第二次判断因经过更多时间的思考,更可能表征深度认知加工结果,那么,有理由相信,对涉案人主观情绪的判断,对第二次判决合理性判断有着更为重要的影响。

表11　对第二次法院判决合理性判断的回归分析

	未标准化系数 B	标准误差	标准化系数 Beta	t	显著性
张娟讲道德	-0.163	0.048	-0.169	-3.379	0.001**
P3 张娟生命危险	-0.156	0.05	-0.175	-3.126	0.002**
P3 张娟恐惧程度	0.219	0.084	0.218	2.598	0.01*
熊武崇尚暴力	0.189	0.042	0.193	4.543	0*
熊武羞耻心	-0.109	0.048	-0.118	-2.263	0.024*
刘天讲道德	0.137	0.042	0.144	3.233	0.001**
P2 张娟恐惧程度	-0.127	0.078	-0.13	-1.626	0.105
a 因变量:第二次询问无期是否合理		R^2	调整后 R^2	标准估算的误差	
		0.188	0.176	1.892	

六、讨论

本研究欲回答的首要问题是:于欢是因愤怒杀人吗?根据回归分析的结果看(见图3),至少,民众不认为于欢的愤怒情绪是轻判他的理由。这当然存在一种可能,民众认为愤怒事实上是于欢攻击的原因,但在司法层面上,他们没有认为愤怒应该是轻判的理由。不管如何,从对司法的实践的指导来看,回归分析的结论告诉我们,要说服民众接受判决,重点是要对客观危险状况进行说明,以及对于欢是否真的是为了自保而不得不进行攻击。

实际上,这一结论还有很多可以拓展的方面。比如,因为回归结果支持民众从“工具性攻击”,而非“表达性攻击”,来理解于欢的攻击行为,为了论证法院应当轻判于欢,就须努力证明于欢是一个成熟的、理性的有着独立思考能力的人,其攻击行为一定是理智的决定。相对的,如果去论证于欢是一个不懂事的少年,因为吓破了胆才拿出刀来,虽然看上去能够博得人们的同情心,事实上,反而可能会使民众更偏向于认定于欢有罪。

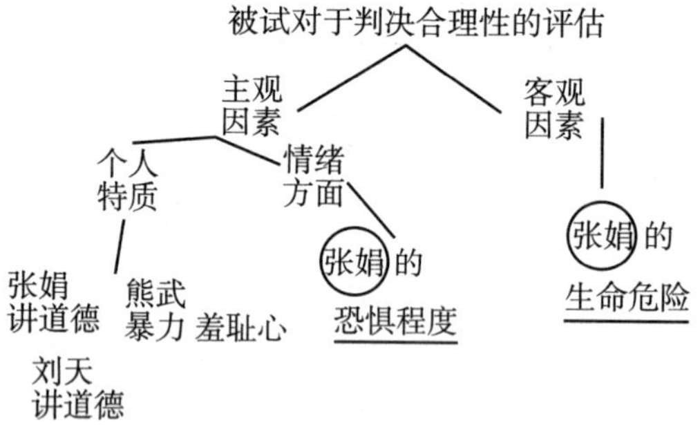

1. 对于刘天和熊武,关注的是个人特质(长期的稳定因素)
2. “○”体现出被试的焦点在于张娟而非熊武(短期的主观因素)
3. “——”体现出被试关注的是张娟的客观现实危险,而不是例如“愤怒”等情绪问题

图3　第二次询问的回归结果图①

本研究的第二个问题是:在民众那里,哪些案中人个人特质等非法律因素会影响对于司法判决的认可程度?从对第二次询问的直接回归结果看,张娟(案中的于欢母亲)是否讲道德,熊武(案中的于欢)是否暴力和有没有羞耻心,刘天(案中的杜志浩)是否讲道理,都是影响因素。这些发现并不出人意料,因此也不必在此做过多分析。

总体来看,既然问卷结果支持了“工具性攻击”而非“表达性攻击”,那么目前主流法学的观点,即认为应当从正当防卫的角度来思考于欢的相关行为,是符合民意的。不过,在正当防卫的相关因素上,实验结果也透露出法学理论与民众评价之间的张力。如本文开始时所提及,在刑法

① 图3采用的是第二次询问的回归结论,两次回归的结论没有特别大的差异。

理论对正当防卫的构造中，现行理论仅对主观状态做出“有或无”的判定，其具体内容为是否意识到存在危险，是否意识到自己的行为是在反抗不法侵害，却完全忽视了对案中人情绪等因素的评价。

这样的忽视，并非简单地引入诸如“激情杀人”等量刑情节就能够弥补。困难在于，目前仍没有可行的办法，能够系统地将当事人情绪因素作为一个法律事实纳入案件审理之中。更为重要的是，我们也不知道民众认为哪些情绪因素应当影响量刑，致使情绪等主观因素判断既缺乏理论上的落脚点，也没有经验的支撑点。当然，对民意缺乏理解者，不仅仅是法学界。本研究已然证明，作为民意传话筒的媒体也错误认为，民众会以“愤杀”为理由来原谅于欢。

从法学的未来看，以社会科学——而不仅仅是理论演绎——为工具是发展的重要方向。[①] 使用社会科学知识和方法所揭示的涉法心理过程，是法教义学难以触及的。

① 对于司法中社会科学使用的讨论，参见侯猛：《司法中的社会科学判断》，载《中国法学》2015 年第 6 期。

《法律和社会科学》(2017)
第16卷第2辑,第204~242页

权利来自哪里
——法律和认知的视角

成 凡*

摘要:对权利的观察,按照天赋——自然——逻辑——法律——经验的链条依次展开,可得出不同的结论,而这往往是由于每个人存在的认知侧重或认知点不同。从法律与认知科学的角度切入,可以发现多样化的解释方案,并成为连接社会科学和规范法学的桥梁。认知存在不同的认知进程:一阶认知是感性认知,是自动进程,倾向直觉决策;二阶认知是理性认知,是控制进程,侧重推理决策。从法律意义上来看,二阶公平认知是权利认知,是在普遍的角度对一阶认知的反思和规则化。而权利认知在应对具体问题、解决法律争议的过程中,形成了三种权利初始规则和权利认知三原则——人权规则、产权规则、效率规则。无论是法律实例的分析,还是改革逻辑的把握,认知点和认知进程的差异与变迁形塑着不同的法律规则和改革重点。对法律人来说,"法律思维"是一阶法律思维,体现为"以事实为依据";"法律人思维"是二阶法律认知,体现为"以法律为准绳"。

* 华中科技大学法学院教授。

一、前言

(一)为什么法律和认知:我的学术简述

一篇长文是一个灾难,可能读者首先会问,这篇文章是怎么来的,这个人怎么突然就写这么多,还拿出来让大家看。因此,一开始我有必要交代两句,说一下我的思考背景。

我的法律思考大致是四个阶段,1990年我进入大学读法律系,对“法理学”既好奇也有些失望,诸如“汇编”和“编纂”不一样,“废除”和“废止”不一样,全国人大的法律高于地方人大的法律,这些都是对的,但感觉这些似乎不是法理,因为这没有回答为什么。当时我的路子比较接近逻辑实证主义,感觉公理演绎才靠得住,所以就和陕师大数学系的换着书看,《行政法原理》换《数学分析》什么的,慢慢自己估摸出来一个“法学分析笔记”,带着这个去做研究生。

我的第一个学术危机随之而来,我很快发现研究生大致上也不怎么研究,我不合时宜。更糟的是我发现中国主要是在“变法”,公理演绎基本没用,因为大前提不是演绎出来的,功夫在诗外。这个危机时间不长,如果“变法”或法律的道理无非就是社会效果,那么哪个效果好就用哪个,法律经济学就是这么直截了当,所以我研究生论文做的是波斯纳。后来到南京大学工作,继续发展出一个“法律寻租理论”,当时感觉这已经能解释法律和社会的所有问题,剩下的就是技术上更精致些,所以我2000年去美国读经济学的博士学位。

人生是无法预测的,就在这个当口,一些偶然的深刻的事情改变了我的想法。这个世界总是有一些弱者,一些不幸,从社会效果来说可能是零甚至是负的,只不过是负担而已,那么这些是不是都抹掉才好?这里面有复杂的认知冲突,理性选择①和进化论的解释都不令我满意。

---

① 理性选择理论(Rational Choice Theory)主要是依靠理性人解释,这个理性人是利益最大化的,因此理性选择意义上的“理性”指的是人们进行结果计算的经济理性。

我开始经历一段长时间的危机,几乎是在崩溃边缘。此间离群索居,历经十数年鏖战互联网,我尝试通过综合经济学、演化博弈论、心理学、人类学、社会网络等构筑一个说服我自己的东西,大概从2006年起,我把这个更多元的路数称为“法律社会科学”,区别于原来的法律经济学①,这是第三个阶段。

但法律社会科学系列也被我压在案头,虽然一些内容在小范围讨论过,2007年讨论了“恶意的合作”和“囚徒困境的囚徒”,2008年讨论了“法律社会科学的基本问题”和“法律推理的社会科学”,2009年讨论了“沉没成本理性”和“新儒家政法学”,2010年讨论了“义利之辨和有无之境”(中国学术传统中的法律社会科学)和“法官如何决策”,但整体上我不满意,我追求一种通贯的解释,这些知识还是缺乏线索,还是没有成为一体。②

但也就是大约2010年以来,第四个阶段的思路逐步清晰了,这就是法律和认知的思路——以上这些多元的知识可能都成立,因为人的认知点会出现漂移,而被激活的认知将对应某种知识——所以重要的是搞清楚认知和认知漂移的规律。从认知的角度看,对法律问题的不同理解。例如,法哲学集中在公平,法律经济学集中在效率,分歧是认知点的分歧。因此,站在认知的角度,可能更好地把握法律问题的脉络,进行知识上的综合。

本着这样的想法我开始法律与认知方面的工作,并于2012年起参与发起华东政法大学、厦门大学、河南大学、浙江大学、复旦大学等的“法律与认知”的研讨会,并先后在华中科技大学、东北财经大学、吉林大学、郑州大学、上海交通大学、杭州师范大学、南京大学、中南财经政法大学、中山大学等地和同仁们探讨,期间提交《“法律和认知神经科学”的知识意义》《沉没成本推理》《产权的认知分析》《二阶公平的认知依据》《法律原则的认知考察》《法律规则的认知考察》《法律裁判的

① 参见成凡:《为什么是法律社会科学?》,载《中国社会科学报》2009年8月11日,第007版。

② 这个进路又称为“行为法律经济学”,代表着法律经济学与心理认知的结合。

认知考察》等文，本文《权利来自哪里》是这个方向的接续。

虽然有一些知识积累，本文仍然是草稿，对本文任何的意见和批评，是对笔者最大的帮助。

（二）法律和认知应对的问题：本文的结构

法律和认知主要应对三方面的问题，第一，一阶意义上的社会合作，这主要是回答什么是自然法，自然正义；第二，二阶意义上的法律制度，这是实证法；以及第三，通过法律规则的裁判，这是法律的现实运行。这就形成本文的三个部分。为清晰起见，每部分的问题都用阿拉伯数字排序。

1. 自然法——关键词：情感、效率、公平

（1）人们为什么合作？人们如何合作？什么是市场？什么是自然法？什么是情理？人们为什么有礼法？为什么有宗教？为什么有政治运动？为什么有二阶机制？为什么有法治？

（2）博弈论和经济学、政治学、社会学。

（3）哲学是知识的基础，但是现在，认知科学是知识的基础，了解认知，就能更深入的理解知识。法律法学也是这样，认知科学是哲学的现代版本，认知是一切社会知识的母体、出发点。

（4）认知科学和传统心理学、经济学、政治学、法学、社会人类学等的结合，使得以上"社会科学"更具有知识意义和对话的可能，知识不是独白，是对话。

（5）社会认知科学——法学、经济学、政治学等不同领域应用。

（6）"法律和认知"两方面的主题："认知科学的法学意义"——"法律问题的认知特点"——认知科学和法学的知识互证。

2. 实证法——关键词：权利、规则、职业

（1）什么是法律，什么是法治，什么是法理？如何理解法律规则，法律是规范和规则的组合，法治主要是规则问题。

（2）如何理解中国当代的法治，如何理解法律规则的意义，如何理解社会变迁，法律问题，改革的逻辑，权利到底来源于哪里？有没有法律思维？

(3)说理——重述法学、法理学,通过认知科学综合理解法律、经济、政治、文化。认知法理能否有一些基本共识?

3. 现实法——关键词:认知点、定性、定量

(1)如何裁判,裁判的偏差,案件如何定性和定量?

(2)把握问题的认知点——长期以来,法学理论"上不去,下不来"的问题,就是缺少承上启下的知识枢纽,认知科学就是这个枢纽,认知科学本身就是认知点,认知点是法学理论以及更广义的社会科学理论的关键点,因此,重要的是发现法律和社会问题的"认知点",认知点就是关键点,"某某(法、案、制度、事件、书、学说)的认知点"如果能找出法律问题的"认知点",那么问题讨论就可能更深刻,更有针对性。

(3)连接社会科学和规范法学、法教义学的桥梁。经过多年积累,已经在法学理论和跨学科领域形成比较成熟的理论体系,以这个法律与认知科学知识体系为基础结合经济学、政治学、社会学等知识有可能引领当代法学理论的知识发展,并可以联系民法、刑法、经济法、行政法、法律史、国际法、程序法等部门法学知识。

近年来,连续举办的科研活动已经积累比较体系的全面的工作论文,这些已经开始在国内法学界产生知识影响,这样的一个跨学科研究框架不仅可能提升法学的知识含量,还可能同社会科学、人文学科以及自然科学发生知识关联。

(三)权利从哪里来?

我们的讨论可以从一本书开始,哈佛法学教授德肖维茨(Alan Dershowitz)的《你的权利从哪里来①》(*Right from Wrongs*),作者在书中明确反对天赋人权,并提出一个关于权利的新观点——权利来自恶行。

> "权利是经验与历史——尤其是极端的邪恶——所教会我们的更好选择,这些选择是如此重要,应该教导公民将它们确立为权利,同时别让权利屈从于善变的多数之下。""在权利尚未遭到侵害之前,我们总是将它视为理所当然,而当我们

① [美]阿伦·德肖维茨:《你的权利从哪里来》,黄煜文译,北京大学出版社2014年版。

面临失去的危险时,我们才开始珍视它。"

"在本书中,我要挑战古典自然法与古典法律实证主义两种权利取向,并提出第三条路——以培养(nurture)而非自然为基础的经验取向。这个取向将自下而上,而非自上而下地建立权利理论。它检验不正义的历史、归纳经验的教训,并以这些教训为基础来倡导权利,进而构建理论。"

"我的权利理论所提供的主要新洞见在于,为了判断一般或特定的权利是否有助于实现某个既定社会的目的,我们不一定非得具备'完美''最佳'或者以至'良好'社会的概念不可。我反对亚里士多德的看法,他认为要定义权利,就得先定义'最可欲的生活方式的本质';我认为,只要对坏社会和对造成坏社会的恶行具有基本认识——或共识——就足够了。以这种恶行经验为基础,便可设计出权利以防止(或至少减缓)恶行再度发生。"

"权利演变的步伐并不固定,有时会在历史的某个阶段为了回应最严重的恶行而突然急速发展。当人类认识到奴隶制度,种族灭绝与宗教迫害所造成的种种恶行时,他们便建构出新的权利来防止过去的恶行再度发生。因此,最重要的权利通常出现在最恐怖的恶行之后,也就不会令人意外了。"

"无论如何,以下这点是确切无误的:权利是人类心智以人类经验为基础而设想出来的法律建构物,这些建构物必须在公众意见的法庭中通过一贯的辩护。它们必须来自于人类对不正义的经验。"

"本书呈现的权利理论概要如下:

权利并非来自造物主,因为造物主并未以一致的声音对人类说话,而就算没有造物主,权利应该也会存在。

权利并非来自自然,因为自然是价值中立的。

权利并非来自逻辑,因为人们对于权利赖以演绎的先验前提几乎没有共识。

权利并非来自法律,因为假如果真如此,我们对既有法律体系的判断将缺乏依据。

权利来自人类经验,特别是不正义的经验。我们从历史的错误中学到,为了避免重蹈过去的不正义,以权利为基础的体系以及某些基本权利(例如表达自由、宗教自由、法律平等保护、正当法律程序与参与民主)至关重要。由下而上,从不正义经验的反乌托邦观点出发,而非由上而下,从完美正义的乌托邦理论入手,我们将权利建立在灾难、错误以及人类独有的从错误中学习以免再次犯错的能力上。

一言以蔽之,权利来自不义。"

作者如此雄辩,不多引用几句简直说不过去。但是,他说得对吗?这是个问题。

其实说老实话,不知怎的,我读完这本书,有"巧舌如簧"的感觉——这本书修辞大于说理。真的是那句俗话,狗咬人不是新闻,人咬狗才是新闻,说权利来自正义没人理睬,但反过来说权利来自不义,大家至少看了,转了,仅从这一点,德教授的营销成功了。

这至少说明,作者懂一些认知的道理,知道什么更能引起人们的注意。也许这是不经意的,但不经意更是天才。不过,这可能也不全是作者的本事。邪恶和暴政更让人注意,经历了最恐怖的暴行人们才更会尊重权利。所以,认知和被认知,会形成一种合谋。德教授也许根本想都没想过,他在这里有一点火①。

但是,回到问题本身,"权利来自不义"这个提法,实际上是站不住的。虽然有时候,人们确实感到是"权利来自不义",但没有正义的观念,哪里来的"不义"?逻辑上这么说是有问题的。而且,人类历史上的灾难和暴政林林总总,甚至可以说,历史就是记录这些灾难和恶行的,但为什么,偏偏近代欧洲才有了法治意义上的权利?所以说"权利

① 类似的"接受美学"现象并不少见,所谓"墙内开花墙外香"是也。法学里一个例子是埃德加·博登海默的《法理学》,一本普通的美国法理学教材但在中国大热。

来自不义”,在事实上也是讲不大通的。

那么,权利从哪里来?敢尝试回答一下吗?这是个大问题,这几乎可以说是现代法学和社会理论的核心,这是那种“一个或者所有”的问题。前人之述备矣,本文无力做完整综述,在此仅是试图通过法律和认知的视角,看看是否能对这个问题提供一个基本自洽的解释。这个努力,一方面是对认知法学理论的检验,看看这个进路有无意义。另一方面,这也是一种以认知为线索联接社会科学和规范法学的尝试。成败利钝,非可逆睹,临表涕零不知所云。

二、一阶认知:从“电车难题”入手

“电车难题”(The Trolley Problem)是当代伦理学和法理学的著名问题[①],说的是一辆有轨电车失去了控制。在轨道正前方有五个铁路工人在施工。如果不作任何处理,电车将直接撞上这五个工人,但如果司机扳动方向,使电车驶进另外一条轨道。在另外一条轨道上,只有一名工人。因此,他可以救下那五个人,但要轧死另外一个人。如果你是司机,你应当怎样做?

——大多数人选择扳道,也就是说,救下五个人。

但是如果稍作改动,情况就会不同。仍然是一辆有轨电车失去了控制。在轨道正前方有五个铁路工人在施工。如果不作任何处理,电车将直接撞上这五个工人,但是,有一个人恰好在轨道上方的天桥上看风景。在这种情况下,你可以把这个人推下去,拦住电车,这样死一个人,就可以挽救五个人的生命。那么,推不推这个人,应当怎样做?[②]

——这时候绝大部分人选择的是不推。

---

① Philippa Foot, “The Problem of Abortion and the Doctrine of the Double Effect”, *Oxford Review* 1967. 5: pp. 5 - 15.

② Judith Jarvis Thomson, *Rights, Restitution and Risk*, Harvard Press 1986. pp. 94 - 116.

这就是电车难题及其“天桥版本”,在这个问题上衍生了许多讨论,有许多类似的案例,例如救生艇难题、洞穴奇案、器官移植难题等,有的案例是真实的。有不少人(特别是法律人)追问电车难题唯一正确的答案,费力的论证这样做究竟对不对,并且徒劳的试图说服持不同意见者。

这些努力注定无效,因为这些讨论不得要领,电车难题本来就没有唯一正确的答案！人和人之间,认知侧重会有根本不同;即使同一个人,如果激活不同的认知点,也会得到不同的答案。电车难题及其天桥版本,虽然在效率上是等值的,都是以牺牲一人的代价救五个人,牺牲一人是唯一符合效率的选项。但显然,人们前后的感觉很不一样,甚至完全相反。

因此可以说,“电车难题”是法律和认知的第一案例。桑德尔(Michael Sandel)在其公开课《正义》中进行了演示,使这个难题广为人知①。桑德尔的成功——虽然他并不一定有意识,其实就是抓住了电车难题的不同认知点,并且当场演示了这个区别。在场的学生(包括网上观众),像看魔术一样的亲眼看到自己是怎么前后矛盾的——所以桑德尔的成功,实际上是法律和认知的成功。

因此,同一个问题、不同的认知。这才是电车难题的看点,电车难题难也就难在这里。如果没有历史因素,不涉及公平或情感,人们会抽象的比较利弊得失,这时候一般会选择更有效率的选项——牺牲一个救五个。但如果加入历史因素,例如天桥版本,大多数人会觉得桥上那个人是无辜的,这件事与他本来是无关的,因此牺牲他是不公平的。人们会反问,凭什么把这个人推下去?

“凭什么”,这个人“无辜”,这些就是公平感被激活的标志。所谓无辜就是“无故”——没有前因或历史的意思②。所以人原来在不在铁

---

① [美]迈克尔·桑德尔:《公正:该如何做是好?》,朱慧玲译,中信出版社2012年版,第22页以下。

② 辜字属于古字族。在古字族里,古字都是声符兼义符。古字族汉字都与“过去的”“旧时的”之义有关。辜的本义是“根据古俗惩处”,转义为“罪行”。请见《诗·小雅·巧言》:“悠悠昊天,曰父母且。无罪无辜,乱如此幠。昊天已威,予慎无罪。昊天大幠,予慎无辜。”《尚书·无逸》:“乱罚无罪,杀无辜,是丛于厥身。”《韩非子·说疑》:“赏无功之人,罚不辜之民,非所谓明也。”对这个公平认知,人们早就有深刻意识。

轨上，是个重要的问题，这是电车难题认知的关键，原始版本和天桥版本的区别就在此处，由于天桥版本那个人原本不在事中，因此大多数人感到他是无辜的，人们的公平认知被激活，因此否定了“牺牲一个救五个”的效率选项。

那么，在这个问题上情感认知有什么作用呢？这里有电车难题的一个“残忍版本”，背景仍然一样，一辆有轨电车失去了控制。在轨道正前方有五个铁路工人在施工。如果不作任何处理，电车将直接撞上这五个工人，但是，有一个人恰好在司机旁边，如果把这个人吊在火车前面向前推行，这个人的腿会被完全磨损，死亡极其痛苦，但他临死摩擦地的惨叫肯定会惊醒那五个人，挽救五个人的生命。假如你是司机，你应当怎样做？推行还是不推。

我猜大部分人想到这一幕就会很不舒服，事情到这一步，已经变得很残忍，这直接引起了人们的恶心或恐惧。人们的情感认知被激活，直接的否定了效率选项。下面是对华中科技大学学生按上面的次序进行的测试（N = 85）①，结果说明了这个猜测②：

表 1　电车难题

电车难题	选择牺牲一个救五个	否定牺牲一个救五个
效率版	71	14
公平版	5	80
情感版	0	85

现在我们稍作总结，大致可以分别，情感、公平、效率是认知的三个进程。不同的伦理学或社会科学，由于认知点不同，因此偏重强调不同的进程。例如，伦理学中的结果论强调效率，（这在哲学上主要是功利主义，社会科学上主要是经济学），道义论强调公平（哲学上例如康德主

① 华中科技大学法学院 2010 级本科生 35 人，2011 级硕士研究生 16 人，2013 级硕士研究生 34 人。

② 参见［德］普雷希特：《该不该把桥上的男人推下去》，周海燕、李莉、咸佩心译，中国青年出版社 2009 年版。

义,社会科学上法学比较突出),美德论强调情感(古典学术很突出培养善良情感,当代社会科学可包括社群主义等进路,桑德尔就是这个体系的)。这是人们应对问题的三个认知进程,这三方面的理论在认知上可能都成立,见图1。

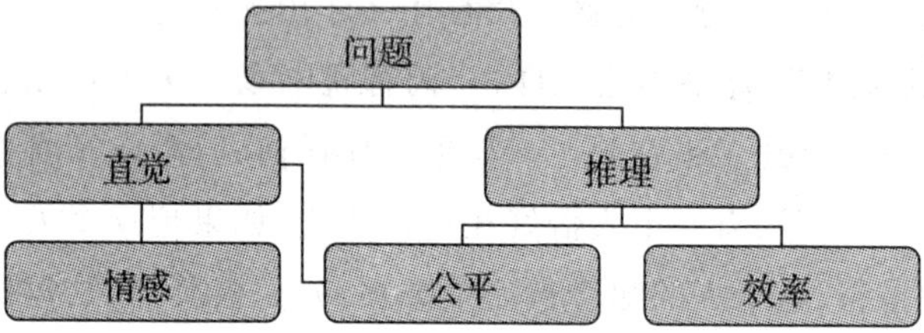

图1　认知三进程

- 美德论:孔子、亚里士多德、桑德尔
- 道义论:理学、心学,康德、罗尔斯
- 结果论:法家、边沁,波斯纳、海萨尼

因此理解不同的认知进程,可能是法律和认知的分析基础。当代研究很多是借助脑科学的方法,例如核磁共振等,直接观测脑部这些进程,这就是法律与神经科学(law and neural science)。这个工作不仅是好奇,确实可能是比较重要的,它其实是回答了一个根本的问题:人究竟理性到几何?

这一点上,经济学往往比较简化,经济学最重要的假设是什么?人是理性的。可以说,理性人是经济学的学术基因,一切都用这个分析,这实际上是经济学的一个家族标志。但是,认知科学表明,人除了对效率有所考量,还有对公平、情感的考量。人们理解法律,可能不完全是出于经济理性,也可能是出于情感或公平。

效率一元论并不一定令人满意。例如经济学家解释利他行为,会说这是因为某人的福利是我的目标函数,所以我帮助他是为了我自己,因此利他行为本质上还是自私的。其实,这样分析一切利他行为都是自私,即使牺牲自己也是自私——如果不是你高兴,为什么你会选择牺牲呢?在这一点上,经济学解释显得偏执,或者说已经和常识背离了。

所以在这点上,法律和认知就提供了另外一个关于人的起点假设,大致上说,人是有三个认知进程,这三个进程并行于人的大脑。人的前额叶、大脑皮层主要是效率分析,这是人类和动物区别很大的地方。但是人们也有情感和公平感。情感认知的关键是杏仁核、基底核等,这是在大脑的最内部。而公平感的关键在大脑皮层和基底核中间的部分,就是内侧颞叶或边缘系统等区域。

公平感和法律的关系很密切。例如某人损坏了我的东西,我马上觉得他应该赔我。这个不是效率分析,也不是因为我恨这个人,这里没有什么情感,但是我觉得他应该赔偿我,这其实就是侵权法、物权法的起源。所以从这个角度来说,权利可能是从这里来,认知可能是解释法律和权利的基础。正因如此,这个认知基础和规范法学,不仅可能不对立,而且可能是互补的,是法学和社会科学的知识互证。因此认知可能是联接社会科学和规范法学的纽带,解释权利如何从事实到规范。

三、二阶认知:一阶认知的二阶化

问题还没有完。一方面,科学家可能不满意,人为什么有情感,为什么有效率感,特别是人为什么会有无辜感,会感到公平不公平,这些似乎都没说很清楚。这些认知是怎么来的,不同认知进程之间是什么关系?

另一方面,法学家可能也不满意,认知有不同的进程,这又怎样?这和法律有什么关系?法学是要有个解决、有个说法的,例如电车难题,最后该怎么判,究竟该如何解决类似的问题,这能否在制度上解决呢?

本文试图说明,这些从事实到规范的问题,包括权利从哪里来这个问题,在知识上可能是一体的,联接它们的还是认知。所以有必要进一步探索认知进程,这同时也是对基本分析单位的梳理①。

---

① 法律认知分析的一个麻烦是,所使用的术语既是熟悉的,又是陌生的。虽然情感效率公平这些词经常被使用,但什么是情感,什么是效率,什么是公平,什么是理性,什么是认知,这些问题并不简单。日常用语虽然有大致通行的所指,但不精确,为避免歧义,首先对这些用语进行简要的界定。为避免过于繁琐,细致地说明将在后文逐项展开。

首先看一阶认知,大体上包括前面提到的三种,但这里更精确的区别开:

1.情感认知——指的是亲社会的,有利他倾向的认知。日常语言是模糊的,有时候我们也会说某某人有一种邪恶的情感,自私的情感。但是通常“情感”一词往往是指带有利他因素的。例如我们说某某人对动物有情感,指的不是他虐待动物,而是他帮助爱护动物。所以“情感”一般指的是利他情感,主观上是利他的。

2.效用认知——这里指的是人们非利他的快乐或痛苦感。我们会对某些事物产生好恶,例如人们爱吃这个不爱吃那个,这个感觉就是效用。广义说,利他情感也是一种效用,所谓“助人为乐”。但为清晰起见,这里区别开利他情感和效用,效用专指非利他的。日常用语说的效用,一般指的也不是利他行为,至少主观上不是利他的,仅仅是为了自己。

3.公平认知——这就是人们的朴素的公平感,良知,也可以称为是一阶公平认知。

以上三种一阶认知就是我们惯常说的“感性”,或感性认知。虽然程度有别,但基本上都是自动进程,都倾向直觉决策,因此决策速度比较快。

现在转到二阶认知,这就是我们惯常说的“理性”,或理性认知。所谓“二阶”,指的是人们对一阶认知的反思,所以二阶认知是要经过思考或计算的。因此在认知上这是个控制进程,决策速度较慢,倾向通过推理决策。二阶认知大体包括两种:

(1)二阶效率认知——这也可以简称为“效率认知”,以区别一阶认知的“效用”。在这里,效率指的是对整体结果,长远结果的反思和计算,在知识论上这是“理论理性”。

例如计划生育政策,如果从道义角度看可能比较成问题,人应该有生育权,所以有很多学者批评这种政策。但对于像中国、印度这样一些国家来说,这些批评可能没有考虑整体的问题。这个规则可能对某些人不利,但对整体上是有利的,因此经过集体反思程序,采用了这个对社会来说最有利的规则。因此,这不是一种道德哲学的选择,而是看政策的后果,这就是二阶效率认知,这也被称为规则功利主义①。

(2)二阶公平认知——二阶公平认知可以称为是“权利认知”,和一阶公平感不同,这里的公平指的是在普遍的角度对一阶认知的反思和规则化,包括对一阶公平认知的反思。例如报复是公平感,但报复的合理限度就有二阶意义,这在知识论上是“实践理性”②。

我们看生活中的例子:

例1:如果你的东西被别人损坏了,你马上会有一个结论:这不公平,这个人应该赔偿我。

上文已提到,这就是人们朴素的公平感,这是很好理解的,但如果是下面情况呢:

例2:你踩了别人的脚,那个人对你说,对不起,我的脚摆的不是地方,我应该向你道歉,向你赔偿。

例3:你撞了前面的人,那个人对你说,对不起,我挡住你了,我应该向你道歉,向你赔偿。

例4:你在排队,你把排在前面的人挤开,那个人转身对你说,对不起,我挡住你了,我应该向你道歉,向你赔偿。

这几种情况,我想大家都会感觉怪怪的,这不正常(或者这不科学)。再如:

例5:如果你在公交车上,新上来一个人,对坐在座位上的你说,你应该让给我坐,我也买票了,一样的票价。

你会很惊奇,也许你的回答很简单,“我先来的”。

在这个系列例子里,人们的认知,可能出现了从一阶公平到二阶公平的过度。例1中的“损害赔偿”是人们朴素的公平认知,这是一阶公平,这主要是人们的义务感、公平感。但到例5,人们表现的是“尊重在先”的认知,这就接近二阶公平,接近权利感、规则感了。

---

① 例如交通规则,行为功利主义是看哪种方法能取得最大快乐就往哪开,但规则功利主义是根据既定的规则。若大家都能遵守交通规则,那么交通就能安全便利,这才是最大快乐。

② [德]伊曼努尔·康德:《实践理性批判》,韩水法译,商务印书馆2003年版。

这种权利感很微妙,但很重要,当然日常生活中很少是例5那么极端(估计那样要打架),但细心观察大家也许会发现类似的例子还是很多的。例如公共汽车里的多人连排座椅,先坐的人一般占的位子较大,后到的人一般占的位子较小。这似乎是种"先坐权"。人们走在路上,如果前面站着一个人,一般是后面走来的绕一下。这可谓"先站权"。无论如何,"尊重在先"就发生在我们身边。

最明显的例子莫过于排队,人为什么排队?人是唯一懂得排队的动物,这种认知从何而来。效率可能不是问题的关键。对排队来说,谁的社会效果更重要,人们一般不关心,也无从关心。除非事情非常紧急,例如抢救人命或其他重大事件,人们一般是按公平办事,尊重先后排序。那么,人们为什么尊重在先?

一阶的公平感主要是对等思维,善有善报恶有恶报,所以杀人偿命,欠债还钱。但是,这似乎不好解释尊重在先,按先后排序似乎不是报复或对等那么简单,这里面有一个大家的共同知识——不是某个人报复某个人的问题。也就是说,排队只有在是大家都排队的情况下才有意义,这种共同的规则的认知是问题的关键。因此,权利认知不仅来自人们朴素的一阶公平认知,也许更重要的是,权利认知的背后,可能是一个普遍化,二阶化的过程。

和一般理解相反,人们的这五种认知进程,是并行而不是串行的。也即是说,人们面对不同问题会启动不同进程,这些进程相对独立,没有递进关系,如图2所示。虽然,通过学习和强化,人们可能会从感性认知上升到理性认知,图2中用细线表示出来这一点。

这就是认知的双进程理论(Dual Process Theory),一阶认知是个自动化的进程,更偏直觉更快捷,二阶进程是个慢进程,需要思考和计算。综合起来,所谓"认知",简单地说,就是人们对问题的感受或反思。对问题的感受可称为是感性认知或一阶认知,对问题的反思可称为是理性认知或二阶认知。

双进程理论是当代认知科学的一个重点,代表有斯坦诺维奇(Keith Stanovich)的系统1和系统2,卡尼曼(Daniel Kahneman)的快系统和慢

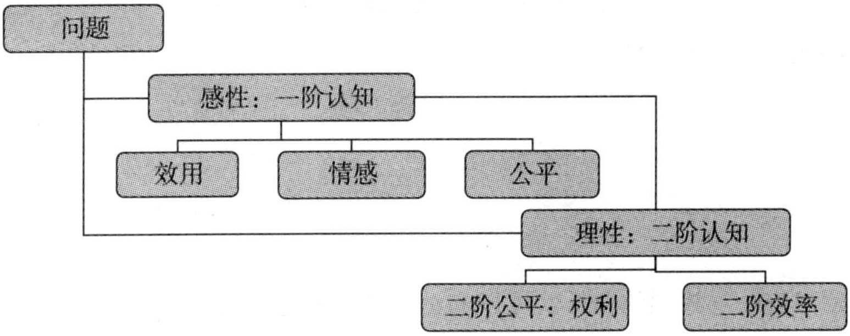

图2　认知的阶次

系统，利伯曼(Matthew Lieberman)的X系统(反射系统)和C系统(反思系统)等①，这些理论虽然名称不同，但实质非常接近，更多综述，可见柴肯(Shelly Chaiken)，埃文斯(Jonathon Evans)等的工作。②

以上对不同认知进程及其理论形态进行了一个描述。当然，人们应付日常问题，并不是这么清楚的，一阶认知和二阶认知的边界是模糊的。人们一般是根据认知的针对，把进程简化成三种，一是情感(利他情感)，二是公平(不区别一阶二阶)，三是效率(不区别一阶二阶)。也就

① Keith E. Stanovic, Richard F. West, "Individual Differences in Reasoning: Implications for the Rationality Debate," *Behavioral and Brain Sciences* 23 (2000): 645 – 65. Daniel Kahneman, *Thinking, Fast and Slow*, Farrar Straus Giroux 2011. 或[美]丹尼尔·卡尼曼：《思考，快与慢》，胡晓姣、李爱民、何梦莹译，中信出版社2012年版。Matthew Lieberman. Reflective and Reflexive Judgment Processes: A Social Cognitive Neuroscience Approach. J. P. Forgas, K. R. Williams, W. von Hippel Eds., *Social judgments: Implicit and explicit processes*. Cambridge University Press 2003. pp. 44 – 67.

② Matthew Lieberman, Social Cognitive Neuroscience: A Review of Core Processes. *Annual Review of Psychology*, 58, 2007, pp. 259 – 289. Jonathan St. B. T. Evans, "Dual – Processing Accounts of Reasoning, Judgment, and Social Cognition," *Annual Review of Psychology* 59 (2008): 5 – 78. Shelly Chaiken, Yaacov Trope, *Dual Process Theories in Social Psychology*. Guilford Publications 1999. Jonathan St. B. T. Evans, Keith Frankish, eds., *Two Minds: Dual Processes and Beyond*, Oxford University Press 2009. Jonathan St. B. T. Evans, "Dual – Processing Accounts of Reasoning, Judgment, and Social Cognition," *Annual Review of Psychology* 59, 2008, pp. 5 – 78. Jonathan St. B. T. Evans, Keith E. Stanovich, Dual – process Theories of Higher Cognition – Advancing the Debate. *Perspectives on Psychological Science*, 8, 2013, pp. 223 – 241, 263 – 271.

是说,为节省认知资源,人们通常会把二阶公平也视为公平,二阶效率也视为效率,并不严格区别。

四、二阶公平

这样,对权利的分析就可以和认知科学联系起来了。而且,不同的认知侧重,映射不同的社会和法律理论。既然"认知树"更细致了,"理论树"也更明确一些。这样,对权利的分析不仅对接了认知科学,而且可以和不同的伦理法律社会理论联接在一起,形成一个比较完整的知识链,见表2。

表2 认知和社会科学

感性认知:一阶(直觉),自动进程,快					
	情感	亲社会的利他情感	美德伦理学	纳斯鲍姆,桑德尔	墨家
	效用	非利他的苦乐感	行为功利主义	边沁,积极心理学	道家
	公平	一阶公平,良知	自由至上主义	诺齐克,罗斯巴德	心学
理性认知:二阶(推理),控制进程,慢					
	二阶情感				
	效率	整体结果,理论理性	规则功利主义	波斯纳,海萨尼	法家
	权利	二阶公平,实践理性	普遍公平规则	康德,罗尔斯	理学

表格最左侧是认知进程,中间是人们的行为特征,右边是不同认知侧重的社会法律理论,以及有代表的人物和流派。和前文简化的三进程认知比较,情感和美德伦理学的内容基本没变。区别在于,原先的效率认知被分为一阶的效用和二阶的效率,原先的公平也分为一阶公平认知和二阶公平认知(权利)。

行为功利主义强调直接的效用,这是一阶认知,关键脑区是杏仁核,脑岛等,现在流行的积极心理学和幸福学也强调这个方面。古典的自然法理论很多都是一阶公平认知,强调人的社会性和公平感。例如,杀人偿命欠债还钱,罪刑相适应,不伤及无辜,这些和法律的关系都很密切。关键脑区是边缘系统,MTL,嗅皮质等。这个进路在当代的代表有诺齐克,罗斯巴德等自由至上主义者①,哈耶克的自发秩序理论也侧重这个方面。

一阶认知前文已经涉及,二阶认知是现在的重点。二阶认知包括两个,二阶效率认知和二阶公平认知。其中规则功利主义强调的是二阶效率认知,关键脑区是大脑皮层特别是前额叶(PFC)等。实用主义、机会主义、马基雅维利主义、经济学(理性选择理论)和进化论(演化博弈论)基本上都属于规则功利主义,它们都注重整体的长远的效果。法律经济学也是这样,例如法律经济学家波斯纳的主要工作就是分析看似道义的推论,其实质可能是效率认知②。这种分析可能会极端化,对此我们前文已有描述。

但是海萨尼(John Harsanyi)的情况有所不同,他完成的参与人根据预期效用而进行无偏决策的博弈理论,可能是20世纪规则功利主义最重要的理论。他的分析完全是从预期效用理论出来的,不涉及公平认知。因此按照海萨尼的分析,电车难题不是难题,人们无偏博弈下的选择,是抽象的计算死亡概率。因为大家都不知道自己是站在五个人的轨道还是一个人的轨道,所以救哪一边的决策是根据决策的后果(预期效用)而定的。显然,如果牺牲一个救五个,那么结果是,六人中每个人的死亡概率是1/6,生还概率是5/6;但如果不牺牲一个,五个人将死去,那么六人中每个人的死亡概率是5/6,生还概率只有1/6。所以比较结果,大家显然应该选择牺牲一个救五个,这符合功利主义标准③。

这就是罗尔斯和海萨尼的区别,根据海萨尼的无偏决策,人们会同

---

① 又称为"自由意志至上论"。

② 参见[美]理查德·A.波斯纳:《正义/司法的经济学》,苏力译,中国政法大学出版社2002年版。

③ JC Harsanyi, Bayesian Decision Theory and Utilitarian Ethics, *American Economic Review*. 68, 1978, pp. 223–228. 参见[美]约翰·海萨尼:《道德和理性行为理论》,赵亚奎译,载《超越功利主义》,复旦大学出版社2011年版。

意功利主义的方案——为了保护更大的整体幸福牺牲某个人,即使这个人是无辜的——事实上在海萨尼的字典里没有无辜不无辜这个词语。但区别是,罗尔斯加入了"无辜"的考虑,这就是把问题加入了历史、公平的涵义,人的公平脑被激活了,有场景了,不再是简单的效率对比。所以罗尔斯无知之幕,比之海萨尼的无偏决策,加入了公平考量,而且公平是比效率优先的,是词典排序。所以在罗尔斯的无知之幕下的集体选择,是谁都不想成为那个无辜的被害者,大家首先拒绝功利主义的为更大集体幸福牺牲某个无辜人的方案。①

如果说海萨尼是二阶效率论的顶点(预期效用,无偏决策,规则功利主义),那么罗尔斯就是二阶公平论的顶点(无知之幕,反思平衡,公平即正义),"天下之言,不归杨则归墨。"这二者可能是20世纪社会理论的高峰。除二者之外,美德伦理学强调的是情感,积极心理学是一阶效率,自由至上论是一阶公平,这些都很有道理,但量级都还不及。

一个知识上的原因是,二阶认知能力是人独特的认知能力,这可能是最区别于其他动物的。大概说,人和动物的认知,按相似程度排序,大概是效用(苦乐)—情感(亲情)—公平感(报复)—二阶认知,也就是说,二阶认知进程是人和动物最有别的地方,所以对这二者的剖析,确实最可能击中人类社会的秘密。

但对法律来讲,可能二阶公平认知是更重要的。按照哈特的语言,二阶公平认知类似人们对法律的内在观点,二阶效率认知类似外在观点。一个社会法律被尊重,主要是因为大部分人持内在观点。如果人们遵守规则是持内在观点,那么人们就是在实践这个规则(practice),而不是理性选择遵守这个规则(rational choice),否则道高一尺魔高一丈,法律监控总会失灵的,法治变成警察治,维稳也难②。

这就是二阶公平认知的力量,也是康德为代表的权利法哲学的知识

① 请注意,罗尔斯一再说明自己的无知之幕下的决策,不是基于风险规避假设下的理性人决策,如果这样解读他是对他完全的误读。参见[美]约翰·罗尔斯:《正义论》,何怀宏、何包钢、廖申白译,中国社会科学出版社2009年版。

② 参见[英]哈特:《法律的概念》,许家馨、李冠宜译,法律出版社2011年版。

价值。人们对一阶认知的三个进程:效用、情感、公平,争议可能不大,对二阶效率认知的争议也可能不大,但对什么是二阶公平认知,有没有二阶公平,可能很是疑惑。经济分析基本否认这个,而中国学者例如李泽厚的康德研究,也一再疑问康德的普遍立法只是个空洞的形式,是不存在的①。

但是当代研究说明,二阶公平认知可能是实在的。例如排队按先后,这不是简单的报复或报答,不是个体的公平感问题,基本上这是脱离个人的、二阶的、普遍的。人们如果把公平认知当成共同知识纳入博弈,那么规则选择就是二阶公平意义上的选择,这就是罗尔斯的无知之幕式的选择,这个结果和不加入公平考量的海萨尼无偏决策很不一样,这也是当代博弈论和跨学科研究的一个着力点②。脑科学显示,这种二阶的普遍的公平认知,和人的认知同理心(ToM)关系密切,关键脑区可能是右侧颞顶交(rTPJ)和前额叶等③。

以上主要是西方有影响的社会理论,中国思想传统也可以这么大概区别开,例如墨家思想强调利他兼爱,这接近情感认知和美德伦理学。而法家学说比较重视效率,特别是集体的效率④。儒家传统是比较注重公平认知的,其中孟子和心学一系特别强调良知的意义,更注重人们的一阶公平感,所谓"发明本心"。而理学一系比较强调普遍之理,倾向二阶公平,举一个例子:

> 或问絜矩。曰:"譬之,如左边有一人侵我地界,是他不是了;我又不可去学他,侵了右边人底界。前人行拥住我,我行不得;我又不可学他拥了后人;后人赶逐我不了,又不可学他去赶

① 参见李泽厚:《批判哲学的批判》,生活·读书·新知三联书店2007年版。

② Matthew Rabin, "Incorporating Fairness into Game Theory and Economics", *The American Economic Review*, Vol. 83, No. 5 (Dec., 1993), pp. 1281-1302.

③ Rebecca Saxe, N. Kanwisher, People thinking about thinking people: The role of the temporo-parietal junction in "theory of mind". *NeuroImage* 19 (4), 2003, pp. 1835-1842.

④ 虽然这与海萨尼的规则功利主义很不一样,中国法家的效率似乎设置了客观的社会目标,更接近计划经济。关于法家学派的具体内容可参见《商君书》。

前人。上下亦然。"椿云:"此一人却是中立也。"曰:"是。"①

朱子在这里对"絜钜"的解释,就不仅仅是对等的意思,而有普遍规则的含义,而且特别强调认知的"中立"特点,这就和一阶公平感有区别了。

当然,大思想家都不能简单归类,各个认知点都可能有涉及。例如孔子的"仁",偏重美德论。孔子的"义",己所不欲勿施于人,似乎偏重一阶公平,公平感。而孔子的"直",则有二阶公平的含义,请见论语四章。

《论语·为政(2.19)》哀公问曰:"何为则民服?"孔子对曰:"举直错诸枉,则民服;举枉错诸直,则民不服。"

《论语·颜渊(12.22)》樊迟问"仁"。子曰:"爱人。"问"知"。子曰:"知人。"樊迟未达。子曰:"举直错诸枉,能使枉者直。"

《论语·子路(13.18)》叶公语孔子曰:"吾党有直躬者,其父攘羊,而子证之。"孔子曰:"吾党之直者异于是。父为子隐,子为父隐,直在其中矣。"

《论语·宪问(14.35)》或曰:"以德报怨,何如?"子曰:"何以报德?以直报怨,以德报德。"

又如亚里士多德,他对善的实体规定,有很强的美德论的偏重,但他的矫正正义理论,又很突出一阶公平,而亚里士多德的衡平方法,又有明显的二阶含义了②。虽则如此,由于整体上孔子最突出的是仁这个范畴,亚里士多德是善这个范畴,所以把他们作为美德伦理学的代表是没有问题的。

---

① 《朱子语类·卷十六·大学三·传十章》。

② 参见[古希腊]亚里士多德:《尼各马科伦理学》,苗力田译,中国人民大学出版社2003年版。

五、权利认知与规则化

既然二阶公平认知是权利认知，而且这个权利认知是人们实践理性的运用。那么这在法律上是怎么实践的？权利认知怎么应对具体问题的呢？

例如电车难题，假如这是个真实的案例，水灾发生，必须在某地段泄洪，但该地段有一户人家不同意。事情紧急，如果不泄洪可能导致城市和多处洼地被淹，生命财产发生巨大损失。这个时候能不能紧急避险，强行泄洪？再进一步，如果这户人家就是不搬，待在家里死磕，“风能进、雨能进、国王不能进”，怎么办，能不能强行泄洪？

这涉及生命价值问题，为了保护社会利益，法律允不允许拿生命“紧急避险”。如前面对电车难题的讨论，在本案例中效率、情感、公平都可能出现，而且可能是相互冲突的，因此人们可能会各执一词，互不相让。

再看一个一般的债务纠纷，“朋友借贷”问题。两个原来不错的朋友，一个借了另一个三万元钱。但糟糕的是，过了一段时间，一个记得已经还钱，另一个记得没有还钱，因此二人起纠纷。这该如何处理？两人都认为自己是“公平”的，但谁更公平呢？①

市场不总是那么清晰的，人们会出现记忆错误，自以为是。依靠人们朴素的公平感（一阶意义），这些问题难以解决。你说谁的公平更公平，这真的是公说公有理，婆说婆有理。逻辑上，这些冲突或对立在一阶范围内是无解的②。正是由于这种无解，二阶机制或者二阶意义上的规则才有必要。

因此通过规则解决争议就是把问题二阶化，这个二阶化过程既是解

---

① 真实案例出自“今日说法”。

② 哥德尔不完备定理证明任何形式系统都蕴含这样的既不能证明也不能否证的命题。参见成凡：《二阶公平的认知依据》，载《第二届中国社会科学跨学科论坛：平等、公正与社会变迁》学术研讨会，中国社会科学杂志社、华中科技大学联合主办（2014 年 10 月 9 日—10 月 11 日）。

决争议,同时也形成权利规则。大致上认知层次是这样的:

首先对问题定性。主要矛盾是什么,争议点同质不同质?如果是同类的认知,比如都是情感认知,那么争议就是同质的。如果是不同的认知点,比如一个是情感一个是效率,那么争议就不是同质的。

1.如果争议是不同质的,一般是按权利位阶排序,情感权最优,其次是公平权和效率权,高位权利优先。

例如,为保护财产而用生命"紧急避险"。这是财产权与生命权的冲突,争议是不同质的,刑法尊重生命权,这是高位权利,所以这种"紧急避险"不成立。

2.如果争议同质,且有在先权,一般是按权利先后排序,在先权利优先。

例如,为保护生命而用生命"紧急避险"。这是生命权与生命权的冲突,争议权利是同质的,刑法尊重在先权利,尊重无辜的生命权,所以这种"紧急避险"也不成立。

3.如果争议同质,且没有在先权,一般是按效率排序,社会效率高者优先。

例如,相邻权争议,没有谁在先,一般是按照谁使用更有社会价值配置。这种情况就是经济学常举的科斯定理,如果交易成本为零,资源会自发流动到最有价值的地方①。也就是说,这种情况下,"紧急避险"成立。

以上三个层次也可以称为是权利认知三原则,本质上这是二阶公平认知的三个层次,也就是康德式普遍立法在处理争议时的实践方案。在这个争议解决过程中,一阶认知被二阶化处理了,这就形成了普遍的规则。这些规则就是初始规则(Default rule),这就是二阶法律规则的起源,也就是权利的起源和形式化。

---

① Ronald Coase, The Problem of Social Cost, *Journal of Law and Economics*, Vol. 3. (Oct., 1960), pp. 1-44. 但请注意,如果交易成本不为零,法律可以促使资源向社会最高价值流动,这个价值,是海萨尼的二阶效率意义上的价值,不是个人自以为的效用,否则人际无法比较。

具体而言,权利的第一个层次是利他情感的二阶化,这就形成了人权规则,"人是目的",情感认知为人赋权——近代以来有"天赋人权"论,这里的"天"实际上可以从社会情感认知的角度理解。①

进一步地,权利的第二个层次是公平感的二阶化,这就是尊重在先权利,形成了产权规则,公平认知为人确权,人们开始普遍尊重在先权利,这也就是物权和民法规则的形成。

再进一步,权利的第三个层次是效率感的二阶化,这就是社会福利最大化标准,这就形成了效率规则。例如根据效率计算合理的补偿,以使社会资源流动,最大化发挥作用。

因此,权利初始规则的分类与认知契合,可以通过效率、情感、和公平三进程进行简洁的说明。大体上人权规则的认知基础是情感,产权规则的认知基础是公平,效率规则的认知基础是效率,这三种规则都是一阶认知二阶化的结果。从行使状态看,人权规则是不可转让的权利(No - opt),产权规则是那些经权利人同意可以转让的权利(Opt - in),而补偿规则没有在先权利,所以不存在事前同意的问题,但如果妨害他人可能需要补偿(Opt - out),这就是和权利认知相关的三种权利初始规则,综合如下:

1. 人权规则(No - opt):如果争议是不同质的,涉及人身或人格物品,法律规则一般是按权利位阶排序,人权优先于普通财产。这个规则的基础是情感认知的二阶化,相对于公平和效率认知,人的情感是最快速和优先的②,因此相比一般财产,人权在争议中一般优先。

2. 产权规则(Opt - in):这个规则是公平认知的二阶化。如果争议是同质的,且有在先权,这主要是私人物品情况,权利规则一般是按先后排序,也就是说法律默认在先权利优先,禁止他人侵犯,但经在先权利人

---

① "天赋人权"一直是有很大争议的问题,例如本文开篇的德肖维茨,李泽厚等中国学者也一直质疑这个提法,天似乎是虚幻的。但如果把天理解为社会环境,特别是社会情感认知的环境,那么根据人的认知可塑性,天赋人权论是可以成立的。

② 这在认知上是"情感劫持"(Hijacking),LeDoux, *The emotional brain*. Simon, Schuster 1996. Jonathan Haidt. The emotional dog and its rational tail A social intuitionist approach to moral judgment. *Psychological Review*. 108, 2001, pp. 814 - 834.

同意,权利可以转让。

3. 补偿规则(Opt - out):这个规则是效率认知的二阶化。如果争议是同质的,且无在先权,这就是公共物品的情况,权利规则一般是按效率排序,社会效益高者优先。也就是说,法律默认是任何人都可以自由使用,但如果对别人造成妨害,则需要适当补偿①。

表 3　认知和权利

认知	规则	选择	权源	行使	标的
情感	人权规则	No - opt	天赋权利	不可转让	人格物品
公平	产权规则	Opt - in	初始有权	授权转让	私人物品
效率	补偿规则	Opt - out	初始无权	损害补偿	公共物品

现在把权利认知分析方法运用到案例。先看"紧急避险"问题,大概是三种情况。第一,如果争议权利是不同质的,法律一般尊重高位权利。因此如果用高位权利避险,例如为保护财产而牺牲生命,就可能是"避险过当"。第二,如果争议权利是同质的,但有在先权利,法律一般尊重在先权利。因此如果是用在先权利避险,例如为保护生命而牺牲某个生命,这也是"避险过当"。第三,如果争议权利是同质的,也没有在先权利,法律一般是按效率排序。因此在这个时候,在财产间进行效率权衡,牺牲较小的利益,在法律上可能是站得住的,"紧急避险"一般成立。

这说明,法律经济学的效率方法有严格的限定,一般仅限于同质而且没有在先权的争议。如果把这个方法推广到前两种争议,可能导致效率的过度诠释。这说明,三种权利认知以及初始规则的排序是有权重的,它们是一个词典分类,满足了前者才有可能考虑后者。一般情况下,效率规则排序在人权规则和产权规则之后。这个思路似乎可以用来解释,为什么物权一般优先于债权,但涉及工资、劳动报酬等关系到人身健

① 适当补偿,或合理补偿,这涉及计算标准,就是法律责任、赔偿数字的计算问题。公平认知主要是确权的,不是计算补偿数字的。补偿主要是基于机会成本的计算,例如预期收益,或最高拍卖价,都可供参考。

康的债权，又可能优先于一般物权。

再看“朋友借贷”案例，双方各执一词，倾向谁呢？对此法律一般是适用一个简单的二阶规则——“谁主张，谁举证”。如果原告被告都说不清，那么一般是被告胜诉。因此，在同等情况下，法律似乎更倾向保护被告。这是为什么呢？对此一个效率解答是，如果判决有利于原告，那么可能引起许多原告的“恶意诉讼”，为避免原告讹诈，所以才“谁主张，谁举证”。

效率解释有一定道理，但可能并不全然，“谁主张，谁举证”的主导因素可能不是遏制恶意诉讼。事实上“谁主张，谁举证”几乎没有遏制诉讼的效果，现代国家普遍采用“谁主张，谁举证”，但也可能出现诉讼爆炸。而传统社会虽然不强调“谁主张，谁举证”，甚至采用偏原告口供，不利于被告的有罪推定制度，但由于有其他一些对原告严厉的考验措施，所以恶意诉讼现象并不严重。

从认知角度看，“谁主张，谁举证”有一个简洁的解释。由于双方争议权利是同质的，而被告有在先权，原告是想通过诉讼改变被告的权利，所以“谁主张，谁举证”侧重保护被告，是尊重在先权利的体现，这是对诉讼规则的一个二阶公平解读，这也许是法律程序的基础。

六、权利认知与法律实例

法律规则可能体现不同的认知进程，这就是三种权利认知及其初始规则：情感认知二阶化的人权规则，公平认知二阶化的产权规则，和效率认知二阶化的补偿规则，这就是权利及其规则的认知来源。虽然简单粗糙，但分析社会法律现象，从大的方面说，这个分析框架可能是有普遍意义。

请看一个著名的例子，英国法上的圈进规则（Fence in），在美国西部曾变成了圈出规则（Fence out）。在英国，如果牲口随便溜达吃农作物，牲口的主人要对牲口造成的损失负责，所以规则是圈进，牛只能吃主人圈里面的草料;但在美国西部开发时期,由于地广人稀,一度流行的规则却是圈出,可以随便放牧,农民如果不圈起农田,牛是可以白吃的。所以,要想不被牛白吃,只有把农田圈起来,把牛圈出,否则便得不到赔偿。

Fence in 和 Fence out 的区别,效率解释是,要看哪个产业的社会效益更高。如果畜牧业社会效益更高,例如在美国西部,那么规则就偏向牛,默认规则(Default Rule)是牛可以白吃,所以农民想不被牛吃就必须把地圈起来,把牛圈出去(Fence out)。相反,在英国农村,农业的社会效益更高,那么规则就偏向农作物,默认规则是牛不能白吃,所以牛必须被圈起来(Fence in)。由此观之,同一块地权利偏向谁,似乎是个社会效益对比。

这是法律经济学的经典例证。但问题是,哪个规则更流行,和哪个产业的社会效益高,这二者是个循环论证。例如,我们是通过了解 Fence out 规则,判断养牛业的社会效益可能高;但反过来,我们又是通过猜测养牛业社会效益可能高,解释为什么通行 Fence out 规则。事实上,哪个行业在哪个地方的社会效益更高,谁能说了算呢?谁能代表这个地方的人做评价?效益是纯主观的东西。请注意,如果就像在印度,人们把牛视为神物,牛可以随便溜达白吃,虽然这似乎也是 Fence out 规则,但你能说在印度农业的社会效益不高?

Fence in 和 Fence out 的区别,这里还有一个简单明了的解释:英国是有历史的,在英国农地上有“在先权利”,所以后来放牧者自然要把牲畜圈起来(Fence in);但在美国西部开发时期,没有这种“在先权利”,土地是公地(Commons),所以规则自然是大家都有权利,随便放牧(Fence out)。所以二者的区别不是哪个行业更有效率,而是有没有“在先权利”①。这也就是说,法律规则形式上似乎相反,保护农业或畜牧业,但关键点是尊重在先权利。因此这可能更多不是效率思维,而是和公平认知相关联。

再看一个例子,英国传统水权规则是“河岸规则”,河岸所有人对其

---

① 中国也一样,例如苏力发现,在青海西南部,“这里没有不动产”。参见苏力:《这里没有不动产——法律移植问题的理论梳理》,载《法律适用》2005年第8期。

土地上自然流淌的水有合理取用的权利。但在美国西部和西南部，该规则却变成了“先占规则”，先到者可以取用所有的水。效率解释是，美国西部和西南部水资源匮乏，“先占规则”有助于资源的有效配置。但问题是，对于无主物，自然可以先占，这个和资源匮乏无关。但如果像例如英国那样水权已经有在先权利，就可能有必要遵守“河岸规则”①。

所以，是否有在先权利，就成了分析问题的关键。传统问题如此，现代问题也如此。例如新兴的互联网知识产权，也产生了类似的争议。传统知识产权法是默认创造者有在先权的，非经权利人授权任何人不得随便使用，这就是产权规则 Opt - in——初始有权，授权转让。而由于互联网的传播效率极高，信息圈也圈不住。一种激进的改革主张是把 Opt - out 当做网络知识产权的默认规则，大家随意下载，谁也没有在先权利。换句话说，新兴的互联网的免费革命，是要求法律初始规则是补偿规则 Opt - out——初始无权，损害补偿，而不是传统知识产权法的初始有权，授权转让。事实上，这是把网络空间当成了免费公地②。

这对传统知识产权法是个底朝天式的改革，但从认知角度看也许过于激进。法律是以产权规则为主，补偿规则为辅的，这在知识产权也是，所以要点是保护原创者多劳多得。虽然互联网传播效率高，但权源可能还是向后看，还是要保护原创者，否则互联网法律的中心或依托就没有了。也就是说，既然已经有在先权利，法律似乎就有必要尊重③。

对网络产权的细节不在此展开，这里想强调的是，在特定历史条件下，针对不同的社会问题，人们权利认知和规则设置（Default Rule）可能是有共性的。Fence in 和 Fence out 的区别，Opt - in 和 Opt - out 的区别，有普遍的含义。“初始有权，授权转让”（Opt - in）对应的是财产权或物

---

① 参见［美］詹姆斯·戈德雷：《私法的基础：财产、侵权、合同和不当得利》，张家勇译，法律出版社 2007 年版。

② 参见［美］莱斯格：《免费文化》，王师译，中信出版社 2009 年版。参见［澳］彼得·德霍斯：《知识财产法哲学》，周林译，商务印书馆 2010 年版。参见冯象“The End of Intellectual Property”，*International Critical Thought*，Vol. 2，No. 1，March 2012。

③ 参见［美］威廉·W. 费舍尔：《说话算数——技术法律以及娱乐的未来》，李旭译，上海三联书店 2008 年版，第 189 页。

权,这个规则下法律默认有在先权利,所以使用该物品必须经权利人同意。而“初始无权,损害补偿”(Opt－out)对应的是公共物品,物品是开放的,大家都有权利,但如果在使用中侵害了别人,也要承担责任,所以认知要点是补偿责任,而不是产权。①

所以面对争议,如何设定初始规则,不仅仅是一个效率问题,而是有必要考察人们具体的认知侧重是什么,情感、公平,还是效率。例如知识产权法的主体是公平认知,强调新颖性和独创性(在先权),但也可能有效率或情感方面的考量,例如为保护公共健康或促进重大技术革新,可以对某些在先知识产权强制许可。②

对争议权利的认知定性,也就是判断争议权利同质不同质,如果争议权利是同质的,而且没有明显的在先权,则就有效率比较的可能,根据社会利弊决定权属。科斯在《社会成本问题》所举的相邻权案例,都有这个特征,双方争议的主要是共有的空气、采光、噪音等问题,由于效率认知此时发挥主导作用,所以在这个范围内,法律经济学的权利相互性进路很有说服力。

因此重要的是找到法律问题的认知点,这样有可能更好地把握问题。因此法律的认知考察,不是对法律经济学简单说是或否,而是具体问题具体分析,兼容效率分析的方法。这不是出于好恶或者专业偏见,而是尽可能符合真实世界里人们面对争议的认知特点,并基于这些特点,规则化的理解和解决争议的问题,或提供一些参考。

那么,这三种初始规则,特别是后两种,“初始无权,授权转让”的产

① 大陆法上的“债权”包括侵权之债和违约之债,二者主要是保护在先权利及其自由行使,但对于某些公共物品的争议,例如相邻权,虽然这也是侵权之债,但主要是责任问题,而不是保护在先权利。因此“债权”似乎是个过度抽象。

② 《专利法》第22条规定,“授予专利权的发明和实用新型,应当具备新颖性、创造性和实用性”。这是专利法的基本规则。但《专利法》第50条规定,“为了公共健康目的,对取得专利权的药品,国务院专利行政部门可以给予强制许可”。这是情感侧重。而《专利法》第51条规定,“一项取得专利权的发明或者实用新型比前已经取得专利权的发明或者实用新型具有显著经济意义的重大技术进步,其实施又有赖于前一发明或者实用新型的实施的,国务院专利行政部门根据后一专利权人的申请,可以给予实施前一发明或者实用新型的强制许可”。这明显是基于效率认知。

权规则(Opt - out),和"初始有权,损害补偿"的补偿规则(Opt - in),在结果可能会出现什么区别？哪一个更好呢？能有一些参考吗。

请看关于遗体捐赠的立法后果。在欧洲国家,这个问题出现了两种很不同的结果。像丹麦同意捐赠的比例大概只有 4.25% ,德国是 12% ,但是在奥地利同意捐赠的比例有 99.98% ,法国是 99.91% ,是国民觉悟不一样吗？不是的。是经济水平差距吗？也不是,这些都差不多的。那么是因为什么呢？原因很微妙,在奥地利法国,是默认遗体是要捐赠的,你如果要拒绝的话你要明示。但是在丹麦和德国,法律默认的是不捐,如果你想捐,你要填表画勾。这就是补偿规则(Opt - out)和产权规则(Opt - in)的区别,制度微妙的区别就在这里,可结果就导致了两者数量区别极大,见下图。①

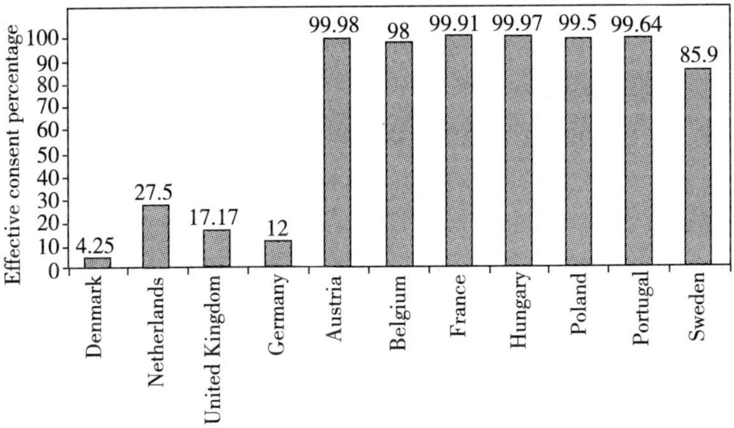

Effective consent rates,by country.Explicit consent(opt-in,gold) and presumed consent (optout,blue).

为什么会出现这么大的不同？回想下电车难题吧,因为不同的规则启动了不同的认知进程,认知点不一样,造成结果不同。补偿规则是"初始无权"的,认知点是效率,激活了人们的效率感和社会责任感。而产权规则是"初始有权"的,认知点是历史,是公平,这激活了人的公平感,凭

① Eric J. Johnson, Daniel Goldstein,"Do Defaults Save Lives"? *Science* 21 November 2003: Vol. 302 No. 5649 pp. 1338 - 1339.

什么要我捐呢?①

那么既然初始无产权的设置可以激励人们最大化社会效率,那么干脆"一刀切","一大二公"不就得了?是否可以一切都这么做,回答肯定是不,这不科学,不符合认知科学。事实上,在半个世纪前,我们就尝试过这么做,以为这样能多快好省,超英赶美,但结果不是。所以认知科学不是拔苗助长,而是尊重历史和现实,理解真实世界,把握分寸,无过无不及。

当然说着轻松,做到很难。俗语说政治是老人的事业,姜是老的辣,都是说这种知识很难。不经历风雨磨砺,仅从书本上学还真的不实在。而且,另外,人的认知不能超越历史社会的发展。前文述及,所谓天赋人权的"天",实际上就是社会历史的环境,这塑造了人们的认知。所以人的智慧,一定程度上就是"知天命"。如果说"天"是社会环境。那么"命"就是个人命运。孟子有云"莫之为而为者,天也;莫之致而至者,命也"②。说的可能就是这道理。

这一点是非常重要的,因为这可能是认知科学最重要的原理——认知可塑性(或大脑的可塑性)。人们对认知科学最大的误解是,这个是生物决定论,是基因论。而且人们容易感觉,这肯定是错的,因为同样是大脑,同样是认知,为什么古今中外人们行事不一样?例如,回到本文开头,人类历史上的灾难恶行林林总总,但为什么偏偏近代欧洲才有了法治意义上的权利?所以说权利从哪里来,肯定不是从认知来?

这是对认知科学的误解。其实认知科学根本不是生物决定论,恰恰相反,认知科学接近历史唯物主义和进化论,而且是拉马克意义上的用进废退的进化论。正是由于不同的社会环境,激活人们的不同认知,人们的认知也被塑造的不同。而这个社会环境的巨大变迁,特别是从农业

① 还有一个原因,人们的惰性。人们很多时候是猪一样的(对猪不公平),制度怎么规定怎么来,画勾不画勾干脆看都不看。

② 见《孟子·万章上》。另见《孟子·尽心上》:"尽其心者,知其性也,知其性,则知天矣。"在认知视角解读,此处"心"指的是人的先天认知,"性"指的是社会认知。人通过了解自己的社会认知,理解自己所处的社会环境,这就是"知其性,则知天矣"。

社会到工商社会的变迁,对人类权利和法律认知起到关键的影响。

还是借用哈特的用语,只有经历这个变迁过程,人们才慢慢相互尊重权利和规则,对法律也才更多持有内在的观点。也就是说,社会上只有持二阶公平认知的人多了,法治才能像回事,司法独立或者中立才能够真实。人的认知不是一成不变的,因此只有理解“天”,理解这个社会变迁的过程,才能更深刻的理解法治,理解人们的认知转变。

七、余论:“法律思维”和“法律人思维”

也许,刚才的结尾稍显消极,难道我们只有“知天命”,不能“逆天”?不能主动改造我们的认知?例如,让更多的人讲规则,让更多的法律人更有法律思维。

这能做到吗?这值得追问。例如学友陈柏峰这么理解,“我对成凡的研究,其实一直是比较悲观的,从人性本善的角度来看是非常悲观的。因为从他的研究来看,说一个法官干活不行,能力不行,他判的案子有问题,我们怎么去治疗他?我们可能不是对他进行社会主义法治理念教育,而是给他吃药,或者对他的脑部进行手术,因为这是他大脑结构的某个地方出的问题。你们想一想,如果到极端,它本质就是这个,对不对?为什么说他是非常悲观的呢?因为他用社会科学的方法已经解决不了问题,它已经进入了医学领域”。

另一个学友王凌皞也有个妙想:“古代人吃迷幻药,那明显是法律文化的差异。既然相信神明裁判,自然要进入迷幻状态,但这套说辞到了现代社会,就不好说了。法律文化不一样了,我们不再相信这套东西了。不过说不定以后会有认知能力加强的药物出来,这倒是可能,比如中立药,吃了以后六亲不认,也就不需要自然公正那套自己不能做自己法官的说法了”。

这简直就是罗尔斯药,吃了这个人们直接就进入无知之幕了,进入二阶公平状态了。再不用任何回避制度,因为吃了这个药,法律人完全公正了。

也许人类会发展到这一步,但真的到这一步,人其实已经没了。因为这个技术思路,还是马克斯·韦伯的司法自动机的思路,其实根本不用吃药,输入诉讼,机器输出判决不就得了,还用人司法干什么?①

问题出在哪呢?出在前提。这个机器必须有法律思维,否则大家何以信服?如果人们就是要个结果,直接抽签不是更快吗?

因此我们从法律到认知的知识旅行,最后有必要把问题牵回来,回应这样的问题:有没有法律思维,法律人有没有特殊的思维,法律思维的形成是否与神经回路的改变有关,人们的规则认知或法律思维是如何发展的?

这是个有很大争论的问题,不同学者站在不同的认知角度发话。肯定者如康德、罗尔斯,侧重关注人的二阶公平认知,法律被理解为是普遍反思意义上的中立规则。而否定者主要是两种:一种是侧重强调人的一阶公平认知,认为法律思维就是道德判断,所以按三常(常情常理常识)办事就可以了,无须法律规则,无须法律职业,自然无须什么专门的法律思维,马锡五审判方式就接近这个特点;而另一种否定论,侧重强调人的效率认知,强调所谓公平思维的背后还是效率或经济思维,因此没有独特的法律思维。这后一个否定论就是前文述及的法律经济学,请看波斯纳的表述:

"经济学分析家可以用逻辑(或者如果你愿意,以形式主义的)的方式(如今经济学理论大多以数学术语表述)演绎出一套能清楚表现和完善普通法内在本质的法律原则,并且可以把这些原则同实际的普通法原则进行比较。在把这些原则从经济学语汇翻译成法律语汇后,经济学分析家就会发现,大多数实际的原则与经济学理论的意蕴相当近似,并因此也是形式上有效的"。

"一旦理解了普通法最精髓的经济学特性,许多普通法原则看起来就太肤浅了。只要有少数原则,例如成本收益分析、预防搭便车、不

① 韦伯继续追问,就是人活着还干什么,可能这导致他精神分裂。

确定条件下的决定、风险回避、推动双方受益的交换等，就可以解释大多数普通法原则和决定……这些例子不仅表明普通法的逻辑实际就是经济学的逻辑，而且表明法律教学可以简化，可以向学生揭示穿着多种法律原则外衣下的简洁的经济学结构。”

“由于财富最大化不仅事实上是普通法审判的指南，而且是一种真正的社会价值，是法官这个位置能很好促进的唯一价值，因此，它提供的就不仅是精确描述法官应当如何行为的关键，而且也提供了批评和改革的正确基准。如果法官没有做到财富最大化，法律经济学分析家就会敦促他们相应地改变做法或改变学理。”①

这就是经济学帝国主义，波斯纳这种咄咄逼人在美国法学很有争议，而苏力的《法律人思维？》也引起中国法学的一些争议②。在该文中苏力明确表示没有法律人思维。苏力总结，在中国当代法学，所谓“法律人思维”的说法隐含假定了：

（1）法律人与普通人的思维不同，也应当不同；

（2）法律人构成了一个共同体，其思维有家族相似，并有别于普通人；

（3）法律人的思维和判断比普通人更好、更正确；

（4）是法学院的教育和训练，而不是法律职业的实践，塑造了法律人的思维。

苏力对此逐个反驳，而且特别评论了孙笑侠总结的一个法律人思维特点——法律人遵循“向过去看”的思考习惯③，苏力认为这也不成立。“向过去看”主要是从英美法遵循先例原则来的，但“尊重先例的实际政治功能从来都是面向未来的，即为了维护法律的稳定性和权威。但不仅如此，伊斯特布鲁克法官的著名论文也早就雄辩分析了为什么司法和法律人会且一定是‘向前看的’”。因此，法律人不是“向过去看”，而是“向前看”。

---

① ［美］波斯纳：《法理学问题》，苏力译，中国政法大学出版社2002年版，第十二章。

② 参见苏力：《法律人思维？》，载《北大法律评论》2013年第14卷第2辑。

③ 参见孙笑侠、应永宏：《论法官与政治家思维的区别》，载《法学》2001年第9期。

所谓"向前看"指的是法律人应该考虑社会效果。"无论是立法还是司法,就不能仅仅关注规则,就一定要关注实际成效"。这是苏力一贯的效率观点,请注意,在苏力看来,这并不是法律人的专利或特别培训,"实践是检验真理的唯一标准",正确的思维只有一个——后果好的思维,在这点上法盲和法律人没有区别。也正因此,假定法律人思维更正确,法学院塑造法律思维等,都是站不住的。

那么,究竟如何理解"法律思维"? 从认知观点看,简单来说,有法律思维:这包括普通的初级的法律思维,一阶公平认知,公平感。也包括更高级的二阶的法律思维,主要是二阶公平认知,规则感。

进一步说,这其实是区别开了"法律思维"和"法律人思维","法律思维"就是初级法律思维或一阶法律思维,包括人们直接的情感、效率、和公平等认知。人们在社会关系中,公平认知一般起主导地位,例如常言的"杀人偿命,欠债还钱,天经地义",就是这种朴素的公平感。所谓"善有善报,恶有恶报",这就是人们自发的公平和良知。确实,法盲甚至文盲,都懂得应该这么做,所以这是不成文的社会规范或自然法,它的主要脑区可能是在边缘系统,内侧颞叶(MTL),特别是嗅皮质等。

而"法律人思维"指的是更高级的法律思维或二阶认知,这不是人们朴素的公平感,而是在规则意义上的二阶反思。虽然二阶认知的基础仍然是情感、效率、公平这三个进程,但二阶意义的公平意味着办案法官的主要工作是严格按照规则(法律条文)裁判,虽然这个裁判不一定和一阶认知相符合。例如"谁主张,谁举证",通过这个二阶规则解决一阶冲突,这就是二阶意义上的公平。虽然这种二阶公平并不一定符合一阶公平(可能原告本来是正确的,但法律上败诉了),但在普遍规则角度的二阶公平仍然是成立的。前文已述,二阶认知的主要脑区是颞顶交(TPJ),上颞沟(STS)等,也包括脑岛和前额叶。

基于这个区分,法律人遵循"向过去看"的思考习惯,有更丰富的含义。在一阶认知上,这个含义是"以事实为依据",也就是说,一切案件的处理,都要凭借情景记忆回溯事实,而只有案件事实才是裁判的基础。换句话说,虽然人们也可能进行一些效果或情感的考虑,但是法律思维的基础是“就事论事”,人们要对自己所做的事情负责。这主要是公平认知,在这点上,普通人和专业法律人员可能没有特殊的区别。因此,在完成事实判断上,即使是法盲文盲,差不多都一样胜任。

但二阶认知情况不同。二阶法律认知也是回溯的,也是“向过去看”,但这看的是既定的法律规则,这就是“以法律为准绳”。在这点上,文盲法盲可能就不胜任了,因为根据定义,法盲就是不懂法律规则的人。这可能就是为什么,在使用陪审团裁判的国家,要区别事实问题和法律问题,陪审团负责认定事实,例如有罪无罪,而专业法官负责法律问题,例如量刑。这个区别是有认知依据的,事实认定主要是一阶认知,初级法律思维就可以了,文盲法盲都可以。但法律问题主要是规则认知,如果不熟悉法律,就可能得不出相对普遍公平的裁断,因此这需要专业的法律人裁判,这就是法律人思维。在这个角度上,独特的法律人思维,既是在认知上可能成立的,也具有重要的社会实践价值。

那么接下来的问题是,人们的规则认知是如何发展的,法律人思维的形成,是否与大脑神经回路的改变有关。这是天生的么?是不是有些人天赋异禀,同理心(ToM)强烈,因而更容易站在中立或公平的角度考虑问题,因此这些人更适合做法官?

不排除这种可能,人群中可能有些人很自闭,很不善于理解别人,自然也可能有些人善解人意,说服力强。但这些可能都是少数,对于大多数人来说,规则认知是个逐步发展的问题,或者说,法律人思维的形成,真的涉及大脑神经回路的改变。

发挥关键作用的是髓鞘(myelin sheath),这是包裹在神经元的轴突外的脂肪组织,具有绝缘作用并提高神经信号的传导速度,髓鞘质越厚,绝缘性越强,思维就越敏捷和精确。脑子越用越灵,说得就是这个道理。这也就是说,人的认知能力发展,符合用进废退的拉马克进化原理。一个著名的研究,伦敦出租车司机的海马比普通人的大,其方向辨别和空间记忆能力更强,而且从业时间更长的司机,该特征更明显①。因此,职业训练和社会经历确实可能会改变或塑造人的认知能力。

法官如此,法学家也如此。同样是人,有大致一样的脑区,为什么观点或立场会有如此大的区别,有的人充满同情心,有的人心如铁石。法学上大量的争论,似乎就是因为这些区别。有的法学家,例如波斯纳等,似乎是“硬心肠”法学家,只考虑效率,不太管别的。而罗尔斯等,要求社会帮助那些不幸的人,似乎是“软心肠”法学家。

有的经济学家开玩笑,说是因为自己脑子坏掉了,所以自己才会偏重效率②。这当然是个玩笑,没任何证据说经济学家或道德学家有器质上的病变。虽然不排除有天生的恶魔或者圣人,但这是极少数,大多数人都是普通人,分享七情六欲,那么为什么人和人会区别这么大,甚至“脑子坏掉了”?

大部分情况,所谓脑子坏掉了,指的不是器质上坏掉了,而是没有被激活。用进废退,环境塑造认知,这是认知科学的重要原理。人的认知能力或认知偏向,受到环境的强烈影响。可以想见,如果处在你死我活的竞争环境,不是东风压倒西风,就是西风压倒东风,不是我独裁就是你独裁,在这个情况下,同情心,或公平感,可能都不重要,重要的只有胜利。这就是为什么战争年代,枪林弹雨打出来的人,和在和平环境下成长的人,是很不一样的。

那么,教育重要吗?是否真的是格物致知,读书明理?中国传统有心学理学之争,主要争点就是这个。心学(陆九渊,王阳明)认为格物没用,王阳明格竹子七天七夜,什么用也没有,所以重要的不是格物,而是“发明本心”。心学之“心”,指的主要是人的一阶公平感(良知),所谓“人同此心”,良知良能,人皆有之。所以不假外求,不必读书,只需践行,人人皆可成尧舜。

---

① Macguire, E. A. , et al. Navigation – related structural change in the hippocampi of taxi drivers. *Proceedings of the National Academy of Sciences of the United States of America*. 97 (8), 2000, pp. 4398 – 4403.

② 参见[美]史蒂文·兰兹伯格:《为什么常识会撒谎》,余引译,中信出版社2010年版。

但是，忽视二阶反思，忽视规则，完全凭借公平感，“跟着感觉走”，可能会成脱缰野马。王学后学的失控，似乎说明了这一点。所以，理学（朱子）强调“心同此理”，强调二阶反思，在格物致知上下工夫，这可能更能接近“廓然大公”的境界，特别是对更细致的更偏一致性神经回路的二阶规则认知来说，教育可能尤其重要，可能提高人的心智能力。这种心性修炼，和亚当·斯密的“公正旁观者”，罗尔斯的“无知之幕”和“反思平衡”，海萨尼的“等概率假设”①相似，在形式上更不偏不倚（Impartial），因此在内容上更客观，更接近法律规则的含义。

一阶之心和二阶之理，二者综合大概是对“心理”的完整解读。从认知理解，现代社会的法治和法律规则，主要是二阶反思系统，而相应的法律理论则力图刻画这个系统。效率解释虽然重要，但支撑这个系统的主干还是二阶公平，否则规则得不到尊重，法治难以建立。这个问题，特别在还没有建立中立法治的社会，尤其重要。而这需要一种二阶认知的形式化的司法慢慢培养。因此，即使波斯纳这位者实用主义者也指出了这一点：

> “对我这个门外汉而言，中国还是一个民主制度尚未健全的国家，法治的观念尚属薄弱（在西方的政治历史上，也能找到很多类似的例子），希望我对中国政治文化面貌的刻画是准确的。那么可以说，在这种政治文化中，实用主义风格的司法部门，或者至少是特别倾向于实用主义的司法部门是不可取的。对其而言，更好的选择是保持抽象和形式主义，而实质上远离实践性和实用主义的考量。”②

---

① 参见［英］亚当·斯密：《道德情操论》，蒋自强、钦北愚、朱钟棣、沈凯璋译，商务印书馆2009年版；［美］罗尔斯：《作为公平的正义——正义新论》，姚大志译，中国社会科学出版社2011年版；［美］约翰·海萨尼：《道德和理性行为理论》，赵亚奎译，载《超越功利主义》，复旦大学出版社2011年版。

② ［美］理查德·A.波斯纳：《法律经济学与法律实用主义》，陈铭宇译，载《北大法律评论》2013年第14卷第1辑。

因此,对“法律人思维”这个问题。当然不能神话,但是用效率解释一切法律认知,以至于把“法律人思维”问题一笔勾销,也不符合人们法律认知的特点。

但是也不能着急,认知的改变和社会变迁同步,这不是吃药可以速成的。吃药是对认知科学的误解,大多数人根本没到那个程度,极端的情况才是那样(例如精神病人)。我们大家现在保养身体,身体这种知识难道不重要吗?不一定非得吃药。所以人能弘道,非道弘人,认知科学更多的是理解自身的知识,这一点算是余论特此说明。

《法律和社会科学》(2017)
第16卷第2辑,第243~255页

作为励志故事的《法治及其本土资源》

张芝梅*

摘要:作为一部学术著作,《法治及其本土资源》是成功的,其成功是天时、地利、人和综合作用的结果,不可复制。但这本书是否成功并不重要,而且细究起来,其影响可能没有表面上看到的那么大。因为它并没有有效改造法学界比较普遍的对因果关系缺乏有说服力分析的状况。真正有价值的对中国问题的研究还比较稀缺,习惯性地诉诸道德、同情或大词的论著仍大量存在,书中提醒大家关注的一些问题依旧如故。这表明,学界的反思能力并没有得到充分的体现。借这本书出版20年的机会,有必要对这些问题进行再思考,提高在以为没问题的地方发现问题的能力,以更好地加速法学知识的增长,并对中国的法治建设有所推进。

---

* 中国社会科学院社会学研究所编审。本文的初稿是提交“法学研究的问题意识与多元格局——《法治及其本土资源》初版20周年”的会议论文。之所以选择这个名字,本来仅仅是为了框定讨论的问题,不是鸡汤文。但开会时意外得知这本书的确对不少人从事学术研究或者选择目前的研究进路起到励志作用。

一

看到会议通知的第一反应是时间过得真快,居然20年过去了;第二反应是这是个反思这些年法学及法治发展的好的契机。

励志故事我们从小到大都看过很多。我认为,作为励志故事,有三个基本元素:一是某件看起来比较难的事情居然有人做成了;二是尽管有人做成了,仍然是小概率事件,哪怕你知道所有成功的要素,他做成了你不一定能做成;三是励志故事的最终目的还是希望有人因此受到鼓舞,努力去做一些小概率事件。从某种程度上看,《法治及其本土资源》似乎刚好满足了这三个因素。

20世纪90年代,在主流法律话语一致主张向西方学习、进行法律移植的大背景下,《法治及其本土资源》的出现,的确显得有些另类和不合潮流,并且被一些人扣上反对法治、主张人治的帽子。但无论如何,这本书引起了法学界的极大反响,是成功的。成功的标志之一是这本书的销量。据统计,这本书经过数次印刷,中国政法大学出版社的印数是22,000册,北京大学出版社的印数是25,000册。[①] 此外,还有不知道印数的盗版书的数量。如果在20世纪80年代,学术书这个印数可能没有什么稀奇,但置于90年代之后的社会背景下,这个印数就很可观了。虽然有些人买书不读,但也有只读不买的(因为还有很多人可能是借图书馆的书或者下载电子书进行阅读的),保守估计,读过这本书的人应该有将近10万人。

当然,印数能说明一些问题,但不能说明根本问题。能真正说明问题的是书本身的价值。我记得以前我的一位老师曾经说过,判断一个人在学说史上的地位,就看他是不是绕不过去的人物。比如,柏拉图、亚里士多德、康德、罗尔斯等人可能就是绕不过去的人物。在探讨相关

① 感谢于明帮我向中国政法大学和北京大学两个出版社查询,最终得到这个数据。

问题时你不能不提他们,不管你是否赞同他们的观点,都要回到他们那里,在他们的基础上进行讨论。我想,对中国的法律人来说,这本书也是绕不过去的。在讨论诸多问题时,我们可能都不能无视苏力在这本书中,对流行话语的反思、质疑,不能无视从他的角度提出的观点。而我们在提出自己的主张时,可能暗地里也会拿这本书中的观点进行参照。这是这本书重要价值的体现。

我们也可以换一个角度来探讨这本书的价值。从经济学角度看,稀缺性,或者说,不可替代性是价值的体现。学术书大致可以分为两类:一是为我们提供知识的;二是帮助我们进行反思的。第一类书的可替代性比较强,因此,相比之下,可能第二类书的价值相对大一些。

在中国建设法治国家的开始阶段,人们更多感受到的是我们在法治建设方面的落后,迫不及待地想迎头赶上,因此,学习西方先进国家的经验、移植西方的法律制度就成了不二的选择。这本身并无大错,也可以说,这是落后国家的宿命。其他经济上落后的国家,同样无法摆脱这种宿命。而《法治及其本土资源》在当时面对法律人的一致选择时,超前一步,提醒大家注意其中的风险、提醒法律人注意被主流话语遮蔽的中国的地方性知识,可能显得不那么合时宜,甚至可能让人不快,但多少给人耳目一新的感觉,也起到了一定的警示作用。作为学术成果,它为大家讲了一个和主流话语不同的法治故事,而且讲得颇有道理(或者有人认为貌似有道理)。而学术研究最有价值的,就是在看起来违反常识或与常识不那么一致的地方为各种现象提供解说,说出道理。尽管很多人可能未必赞同他讲的道理,但这多少冲击了法律人的惯常思维。在那个年代,的确比较稀缺。

可能不同的人对这本书中具体的观点和论证可能有不同的、甚至是相反的评价,但我想,上面这些判断应该是最低限度地评价,还是大致可接受的。

二

不过,这本书的成功仍然是个小概率事件。小概率体现在两个方面,一是这本书的成功无法复制。在法学界,这20年似乎没有其他学者的其他著作可以和这本书的销量及影响力相媲美,甚至苏力自己的其他著作也是如此。虽然苏力自己认为《送法下乡》比《法治及其本土资源》好,但《送法下乡》似乎也没有《法治及其本土资源》的反响大。我曾经问过不少人认为苏力的哪部作品最好,几乎所有人都说是《法治及其本土资源》。[①] 一个作品完成后,其所产生的影响可能主要还不在于作者自己认为作品是否好,而是读者认为作品是否给自己提供想象或延伸的空间。

从这个意义上说,很多人认为《法治及其本土资源》的影响比其他的书大也可以理解。而且,有些影响可能是20年前无法预知的,只有和原有的时空有一定的隔离后,才会发现其中的价值。而读者读这本书的时间并不一致,有些读者可能发现苏力后来的著作都可以在那本书中找到萌芽。回过头来看,才发现在那本书中,苏力埋伏了后来的很多研究方向。比如,后来的《法律与文学》、《送法下乡》中的很多问题等。从这个角度看,《法治及其本土资源》的确比其他书的影响大。同样的,秋菊的故事更容易引起其他学者演绎的冲动也可以理解。

一本书、一个人所能产生的社会反响,在很大程度上是天时、地利、人和综合作用的结果。如上文所说,20世纪80年代学术书的畅销盛况此后再也没有出现,人们对文史哲的热爱程度也不能和80年代相比。从90年代开始,社会对法治和法学的需求不断增加,法学家也逐渐为大众所关注(当然,总体上,其程度比不上经济学家)。所以,这也可以说是时代背景决定的。

---

① 这里实际上也有一个作者与读者、畅销与经典之间的gap问题。

如果借用库恩的理论,①可以把那个时期称为科学革命阶段,那是个建立范式的年代,所以,容易出现让人耳目一新的观点和理论;相比之下,那时候的法学家也容易让人记住。而现在,可能属于常规科学阶段,大多数人做的工作属于对已经建立起来的范式进行补充和完善,所以,这些工作的创新性可能比起前一个阶段来说,就略显逊色。

当然,另一方面,这和那批法学家的修辞能力总体上比较好也有一定的关系。但如果从整个知识发展的进程来看,现在这个阶段(常规科学阶段)不仅是必要的,而且可能是时间上更长久的阶段。在这个阶段中,或许每个人做的工作都只是修修补补,看起来有些琐细或者不起眼,或者可能很像是盲人摸象,每个人摸到其中的某一部分。但其实如果把不同的人摸到大象的那一部分拼凑起来,也能构成对大象的整体印象。实际上,盲人摸象的问题,不在于每个人只摸到大象的一部分(现代知识的极大丰富,注定某个具体的研究可能只能揭示和解释其中的很小的一部分,认为能全面把握那纯粹是无知的自大),而在于每个人都把自己的认识当作真理。

与此相关的问题是如何进行有效的学术批评。像"盲人摸象"的那种批评就是无效的学术批评。但目前学界很多批评都属于此类。关注不到对方论证的前提、思路和侧重点,对某个细节吹毛求疵。实际上,即使某个细节有瑕疵,只要不影响整体论证的过程,或者哪怕对方过分强调了其中某个因素的作用,只要对人有启发,还是有知识增量的。比如,不管是真实的案件,还是文学作品中虚构的案件,分析的根本目的在于揭示其中的事理。如果对人们理解其中的事理有帮助,这才是重要的,是否虚构又有什么关系呢。把批评的火力集中在细枝末节的问题上,就是"捡了芝麻,丢了西瓜"。

小概率体现的第二个方面就是,这本书的实际影响,也是小概率。也就是说,可能这本书对我们的实际影响,可能并不如表面上看到的那么大。这里的实际影响指的是真正冲击我们的思维,改变那种简单的

① [美]托马斯·库恩:《科学革命的结构》,金吾伦、胡新和译,北京大学出版社2003年版。

三段论推理模式,迫使我们直面现实,从多个角度去分析因果关系的复杂性、去思考和解决具体的问题。

尽管过去了20年,但学者对事物之间、案件之间、立法者和司法者之间各种复杂因果关系的分析,仍然十分缺乏。很多研究只看到简单的、表面的、直接的关系,而对某个政策可能带来的间接的或者可能产生的规避缺乏预见性。很多定量研究甚至大数据研究也只是揭示了事物之间或者现象自己的相关性,这种相关性可能是因果关系也可能不是。因果关系很难揭示,带有很强的不确定性,需要更多细致的思考和分析。各种假演绎推理、假实证研究,以及在理穷时习惯性地诉诸道德、同情或者大词的论文仍然大量存在。

总的来说,尽管苏力为我们开了一条路,也有一些追随者,有了社科法学,而且从事社科法学研究的人恐怕是受苏力影响最深的那些人,但这20年,根植于中国的土壤、研究中国问题,并提出自己的理论的研究成果还不是太多。当然,不是没有。对于一些具体中国问题的研究,比如,侯猛对最高人民法院的研究、①刘思达对律师职业的研究②、陈柏峰对中国农村问题的研究③、王启梁的法律人类学研究④、桑本谦对很多热点案件和事件的分析,⑤都是这方面的优秀成果。

但总体上,追随这种研究进路的人数还比较少,而且经常还被从事法教义学的人认为不是主流。或者说,虽然已经过去了20年,但这种非主流的地位并没有根本的改变。当然,非主流不是就一定比主流差,前沿的研究在一定时期内也是非主流的。非主流可能仅仅说明其研究

① 侯猛:《中国最高人民法院研究:以司法的影响力切入》,法律出版社2007年版。

② 刘思达:《割据的逻辑:中国法律服务市场的生态分析》,上海三联书店2011年版。

③ 陈柏峰:《乡村江湖:两湖平原“混混”研究》,中国政法大学出版社2011年版;陈柏峰:《乡村司法》,陕西人民出版社2012年版;陈柏峰:《暴力与秩序——鄂南陈村的法律民族志》,中国社会科学出版社2011年版;陈柏峰:《农民生活及其价值世界》,山东人民出版社2009年版。

④ 王启梁:《非正式制度的形成及法律失败——纳西族“情死”的法律人类学解读》,载《云南民族大学学报》(哲学社会科学版)2006年第5期;王启梁:《习惯法/民间法研究范式的批判性理解》,载《现代法学》2006年第5期。

⑤ 桑本谦:《理论法学的迷雾——以轰动案例为素材》,法律出版社2008年版。

进路和方法对其他人的吸引力比主流的小,但这不一定是作者的原因,也可能是接受者理性选择或偷懒的结果。可能因为接受非主流的理论或方法的成本收益率比接受主流的低,所以愿意从事这方面工作的人比较少;还可能因为太超前了,其他人想做也做不了。

对于更大多数的人,尽管也知道要关注中国问题,可绝大多数的学术论文还是套路。其基本模式就是:中国现实中存在某个问题,英美法德日法律有什么规定、理论上怎么处理,因此,我们应该如何改进。都是这样的简单三段论。不要以为这种使用演绎推理方法的研究结论的可靠性更强!实际上不是这样的,因为研究者仍然可能选错了作为三段论推理的大前提,或者对小前提的判断出现了偏差,这样,其结论的可靠性其实值得怀疑。而且这样的研究实际上称不上是对中国问题的研究。这样的研究大量存在,从另一个侧面也说明这本书似乎并没有真正改变我们惯常的思维模式。所以,我不确定究竟有多少人真的认同应该从中国的实际情况出发,研究中国问题。当然,也可能有些人从思想上认同,但经过理性人的计算,发现还是原来的那种模式成本小、收益大。以大词之间关系的演绎取代对因果关系的分析。总之,我们虽然回答了一些问题,但很多问题仍然没有解决,尽管理论上这些问题可能是比较难解决的。

至于这本书中的具体的论断,其中的不少可能也被我们忽略了。虽然这本书很多人都读过,甚至读过不止一遍,而且很多人也自认为多少受到这本书的影响,但对于其中更具体的某些细节,仔细去琢磨的人可能也不多。我自己前几天再去翻这本书时,也发现其中的一些内容过去并没有仔细去思考。比如,关于变法,苏力文中提道,"法律的主要功能也许并不在于变革,而在于建立和保持一种可以大致确定的预期,以便利人们的相互交往和行为"。[①] 可不管是研究者还是法律实践者,可能内心潜在的指导思想还是法律要随着社会的发展变化而变化。后者在理论上看似乎没错,但仔细想想这些年司法领域的各种改革措

---

① 苏力:《法治及其本土资源》,北京大学出版社2015年版。

施的实际效果,我们或许需要更审慎地思考这个问题。

我以前比较相信读书会对一个人产生影响,甚至可能改变一个人,因为我自己很清楚哪些书、哪些人具体影响了我什么,或者改变了我的什么观念。但这些年的经历使我越来越怀疑这个结论。读书,可以增加知识,但不一定改变人。很多人也读过很多书,但读的书并没有改变他们什么。当然,这并不是说每本书读了都会改变我们什么,因为有些书本来就是知识介绍,目的也只是为了提供知识,而不是启发思维;而且书有好有坏,人也有不同的偏好。但为什么同样的文本不同的人解读出来的很不一样甚至相反,是至今仍困扰我的问题。人的认识究竟怎么来的?它通过什么影响一个人?分析哲学从文本本身可能存在的歧义入手,而接受理论则从读者的角度进行分析,但似乎也没能很好说明造成这种现象的内在机理。所以,我不确定我们从他人那里学到了什么。

能佐证我这个看法的一是发现很多这本书中提出的问题[①]今天仍然还在,也就是说,20年了,状况并没有大的改观。苏力自序中提到"中国的当代法学研究,尽管在一些法律实践问题上有了不小的进步,但在很大程度上,仍然停留在对一些命题甚至是政治命题本身的分析演绎,仍然趋向于把法学视为一种普世的知识;仍然对中国当代城市和农村、对中国人因为他们的生产和生活条件而形成的行为方式缺乏关注;仍然试图并更习惯于用18、19世纪西方学者的一些应然命题来规定生活。法学研究的方法也相当落后,从应然命题到应然命题,缺少对社会的其他学科的了解,缺乏对支撑法学研究发展的理论的研究和包容,缺乏对司法问题的综合性研究……中国法学的成熟还有漫长的道路要走",[②]20年之后还是问题。从这个意义上说,理论可能并不那么重要,或者可能不如我们以为的那么重要,不要以为理论一定就可能有正面的影响,但作为从事理论研究的人来说,如果不相信理论的作用,

---

① 当然,"问题"有problem和question之分,这里主要针对后者。

② 苏力:《什么是你的贡献(自序)》,载《法治及其本土资源》,北京大学出版社2015年版,第5页。

那似乎又失去了安身立命之本。

二是总体上看，赵晓力的序仍然是最好的书评。尽管这些年关于这本书有不少书评，可能涉及其中的某个方面或者某些方面，这些书评或基于该书的一些延伸的论述也有不少有价值的评论或者洞见。但从整体上把握这本书的发现和价值的最好的书评，我认为仍然是赵晓力的序。所以说，很多人看书可能仅仅因为有名。对他们来说，仅仅是多看了一本书而已。当然，这并不是要求每个看这本书的人都要因此有很大的改变，因为对不同的人来说，能引起共鸣的书是不同的，不同的书对不同的人的启发也不一样。这里主要是借这本书分析一下这个问题。

三

尽管现在我认为通过一本书或者一个人改变人的思维方式、认知方式和行为方式可能很难，但还是希望洛克的“白板说”①是对的，或者不管它对不对，我们都相信它是对的，也希望这本书多少能起到励志故事的作用。借这本书出版20年的机会，反思一下这些年的法学研究，希望它能够真正改变一些人的学术研究进路，产出更多的有价值的研究成果。

由于各人的偏好和前理解结构的不同，我们不能、也不必指望每个人都有相同或相似的学术进路；而且，不同的研究进路也是保持学术多样性和学术生命力的必然需要。从这个意义上说，不同进路是平等的，保持开放是必要的。但正如“人生而平等，但有些人更平等”，学术研究的价值同样如此。从这个意义上说，选择是必要的，而且是重要的。

我认为，学者的主要贡献在于其反思能力。虽然很多人也明白并认同这一点，但在遇到具体问题时，其反思能力似乎并没有表现出来。

---

① 洛克：《人类理解论》（上），关文运译，商务印书馆1959年版，第68页。

在一些学者那里,反思仅仅是姿态,而不是行动。

这些年,我们一直在强调中国处在转型期。这可能是个事实,但以此作为学术研究的假定,有时会产生误导。转型期在某种程度上成为一个拒绝进一步思考和分析的托辞。任何东西,只要读者无法解释,就装进转型期这个大口袋中。事实上,哪个社会都在变化,有时候可能变化大一点,有时变化小一点,但我们能否把变化大的时期称为转型期?既然有“期”,那就有起点和终点。我们可能可以以改革开放作为起点(但实际上这也是不准确的,比如不同学科转型的起点并不一定和这个时间节点重合),但终点呢?目前是转型期结束还是没有?也可能还处在转型期,但处于不同的阶段。

中国现在经济状况和社会状况和20年前已经有了很大的不同。经济结构、社会结构都发生了巨大的变化。20年前,我们可能谁也没想到中国会成为世界第二大经济体。这是个非常重要的客观事实。经济基础决定上层建筑;而且,从比较法的历史来看,经济落后的国家难免有改变自己状况的冲动,并很自然地学习和移植更先进国家的法律,这可能没错,但由此带来的制定法和本土规范、本土文化之间的冲突和矛盾也同样在所难免。经济的发展可以给国家带来自信,至少可以吸引本国的研究者研究本国成功或进步的原因,甚至也会吸引其他先进国家的人来研究该国问题。比如,现在国外对中国经济问题的研究已经比以前多了很多。出口转内销,或许这进一步会促进对中国问题的研究。

20年前,我们可能对中国还不那么自信,我想,现在应该有很大的不同了。但在法律领域,我们似乎还是和20年前一样自卑,没有多大改变。我个人觉得,尽管在法律方面还有很多问题,但我们还是取得了不少进步,我们不能忽视这些年的进步,也应该自信一些、从容一点。自信,有时是坚持自己道路的支撑。从容,才能不犯急功近利的错误,才能更多地进行长远的规划,而不是急急忙忙把眼前的难题对付过去。希望中国这些年的进步可以让更多学者把视线转回国内,而不是只关心英、美、德、法、日的法律有哪些规定。我们的很多学者可能对美国的或者德国的了解比对中国的多。这并不正常。事实上,国外的学者对中国的关注也在逐步增强。

除了自信心和20年前的不同之外,中国的社会状况在这20年间也发现了巨大的变化。20年前,我们恐怕无法预知网购给中国人的生活方式和行为方式带来的巨大变化,也一定程度上重塑了中国的产业结构。从这个意义上说,这20年中国涌现了无数新的问题,需要学者去研究和探讨。因此,不是没有研究课题,而是缺乏发现问题的能力。

如果和从事实务的人多接触,就会发现,中国各行各业都有我们这些外行未必了解的隐情或者潜规则,这些潜规则可能才是左右事情的关键因素,而这些你是无法从正式的文本上了解到的。接触多了,你可能才发现关键所在。这些都可能成为学术研究的素材,但需要我们去了解、去思考。比如前一阵网上有关于方便面销量大幅下降的报道,我看很多网友的评论就很到位,认为原因主要有两个:一是网上订餐很方便;二是高铁缩短了旅程,坐火车吃方便面的人少了。

其实要研究的话,随手都是素材。再比如,住在城里的人都知道,现在邻里关系比较淡漠,你可能连住在你对面的人是谁也不知道。但实际上,你要想想为什么,以前常说“远亲不如近邻”,那是因为在过去在公共服务不发达的情况下,邻居可以为你提供实实在在的互惠服务,大家需要互相支撑,所以会进行长期的情感投资,这是一个长期的博弈过程,所以其回报存在一定的不确定性。而现在,商品经济日趋发达,你需要的服务,很多都可以在市场上通过货币购买,你对邻居的依赖程度,就会大大降低,你也可能就不会去进行那样的投资,因为购买服务的成本和收益是确定的,事先可以预知。因此,很多人会更倾向于这种方式。可见,这只是社会条件发生变化的必然结果,从道德方面试图改变完全不得要领,也不可能有成效。

实际上,受冲击的不仅仅是邻里关系,还有作为社会关系基础的家庭关系。“养儿防老”和“远亲不如近邻”的道理是一样的。随着城市化的发展,这种方式也受到挑战。子女和父母长期居住的可能性在变小,即使居住在一起,也很可能因为工作的繁忙而很难对父母有实实在在的照顾,尤其在父母生病时,可能只能请护工照顾,而不是由子女直接照顾。夫妻关系同样如此。苏力曾分析过婚姻制度的社会功能。[①]在妇女不能出去工作的社会中,结婚是保证女性生活或者改善女性社会地位的重要手段,婚姻制度不仅对养育孩子有重要作用,也是对女性的保障。随着社会的变化,越来越多的女性有了自己稳定的收入,有的收入甚至比其丈夫还高,这为女性单独抚养孩子创造了条件。同时,社会流动的加剧、再婚市场稀缺性的下降都可能导致离婚率的上升。甚至,随着结婚和养育孩子成本的增加、婚外性资源获取的方便,不少人甚至选择不结婚。

事实上,如果不打算生育后代,结婚、同居、同性恋是一样的。因此,人们现在对同性恋比原来更宽容也可能和多余婚姻模式的出现有关。在未来,虚拟现实技术甚至可能对婚姻制度造成更大的冲击。感慨世风日下、道德沦丧没有任何正面效应。这些道理都很浅显。类似的问题,如果经常思考,就能明白其中的因果关系。不一定写论文,多思考对理解各种问题都有好处,平时多想想,或许写论文的时候,就不会那么难了。就怕不动脑筋想。2015年"两会"上,中国建设银行行长张建国说银行是弱势群体,大家都笑了,但他的说法结合语境和所说的问题是有道理的。[②]有些可能有学术价值的问题就这样被我们一笑而过给忽略了。

网络有一些好处,就是每个人都有发表自己观点的机会。我们可能不一定从学术渠道了解很多有价值、能给研究带来启发的信息。有时候换个角度,或者换个身份,或许也对我们的研究有启发。有实践经验的学者型官员有可能为学术研究带来一些新的思路。比如,前一阵在微信上看到的厦门大学赵燕菁的《土地财政:历史、逻辑与抉择》[③],我觉得就是一篇很好的文章。这篇文章从功能上解释了土地财政在中国的作用,使用西方的概念,但没有套用西方的理论。用相对简洁的理

---

① 苏力:《为什么"朝朝暮暮"?》,载《制度是如何形成的(增订版)》,北京大学出版社2007年版,第3~23页。

② 《建行行长张建国解释银行为何是弱势群体》,载 http://finance.sina.com.cn/china/jrxw/20150306/073121659437.shtml,最后访问日期:2017年11月27日。

③ 赵燕菁:《土地财政:历史、逻辑与抉择》,载《城市发展研究》2014年第1期。

论,解释了一大堆问题。这样的文章很好。其实,生活中有大量类似的问题,就看看我们有没有能力把它们挖掘出来。

关于这方面,2016 年中共中央办公厅印发了《从律师和法学专家中公开选拔立法工作者、法官、检察官办法》,[①]尽管在实践中还可能遇到意想不到的问题,但这可能是个有价值的改革。希望能为法学界带来一些新的角度,促使某些法学教授改变仅仅从自己的利益考虑来评价公共政策的做法。很多学者在发表自己的观点(比如关于雾霾)或者提出政策建议时,经常自觉或者不自觉地把自己的利益当作普遍利益,他们从来不考虑不同的阶层、不同的职业、不同的人群是有不同的利益的。这些利益在一定条件下是相互冲突的,维护某种利益必然损害另外一种利益,决策者不可能有两全的、让所有人都满意的决定。他们凭借自己的话语权论证自己的利益时,并没有考虑到很多没有话语权的人也有自己的特殊利益,哪怕他们的利益在学者看来不那么正当或者不那么有合理性,但这是支持他们行动的动力。你不能否认它们的客观存在。

最后,说一点可能有点残酷的事实,就是不要被书骗了。我们的观念一直是读书可以让人明理,可以开民智。但书本和文字可能还有另一面,就是编织一个看似美好、无矛盾的社会或其中的某一方面,让我们以为现实就是如此。读了很多书以后,我们可能不知不觉中毒了,以为现实就是如此。[②] 这是很多学者多多少少有的毛病。因此,当面对残酷的现实时,一些人就会崩溃。不要把这种崩溃用高大上的理由进行解释,实际上就是中毒太深,无法自拔。这其实和吸毒没什么两样。当然,也有能充当解毒剂的书,所以,关键看你读的是什么书。我想,读书的真正目的在于怎么不被骗,但现在很多人读书变成被骗了,不仅不自知,还替被骗找理由。当然,如果可以一辈子被骗而不被戳破,也是很幸福的,但关键是,很多人可能未必那么幸运。

---

① 《中共中央办公厅印发〈从律师和法学专家中公开选拔立法工作者、法官、检察官办法〉》,载 http://news.xinhuanet.com/politics/2016-06/26/c_1119114239.htm,最后访问日期:2017 年 11 月 27 日。

② 我一个朋友称为"自我催眠"。

《法律和社会科学》(2017)
第16卷第2辑,第256~272页

城市中国的法理乡愁
——重读《法治及其本土资源》

廖　奕*

摘要:围绕转型中国的法治问题,苏力在《法治及其本土资源》一书中提出了许多开风气之先河的命题和思路。但20世纪90年代国人的日常生活,在苏力的论说中被选择性遗忘。虽有秋菊和山杠爷这样的文学样本,也有贾氏、邱氏这样的真实小人物,但苏力始终没有将焦点投射到这些微观个体。苏力对秋菊这样的法文化符号的塑造和解读,并未真正做到尊重原初生活的本真以及原创者的文学真实。苏力所说的本土资源并非纯粹的中国传统,更大程度上是以西方英美为隐形参照的"东方主义"。但破除法律意识形态的束缚,回归正常的法律制度功能研究,是苏力坚持的学术追求,也是《法治及其本土资源》至为显著的智识贡献。

一、为什么重读

这倒不一定因为它是一部经典。《法治及其本

* 武汉大学法学院教授。

土资源》初版问世[①]即在学界引发关注、博得热彩,亦有不少学识丰厚者提出各式质疑。[②] 如果将严肃的学术批评视为另一种喝彩,那么,无数的跟风解读、随意误读则无疑是“踢馆”了。至于“沉默大多数”为何无动于衷,是否需要外力唤醒?重读这本充满趣味且富有争议的法学文集,不啻为一次有益的探索。

相比于初读时的费解、恍惚,二十年过去了,随着读者理解力的增强,当时的疑点已不复存在,许多原本无疑的地方却又晦暗不明起来。例如,作者苏力教授原来是“三观”极正的学者,无论是世界观、人生观还是价值观,甚至政治观,在他的代表作里原本有些漂移的形象,逐渐变得清晰端正。他对市场经济与法治(制)关系的探讨,问题源自当时的主流政策/学术话语,所谓“市场经济本质上就是法治(制)经济”。与众多的反思批判不同,苏力采取的论述方式很时尚,确切地说,很美国,特别“跨学科”,至少包括法律经济学、法律社会学、法律与文学、法律教义学(刑法和民法的相关分析)等多种理论资源。苏力试图将这些理论武器灵活运用,证立一个他所坚持的真理:“要建立现代法治,首先一个重要问题是重新理解法律”。(第6页)法律是什么?这个经典的法理学母题,苏力从未放弃过。

论述技法的炫酷,对真正的法律学术而言,只是一个微小的侧面,不一定产生法理学上的革命性后果。虽然苏力一直谦虚推让,称其无意于重塑理论,一切都有待于时间和公共选择。但如何重新理解法律?这个问题显然是一个有关法律本体认知革命的话题。在此意义上,重读此书,相当于重温法理学的母题,将一个历经千年不得正解的方程式重新翻检出来,在苏力公式的引导下,再次尝试有无新的破

---

① 苏力:《法治及其本土资源》(第1版),中国政法大学出版社1996年版。后引简称《法治》,页码皆在正文中标明。

② 例如许章润先生谈及:“我读完这本书后,觉得苏力诸文深深浸润着美国式的实用主义取向,强调法律运作的‘社会成本’等项。但过于强调这一切,而无价值追求为导向,亦颇有问题。……有一个悖论,实不止于苏力或当今中国法学。即强调本土资源者其所用方法、理论范式,乃至于价值取向以及绝大多数思想材料,却是西方的。偶尔引用孔子两句话,或于篇首引《论语》或《庄子》中语作为题旨,也是装点性的,可有可无。”参见许章润:《〈法治及其本土资源〉随谈》,载《比较法研究》1997年第1期。

解之法。

还有一层意思,多数读者都应明了。世异时移,沧海桑田——今日之中国与二十年前的中国,在法治建设问题上,究竟有无本质的不同?当初的问题是否依然存在?如果存在,我们是否还要停留在原有的测度位置上去摸寻遗失之剑?如果不在,到底是怎样的解决过程?是否又滋生出新的困惑和难题?

毋庸置疑,苏力在《法治》一书中提出的问题具有跨时空的特点,虽然是比较典型的中国问题,在比较法的视野下,也不难找到类似例子予以参照。若要用一个笼统的框架概括苏力当时的问题,我们可称为"转型社会的法治建构",尤其是当代中国法律类型和系谱的反思和重建。这样的题材作品,非常适合在重读后判别,在时间之流的伟力下澄明通彻。

二、沿着疑点重读

作为回国后的初作,苏力对《法治及其本土资源》的编排费了很大心思。他的思考虽然关注点众多,但主要聚焦于三处:一是"研究中国的现实";二是"关注中国的司法";三是探讨"中国法学研究的规范化,其中包括学术批评和法学教育"。(自序,第5~6页)对于法学研究者而言,前两点属于"外部关注",第三点属于"内部关注"。三点连线,读者看到的是一幅由远而近、由著及微的图景。有心折叠者可以将这条思考的线弯曲回旋,摆弄出一个不规则圆圈或立体三角模型,构成一个自成一格的"苏力之面"。

如果上述解释过于牵强,扭曲了作者的原旨,下面的读解将本着苏力倡导的问题意识,由问题疑点出发,重思原著的内涵和不及。

(一)"乡土中国"在90年代存在吗?

不少读者注意到,苏力虽然在序言中提及《乡土中国》一书,但在正文中却无直接援引。对经典而言,大概形式化的引用并不紧要,是否遵循其“精神”才是关键。① 问题在于，中国社会学乡土派的研究讲求实证性，90年代的中国到底还是不是费孝通先生笔下的那个乡土中国？这绝非一个无关紧要的问题，它关系到苏力论证的前提是否成立。

当然，90年代的中国依然存在大量的民间习惯法，但它们总体上都处于激烈的动荡之中。绝大部分国人都接受并认同了改革开放的合法性，对外国物质文明以及发达国家的理想法制无限憧憬、势若迷狂。在“道路通向城市”（苏力的另一部书名）的大背景下，乡愁是一种不合时宜的东西。如果真有人民大众的公共选择，绝大部分人可能会站在“变法派”这边。苏力的挑战注定属于边缘化、节制型，甚至必须带着一定的伪装和掩体。

此处，我想作一个不太成熟的假设：如果苏力认真研究了90年代中国的城市化进程后，他会不会转而提出一种系统的都市法理论？乡愁很美好，辛酸的美好，它不只存在于乡间的小路、秋菊和山杠爷的村庄，它其实早已盘踞在高楼林立、人口密集的城市，扩散汇聚在鱼龙混杂、新旧交替的郊野。

评价90年代的中国法治，可以从多重主体的法理视角出发，所获取的图景必定是斑驳离奇。形式上的变法，只是国家法律理性化的一部分；“建立市场经济法制”，说来说去，终归是一个无奈且无害的口号。这些不能代表，更不能代替真实的90年代。乡土调查导向的国情论者从整体上欣赏苏力的主张，但在事实细节上却保持默观和疏离。政策设计者也很难认同苏力的说法，虽然其反调唱的很艺术，很委婉，很恳切，很实在。但它毕竟是没有一线调研的学理议论，很难进入决策者的权力之眼。反倒是读书不多、阅历不深但又热爱真理、追求创新的法学青年，对之顶礼，为之膜拜。

试举几例。比如，计划经济时代的法律和政策，算不算习惯法？为了改变传统体制的恶疾，90年代的国家机器发动变法运动，但旧的权力结构惯性短期内很难克服，这算不算一种习惯法的力量？这是国家

① 许章润先生在前引文章中，也对苏力的过度引用颇有微词。

层面的政治习惯法问题。再如,社会层面的民间习惯法,在90年代的中国是否还是乡村文化主导?翻检当时的资料,不难发现,90年代"乡土中国"的痕迹已日益稀薄,城市化率再创新高,经济高速增长的动力与新国家制度系统密切相关。国家权力在乡村社会的松动,与城市治理力度的强化并行,这本身就是一个值得追问的矛盾。随着城市化进程的不断加速,特别是国家治理需求的增长,90年代以来,中国新法律、新问题的层出不穷,进一步瓦解了传统乡土中国的习惯系统。如果没有对城市化的反思,单纯从"国家与社会"的二元框架,或"城乡对立,一国两策"的既定立场出发,很难说尊重了90年代的中国现实。

如果说改革后的"国家新习惯法"尚未形成,90年代中国法制建设最大的困难,或许不在于对法律功能的再认识和寻求传统资源的补足调剂,而是一个彻底的国家能力和社会权力如何均衡的战略问题。

总之,90年代国人的日常生活,在苏力的论说中被暂时遗忘。虽然有秋菊和山杠爷这样的文学样本,也有贾氏、邱氏这样的真实小人物,但苏力始终没有将焦点投射到这些微观个体。反而对于转型、现代化、市场经济、自生自发秩序等大词的运用,驾轻就熟;对后现代的批判和解构精神,态度暧昧,对国家法和所谓民间习惯法的互动融合,语焉不详。这些刻意的留白,为读解者、评论者创造了无穷的想象空间,引发了独特的本土资源热及苏力现象学。

(二)顶层设计和法治战略研究:盲区还是重心?

苏力在书中似乎有意将变法模式、接轨论与法律移植派等同,认为全盘借鉴西方现代性法治的观点有极大的现实风险。作为现实主义的法治实践论者,他非常警惕法学家或政治家对法治建设的顶层设计,向往某种人民群众的自发创造。

90年代的中国法治很难说已经具备了"顶层设计",用当时流行的活说,必须"摸着石头过河"。这种实验型法治或曰试验主义的变法模式,很快得到社会科学研究者的普遍认同。不唯法学家留意,更早为经济学家特别是关注制度经济学的学者热捧。直到今天,虽然形式上法治中国顶层设计模态初备,但这是否代表了战略意义的法治思维和制度的转型规划仍存疑问。事实上我们仍在继续求索,“摸着石头过河”。

由此,一个值得深究的问题是,90 年代的中国执政党到底有无对法治的顶层设计规划？哪怕是一些思考和讨论？今天的法治中国顶层设计,对于 90 年代而言,是承继,还是超越？

重读苏力的《法治》,可以体味出他浓烈的法政治学情怀。虽然表面上他拒绝了这些“说不好、不好说”的政治问题,但内里潜藏着对当代中国法治战略研究的兴趣。他近些年的系列研究,特别是对古典中国宪制研究的新成果,都在刻意和无意之间导向于斯。①

(三)比较法的功用？

相比于一大批整日呼喊法律移植的食洋不化者,苏力的保守观点势必显得“极端”。这正是他的聪明所在。他所使用的比较法武器,绝非为了法律移植的学术利器,技术性的规范比较难以彰显其理论雄心。诚如《变法、法治及本土资源》(收入该书的首篇论文)所批评的,很多国家和地区法律移植和理性设计的成功范例,“也许是一种迷惑人的表象”。(第 5 页)他要证立的命题是:“中国的法治之路必须利用中国本土的资源,注重中国法律文化的传统和实际”。(第 6 页)他的聪明之处在于,一开始绝不涉入技术层面的细微谈论,只是“从理论上说明为什么能否以及在多大程度上利用中国的本土资源”。(第 6 页)这样的表达有些像管理学上的 5W2H 公式,关注原因、主体、事情、时间、地点、方法和程度,但又不承诺全部解决。灵活运用比较法,苏力是个好例子。

饱读西学经典和前沿著作的苏力,当时已经站在了比较法研究的高点。《法治》充盈着法律文化比较的气息,是一部不折不扣的比较法佳作。但如前所述,苏力的观点在当时的法学界(包括比较法研究群

---

① 例如苏力:《大国疆域及其政制构成》,载《法学家》2016 年第 1 期;苏力:《齐家:父慈子孝与长幼有序》,载《法制与社会发展》2016 年第 2 期;苏力:《齐家:男女有别》,载《政法论坛》2016 年第 4 期;苏力:《宪制的军事塑造》,载《法学评论》2015 年第 1 期;苏力:《文化制度与国家构成:以“书同文”和“官话”为视角》,载《中国社会科学》2013 年第 12 期;苏力:《作为制度的皇帝》,载《法律和社会科学》2013 年第 2 期;苏力:《精英政治与政治参与》,载《中国法学》2013 年第 5 期等。

体在内),还属于一种新生的可争论事物,故而很难立刻进入主流的视野。重读此书,我发现一个值得主意的细节。收入该书的十六篇文章,只有一篇,并且是最后一篇比较务实且带有鲜明对策报告色彩的文章,发表在中国政法大学主办的《比较法研究》。[①] 这是一本迄今为止大陆学界唯一的严格意义上的比较法研究专门期刊,苏力在1994年发表的一篇文章中称其为“无论发表论文的水平还是编辑水平都属于国内一流的学术杂志”,并为其未被列入“核心期刊”鸣不平。这或可成为证明苏力当时的比较法研究难以得到主流认同的一个证据。

“礼失求诸野,今求之夷矣。”[②]苏力没有提后半句,实际上,他的本土资源并非纯粹的中国传统,更大程度上是以西方英美为隐形参照的“东方主义”。这一点,在他的对法治、司法和法学教育的整体研究中都有体现,司法研究尤甚。

(四)法律文化符号的解释,或重塑?

既然以法律移植为主线的制度设计论不可取,怎样的法治路径才适合中国?当时的苏力也许也很困惑,很迷惘,一直试图回避否定后的肯定,解构后的建构。但他深知,这是一个无法规避的问题,甚至当时中国比任何时候都需要正面这个问题。他期望“礼失求诸野”,寄望伟大的人民和神奇的时间,将法学家高贵的目光转移到移植论者眼力不及的民间荒野,希冀发现法治资源的富矿,完成传统经典体制的文化续造。文化保守主义的“传统的创造性转化”,是一个理解容易、操作困难的悖论。苏力的选择是,通过法律与文学,更确切说是法律与文化的研究,利用大众文化的素材破解现代性法治的迷思。

最典型的苏力式法律文化符号,当属代表国家法和民间法冲突的秋菊。围绕秋菊,特别是苏力对她的全新解读,中国法学界已有大量论

---

① 事实上,苏力个人比较看重《比较法研究》杂志,由来已久。1993年,他以北大法学院讲师、亚利桑那法学博士的身份,在这本期刊的第2期发表了《福柯的刑罚史研究及对法学的贡献》一文,但未收入《法治》一书。

② 明人许次纾在《茶经》中有言:“茶不移本,植必子生。古人结婚,必以茶为礼,取其不移植子之意也。今人犹名其礼曰下茶。南中夷人定亲,必不可无,但有多寡。礼失而求诸野,今求之夷矣。”

述。法理学的想象力，在苏力的文化典型分析拉动下，充分激发。但一方面，文学（文艺）的想象代替不了法治生态的现实；另一方面，文学文艺作品有其特定的生产传播逻辑，法律人的专业想象也不能侵犯原作者的“文学律法”。[①] 由此产生两方面的风险：一是用虚拟的场景替换现实的语境；二是过度诠释和越位思考。

这不是对苏力先生的特定批评，在当前的法律与文学研究中，这些情形并不鲜见，甚至比较普遍。虽然苏力在当时的研究中，已经尽可能预防了可能风险，但秋菊在他的笔下还是成了一个现代国家法运行的牺牲者。从一个权利觉醒的抗争者，变成一个最终受害的献祭人，“秋菊的困惑”比“山杠爷的悲剧”更加发人深省。苏力在书中的潜台词是：山杠爷被捕，失去的只是暂时的自由，但会得到上级和村民的体谅，会让他日后受偿；但秋菊打赢了官司，却失去了人心，家庭、老乡的误解，连同她自己的内疚，都会让她终生戴罪。

由秋菊符号引出的，为苏力反复论述的当代中国的法律多元问题，实际上早已被政治设计转化为法律（社会治安）综合治理体制方案。[②] 如果博观当时大量的实证材料，如内部资料、一手素材，我想，苏力当初的观点可能会有不同的表现。也许作者心知肚明，只不过为了方便理论建构而增添文学叙事，必要的裁剪加工自不可少。他的观点为当时正在兴起的多元纠纷解决方式，从理论和实践上都形成了呼应，提供了理据。法律多元的背后，满溢着西方经典法治范式的余韵。

广大中国农村及城市中生活在乡土状态的秋菊式妇女，她们的抗争行为是转型社会矛盾集中爆发的缩影。解决此类纠纷，单单强调法律的强力性规则作用必定不足，在中国，多样化的权威资源很早就形成了一种“综合治理”框架。但官方权力异化的问题不解决，宗教法、习惯法，以及各类自治法的作用都难以精准到位。区分正态的国家法和

---

① 廖奕：《文学律法的伦理光照：卡夫卡〈审判〉新论》，载《外国文学研究》2015 年第 2 期。

② 廖奕：《法律多元与情欲综合治理：以〈西游记〉为例》，载《哲学与文化》（台湾）2014 年版。

异化的国家法,应当是有效的国家法批判的前提。对秋菊而言,如果真的存在正态的国家法运行,她还会是那样的悲剧人物吗?秋菊的故事,到底哪些关键的情节被文学家和法学家共同遮蔽了?特别是就苏力这样的法学家式的批判解读而言,是否做到了尊重原初生活的本真,以及原创者的文学真实?

三、以秋菊为例

(一)作为秋菊原型的何碧秋

秋菊,在陈源斌小说《万家诉讼》中,本名“何碧秋”。她的故事发生在安徽与江苏交界的西北乡王家村。村委会主任(小说、电影和苏力书中的“村长”)王长柱打了她的丈夫,何碧秋带丈夫到就近的外省区医院验了伤,开了证明,取了旁证,找村长讨个说法。①

在去乡政府的渡船上,船工似乎别有寓意地说:“有水便生风,有风便有浪,过了这段深涧,会平静的。”虽然碧秋也觉得村长打骂一下底下的村民无非不可,但朝下身踢,要人命就不合体统了。这倒不是因为她要生育,也不是因为那个地方有什么特别的文化含义,实在是因为村长的伤害行为已经超过了村民忍受的底线了。因此,她对船工的话并无太大的理会。

李公安和村长的形象,在小说原著中并不像电影里的纯净光明。李公安经常到村里与王长柱吃酒,字里行间隐约可见,吃喝的账款都由村上支付。就连李公安提出的调解(搭桥)方案,也公然将赔偿费一分为二:医药费由村里出,误工、调养等杂费由村长个人出。当碧秋到村长家领取钱款时,不知是气话还是实话,村长说:二十张崭新的钞票都是村上出的。这无疑表明:村长并不认为自己的行为是错的,即使赔偿也是公家的事情。更让碧秋难以容忍的是村长借此对自己的“污糟”,

① 陈源斌:《万家诉讼》,载《中国作家》1991年第3期。

所以回家对丈夫说:“这个理不扳平,今后没法活”。

接下来就是径直到县里去告状。本来碧秋还指望再通过李公安搭桥调解,未料再去找他时已不见踪影。加之信任已失,碧秋疑心两人合伙做套,诱她去钻。看来,小说里的李公安哪里是什么肯自掏腰包买点心,一心一意帮村民的好人,他不过就是20世纪八九十年代中国乡镇干群矛盾极度紧张的一个样本。

碧秋先是鬼使神差般的到了县法院,却被人告知:找错了地方,公安局不在这里,还需七拐八弯才是,并且还得有一份状子。于是,碧秋花了三十五块的冤枉钱,找路边摊写了份华丽丽的烂诉状,被公安局的同志退回。在其指引下,重新走正规程序。到了一家司法局办的律所,由一位三十多岁的小吴律师执笔写了份规范的文书递上。未料第二天,碧秋遇见了李公安,极有可能,他是被上级通知来“领人”的。县公安局很快作出了行政裁决,但碧秋听到的内容(因她识字不多,由旁人念述)与李公安的调解结果并无两样。最后,她干脆卖了两头催了一半膘的猪,到了市里继续上告。

碧秋虽识字不多,但也是个明理之人。更重要的是,她的学习能力很强,对国家法律的程序要求,能在短时间内把握要领。从小说的描述,我们可推知她的年纪应在四十上下,或许更大,不然三十小几的吴律师不会让她称呼其“小吴”。她或许在城里打过工,至少她不是因为告状才第一次进城。总之,她的学法能力、阅历和经验皆非秋菊那样的年轻女子所能比。例如,她再次到县城,知道自己这次要走的是行政复议程序,而能否得到有利于自己家的结果,局长大人是关键。

在热心快肠且博闻强识的旅店老板指引下,碧秋找到了市公安局严局长的家,送了四条大鱼,代表“事事如意”、“年年有余”,但可惜的很,未见其人。她知道,即使是后来市局作出维持结论,也不能由村长传达,更何况这次传达又成了村长摆局污糟自己的机会,这让她有了继续抗争的动力和理由。

小说中的严局长也不似电影中的亲民廉洁。至少,他收了身份不明者的四条大鱼却佯装不知。当碧秋找到他办公室后,还准备将这麻烦的小事推给分管局长。但严局长从表面看是廉洁的,并且很是英勇。他没有住在公安局的大院,而是蜗居在爱人单位的宿舍;他办公室的陈设非常简单,就连用的茶杯也和乡里的李公安一样。某日夜晚,严局长一人与三个流窜到本地作案的盗窃惯犯殊死搏斗,最后英勇负伤。更难能可贵的是,在当时法制意识匮乏的大环境下,严局长竟能对一个碧秋这样的农村妇女说:“权限是有制约的,你不服,可以向法院起诉,这是你的权利。”这样的法治话语,哪怕是放在今天,也着实令人心怀温暖、平添敬意。

但后面的描写让人又生疑惑。碧秋家的纷争,作为一起民告官的典型案件即将开庭,县城宾馆住着好些记者,而碧秋却还不明内里,稀里糊涂在看热闹。这或许是一件早有计划和安排的典型案件,严局长正是背后最大的“推手”。他也许一直在思考,如何在新形势下塑造一个不仅廉洁、英勇,而且懂法、守法的好局长形象,当碧秋闯入他的视野,灵感乍现。一切水到渠成,天衣无缝。

小说对法庭审理的细致描述,在电影中被大大简化。虽然小说的司法过程描写也不够专业,甚至带有很多硬伤,但毕竟表明了原作者陈源斌的法制创作意图。一审败诉后,碧秋毫不迟疑,表示要上诉。后面的事情也没有电影中的戏剧化,只是交代村长王长柱被警察铐走,算是此件纠纷的了结。碧秋虽有些不解,但决无秋菊的困惑和内疚,只是觉得自己不过是想寻理讨法,怎么成了抓人坐牢?

(二)作为《秋菊打官司》原型的《万家诉讼》

据陈源斌自述,他写《万家诉讼》这个中篇,缘起省城家中的火灾。特别是烧掉的许多手稿,让他心痛不已。为了纾解心中郁闷,他在招待所闭门不出,着魔般写作,借着那些年在农村挂职的体感,十天一气呵成。① 未曾想,这篇小说取得了文学界的轰动;更未曾想,这篇小说还被改编成了红极一时的电影《秋菊打官司》,“秋菊”成了一个时代甚至几个时代的文化符号。

---

① 陈源斌:《关于〈万家诉讼〉》,载小说月报编辑部编:《小说月报第5届百花奖获奖作品集》,百花文艺出版社2001年版。

碧秋故事的原型地应是在陈源斌的家乡——滁州天长——一个被江苏环抱的安徽县级市。此地向来经济不错、农业富庶、交通便利，小说里的碧秋也不像电影中的西北乡下女人那般贫穷省俭，生活虽然也不宽裕，但却不失基本的体面。她的“权利”意识，如果真实存在，应是源生于此种“经济基础”，特别是改革开放后中国城镇化加速的社会大环境。小说中提到的“那个法”，指的就是1990年10月1日施行的《行政诉讼法》，出台这部法律，一个重要背景正是城镇化与经济快速发展带来的日益紧张的官民矛盾，官方习惯称为“干群关系”。村长的权威日渐消损，寻求救济、讨要说法的途径日益便利，这些都让村民自觉有了抗争的底气。

小说中对县城光怪陆离的繁华景象之刻画，折射出快速城市化时代的转型中国特有的矛盾景观，反映出当时人们普遍怀有的金钱欲望、解放欲望。然而，传统治理模式依然运作如故。为了应付上级的农业检查，村长不惜使用暴力，逼迫村民拔掉青苗改种油菜，引发了日后的纷争。最后的纠纷解决方式，显然也不是法律正常运作的结果，并没有电影中的理想情景。极有可能的情况是，村长因未能妥善解决“万家事件”，将小事闹大，破坏了当地政府的形象而被“内部处理”。（通过李公安在县城对碧秋说的话，可以看出）即使行政诉讼最后（也许并非最终）还是从形式上维护了政府的面子，但事实上的不良影响已经造成，必须从根源消除，于是有了带铐抓人的结局。就其本质而言，小说依托的故事原型是20世纪90年代初期中国乡村治理中常见的反法治现象，骨子里并没有任何赞颂国家法律或乡土习惯的用意。

不得不说，《秋菊打官司》的电影剧本是一次对原作的“颠覆式”改编。编剧刘恒与陈源斌不同，他更希望自己的作品直指人性，而并非法制。新剧本虽然也展现了90年代中国的城市化背景，但并未深层触及城市化带来的农村结构变迁以及农民心态的变化。当张艺谋放弃在苏皖地区（这也是苏力先生的家乡）拍摄，转回自己的老家——陕西陇县乡村，此种裁剪就变得更为紧要了。影片让观众进入到一个闭塞、落后的黄土地中国，虽然也有乡、县、市的场景，但从头到尾似乎都在有意迎合发达状态下城市居民的乡土想象。为了避免重蹈覆辙,在审查关上的“滑铁卢”,张艺谋和其他主创人员力求将这部电影拍成外观上具备普法宣传功能的主流片,所采用的纪录片式的拍摄手法,主要以“偷拍”为特色。

由此也不难理解,以苏力为代表的法学研究者为何要从中寻找问题,解读出国家法和民间法的冲突,硬生生将一部大众化的普法电影重塑为法理学上的经典文本。

新中国成立以来,虽然国家权力不断渗入乡村,试图全面覆盖,但宗族等传统力量仍旧留存。在王家村这样的地方,万家或何家不是主导大姓,力量无法与王姓相比。王长柱即使是依法选举产生的村主任,但他另一重身份不可小觑:宗法系统的代理人。由此,何碧秋一家要讨的说法更显复杂,因为它触及宗法系统内部的问题,上告象征的是农户家庭对国家官方权威的求助,是80年代中后期中国加速改革/转型的矛盾隐喻。一方面,国家需要证明自己的法律权威;另一方面,国家又不得不放弃包办一切的全能幻念,回归家户经营的农业模式。承载个人法权力量的家户,运用法律的手段挑战基层治理的各级权威,也成了政治合法性与经济绩效双重保障的共同要求。

在城市化的大背景下,90年代中国农村的宗族力量正不断失去其存在基础。例如,有学者对安徽宗族的研究表明,随着城市化的加速,农民的经济自主、进城务工日趋常见,宗族对大量年轻人已失去了约束力,真正社会历史性地瓦解了宗族生存的基础。① 无论从理论还是现实看,在当时中国村社制与家户制的对决中,后者取得了胜利。② 如果苏力先生的本土资源论可以成立,家户制这样的传统应当予以重点考量。

(三)乡愁难解:都市法学的缺失

如果说30年代的民国法学是一种殖民文化的都市秩序想象,缺乏

---

① 王朔柏、陈意新:《从血缘到公民化:共和国时代安徽农村宗族变迁研究》,载《中国社会科学》2004年第1期。

② 徐勇:《中国家户制传统与农村发展道路:以俄国、印度的村社传统为参照》,载《中国社会科学》2013年第8期。

对西方城市制度的批判和反思,而1949年以后,乡村成为革命乌托邦的圣地、新法制力求覆盖的重心,直到80年代,城市特别是大都市依然被很多文化人看作某种异己的存在。他们"内心深处那种无法释怀的乡土情结使他们对农业文明、乡土记忆有着与生俱来、难以割舍的依恋,而城市在其视野内则是一个污秽冷漠、纸醉金迷的病态空间"。

20世纪90年代与80年代之间存在明显的断裂,在文化上城乡对立的话题不再是新思想关切的中心,对城市问题的关注成为焦点。①"城市这个空间,第一次取代了乡村而成为代表中国现代化发展和社会现实的中心舞台,城市文化终于构成了独立于农业文化的文化实体,拥有了自己的价值形态和生存方式,由此成为中国文化当下和未来的发展主轴……城市已不仅仅是一个地理概念、社会概念,它还是一个内涵极其丰富的文化概念——它意味着一种与乡村完全不同的生活方式。城市正在重新规范人与人的关系、重新注解人性本身、重新赋予人们各种基本的价值理念和社会意识。"②苏力的国家法与民间法的冲突互动论,如果置放在90年代的文化语境中,可以被理解为旧的城乡文化冲突主题的法学翻版,凸显出的都市法文化缺位的问题至今犹在。

20世纪90年代的"城市中国",之所以未能在法理学研究中得到重视,除了转型时期的思想迷惘、新旧主体对乡土中国的共同眷念外,对研究者而言,还在于理论上忽略了法律是一种不断建构和实践的过程。这种忽视使得相关的研究,无论是政法学、教义学,还是苏力倡导力行的社科法学,都多少轻视了当时中国正在发生的前所未有的纷繁复杂之变。

如果身心陷入当时迷局的研究者未能通透现实、展望未来,时过境迁,二十年后再来审视,此种状况的发生可谓一种必然且无奈的经历和代价。苏力对转型社会国家法的批评,正如王安忆对上海生活"程式化"的不满。但出路呢?未来呢?理想呢?不能因为这些表达属于宏

---

① 周礼红:《消费主义文化与90年代都市小说白领书写》,中央编译出版社2014年版,第14页。

② 戴锦华:《隐形书写》,江苏人民出版社1999年版,第267页。

大语词,一律贴上抛弃的标签。王安忆在批评之后,期望回归上海“弄堂”曾有的“态势”——“埋头于一日一日的生计,从容不迫地三餐一宿”。她赞赏在缭乱的景物、浮泛的声色下,寻找“一些基本不变的秩序”,希望将它们平实、细致且富人情味地予以表现。[①] 如果她的出路是一种都市的乡愁,苏力的回应则是一种更为激烈和决绝的乡土乡愁。但不论如何,正如德国哲学家赫尔德所说:共同文化是人类深层的心理需求,“乡愁”乃是“最高贵的痛苦”。[②]

四、苏力的意义

在一次硕士研究生的讨论课上,我聆听了同学们对《法治》一书的重读感想。最先发言的Z同学,表达了苏力进路可能带来的法官自由裁量权扩张的担忧:如果习惯法纳入司法裁量考虑的范围,会不会让正义之脸变得更为模糊难辨?L同学认为,苏力的观点更多是驳论,而非立论,异域的法律实践其实也是一种本土资源。C同学欣赏苏力“毋必,毋固”的学术态度,但对本土资源的概念产生诸多疑惑,并以新的习惯规范,如网约车、全球分享经济模式为例提出了对本土资源论的疑问。W和J两位同学都关注了苏力对《秋菊打官司》的阐释,肯定了普法运动背景下基层司法的治理作用,进而对法律与社会的关系生发出不少困惑。L同学认为,苏力此书最大的贡献在于,对法学学术规范的强调,并身体力行,增加了法律研究的多样可能。

同学们的问题,在苏力此书的第三版中,很多已被作者指出。一番讲解后,我提出了“苏力的意义”这个话题,大家都表示了沉默。我只好自言自语:说自己无意模仿苏力对波斯纳《法理学问题》的评价模式,从本人定位、本国法学影响、世界影响及对当代中国法理学的意义,

① 陈惠芬:《想象上海的N种方法:20世纪90年代的”文学上海“与城市文化身份建构》,上海人民出版社2006年版,第22~23页。

② 转引自前引周礼红书,第19页。

拾级而上，逐层深入。虽然苏力的贡献如今已被法学界认可，历史迟早也会更全面、客观的证明，但对于正在形成中的理论、思想和人物，我们的评判还是应当秉持“同情理解”和“有距离远观”之态度。概而言之，在当代中国法学学术史的生态系统中，苏力《法治》一书的意义主要体现在：

苏力的意义，在于他是苏力，代表了90年代中国海归派返归体制时的创新激情。《法治》一书收录的文章，主要是苏力回国后任北大讲师、副教授时发表。一方面要向外界展现留学成果，包括美国法律与文学、法律经济学、法律社会学等交叉学科理论的运用；另一方面又要坚定马克思主义的正确立场和方向，同时还要吸纳中国学术本土派的优秀成果。

理论资源的驳杂，决定了苏力式论述的“含糊美学”，独特的话语表达方式，背后深藏的是敏锐而受限的孤傲心灵。我们不能苛责当时的苏力老师不深入实践。事实上，繁重的科研教学压力、非理性的各类考核指标，已经剥夺了多数学者持续深入实践调查的机会。苏力的调研，很多时候是随意的就地取材，但却不乏明晰的问题意识和良好的论证成效。甚至可以认为，他的实证研究试图走出“定量研究帝国”的疆界，让新的“大理论”更富人文细节的温度。

苏力的意义，在于他的问题以及分析问题的方法。结论往往并不重要，思考的方法才是王道。阅读苏力的文章和著作，很多初学者会有一种深入迷宫的惶恐与紧张，刺激之余难免产生卡夫卡式的梦魇，站在法律门前，不知从何而入？或者，注定无法进入？苏力的逻辑自成一体，可以有很多反驳的点，但找不到根本推翻的理由。他的观点太正确，论述也很精致，每一句话都无可置疑，却疑云密布。苏力的贡献，在于问题的发现和证明，而非解决方案与对策结论；在于方法的具体运用，而所谓的方法理论。他的《法治》催生了一批当今中国优秀的法理学作品，他的多方面研究也成为后来者学习和仿效的典范。

苏力的意义，还可以罗列很多。比如，他在《法治》书中展现出的法律时空观，这也许是他“语境论”的最早操练。他将中国法制问题置于特定的历史和地域,反复重申时间和地方性知识的重要性。他的文化保守主义摒弃了法俄式激进革命,转而向英美温和路线求援,但最终他又不认同法治的美国模本。中国发展的极不平衡性、作为大国的特殊国情、民俗习惯,都成为他别开生面的法学研究基石。这也表明了苏力的另一重意义,那就是他的研究对象和内容都非常具有时代感,让读者能够有兴趣进入他的文本——哪怕是圈套,哪怕读不懂,也去试一试。这不仅仅因为文笔好、修辞妙,最重要的因素,还是扎实的学术训练,眼光毒、底子厚。苏力先生并不以此为傲,他总是在该骄傲的时候谦虚,该谦虚的时候骄傲。他希望做出自己的贡献,但又不断给法学家们泼冷水,为90年代不断升温的法治(法学)意识形态亮黄牌。破除法律意识形态的束缚,回归正常的法律制度功能研究,或许正是苏力一直的追求,也是他《法治》一书的最大意义和贡献。

讲完这些,下课铃声响起,有关苏力的探讨也到了尾声。

五、结语

近年来,在"法律和社会科学"的旗帜下,苏力作为精神导师,凝聚了一群卓有见识的青年学人,构成了一个结构松散但志趣团契的学术共同体。更多游离其外的学人,特别是20世纪七八十年代生的法律学人,也受到了这股风潮的影响。尾随也好,后继也罢,重要的不是刻意模仿、亦步亦趋。学术明星机制在大众文化环境中,极易流变为新的宰制和牢笼。学术的开放、多元固然可喜,但"主流化"的使命也要有人承担。二十年前,苏力以《法治》一书叙乡愁、引清流、开新风,而今在城市化中国的惊涛巨浪中,我们在反思重读、检视批判后,更应遵循新的时空刻度,继续前行。

《法律和社会科学》(2017)
第16卷第2辑,第273~292页

贡献与超越:“本土资源”二十年

吴义龙*

摘要:《法治及其本土资源》二十年前问世了。令人颇为惊讶的是,当年学界,无论是赞扬还是批评该书的学者,几乎都拿“本土资源”这个词来说事,还错把其当成一种理论来看待。在指出该书的贡献后,本文重点讨论了当年的一些批评意见,基本论断是书中运用并称得上是理论的,是马克思唯物史观以及与之兼容的制度经济学、社会学的理论,这是一种普遍性知识;而“本土资源”其实只是具体问题的约束条件,这是一种地方性知识,从而与作为普遍性知识的理论相对应。对于具体问题来说,要考察的重点是约束条件及其变化,然后,结合并运用相关理论演绎出结论。而一旦我们开始对具体问题进行认真讨论时,真正的学术批评和学术积累才有可能——不仅是因为这种办法可以验证理论,而且还可以推进理论自身的完善、修改甚至创造出更好的理论,也就是所谓超越。

---

* 河南大学法学院讲师、河南大学经济学院博士后研究人员。感谢杨开湘教授的评论。本文得到2016年度河南省哲学社会科学规划项目(2016BFX007)资助。

一

二十年前,《法治及其本土资源》第一版问世了。该书一经出版就迅速成为学术畅销书;近二十年后,其第三版荣获了"1978~2014影响中国十大法治图书"可谓是众望所归。该书(第一版)出版后,拿苏力自己的话说,"在法学界引出了一些动静。除了不少赞扬之外,也有不少怀疑和批评。"[①]的确如此,并且延续至今。[②] 无论怎样,从不同层面,这些都不同程度体现了这本著作学术生命力的持久与顽强。

回顾往昔,令人(至少是笔者)颇为惊讶的是,就该书而言,无论是赞扬还是批评,几乎都是拿"本土资源"这个词来说事,而忽视了苏力本人更看重的东西——"如果我还有什么观点或思想的话,那都是在书中的具体性论述中,而不是这个概念"。[③] 事实上,当初苏力使用这个词是偶然的,"是在谈论中国法治时为表述方便而使用的一个语词……如果需要且方便,我随时都可以放弃。"[④]可以肯定的是,这个词无论如何是无法放弃的了,哪怕是苏力本人,因为这个词已经并将仍然产生着不小的学术上正面和负面的影响,或许还有实践中的某些实际后果。既然如此,回避就不是问题;毕竟二十年了。是时候该做个总结了。

---

① 苏力:《世纪末日的交代(自序)》,载苏力:《送法下乡——中国基层司法制度研究》,北京大学出版社2011年版,第5页。

② 吕露:《浅谈中国法治的走向——以本土资源论为切入点》,载《法制与社会》2016年第26期。

③ 苏力:《关于"本土资源"的几点说明》,载《湘江法律评论》(第3卷),湖南人民出版社1999年版,第294页。

④ 同上。

二

首先是贡献。贡献是多方面的。在我看来,突出的有两点。一方面,是其一贯坚持的明确的反普适论的学术立场。“普适论”这种说法似乎人人都明白,但我想未必,因此在这里还是有必要指出其意如何。只要认定存在某种标准、原则或者价值,其在任何场合都完全相同(同一性),其适用没有时间(永恒的)和空间(普遍的)以及其他方面的具体约束,可以说就是普适论。就此而言,苏力反普适论的重点,是反对普适的法治模式,也就是对盛行的法制建设的“现代化方案”的反思和挑战。[①] 人们通常都认为,现代法治的观念、制度及其话语体系是西方的产物,在他们那儿用的挺好,即使偶尔出了些小差错,但其基本价值取向是不必怀疑的(毕竟从古希腊时代就开始流传了),并因此值得我们中国这个据说是没有法治传统的国家认真借鉴、模仿和学习,甚或,这是必须的。[②] 苏力却不这样看——“然而我的确对那种大写的普适真理持一种怀疑,因为这种大写的真理有可能变得暴虐,让其他语境化的定义、思想和做法都臣服于它。”[③]

在我看来,不少学者的一个通病是,本来是简单的生活常识,可一旦搞起学问来就忘了。想一想,这个世界上有什么东西和别的东西没差别?任何两片树叶都不会完全相同;更何况如此复杂的法治现代化这一所有人都在持续不断践行的事业了。差异是主要的,可以说也是普遍的,但人类不会臣服于此,原因在于其一定要寻找到一些便利手段来简化对这个复杂世界的认知,而现象背后的所谓“本质”以及与之相关的“普适论”等诸多论断都是这种想法的产物。困境很明显:事物是

① 这也是赵晓力认为苏力在该本著作中最重要的贡献。参见赵晓力为该书撰写的序,载苏力:《法治及其本土资源》,北京大学出版社2015年版。

② 马作武:《中国古代“法治”质论》,载《法学评论》1999年第1期。

③ 苏力:《法治及其本土资源》,北京大学出版社2015年版,第30页。

复杂的,因此要简化;而要简化,就难免忽略甚或是抹杀不同。尽管如此,也并非只有普适论才能拯救我们。

顺便想说的一点是,陈绪刚也认同苏力的反普适论的学术立场,但指出其反击不够有力,并提出可用归纳法这一捷径来造普适论的反:即使在全世界其他地方都适用的,也并非就必然对中国同样也适用。[①]其运用的理论渊源是波普尔的知识论。其提出的替代方案表面看有点道理,其实是误解了波普尔的思想。在波普尔看来,理论一定程度上是先验的,并且无法直接对其检验,我们所能做的就是对理论命题事实性的若干推论进行验证,从而间接地说,该理论是否站得住脚。更重要的是,这一演绎性的先验理论直接针对的就是归纳主义。后文中我还会回到这个问题上来。

另一方面的贡献体现在,苏力对以往通行的教条式法学研究方法进行了范式转换——将实证的、交叉学科的研究进路引进到法学界,开了学界新风气。这种研究问题的方法告诉我们,要更多地关注现实问题,中国当下的现实问题,用实然的也就是经验的而不是应然的也就是规范的方法来分析和解决问题,并且在这个过程中,要以开放式的态度积极借鉴其他学科的研究成果,道理很简单:法学从来都不是一门自足的学问,哪怕是法学或法律的问题,也并非一定要用法学或法律的方法才能或者成功解决它。这一点的贡献是持久的,也是五年后社科法学研究范式提出的一个前奏。[②]

这就是广义上的法律社会学的研究进路,其在中国的发展可谓是一波三折。这一法学新的分支,最早在20世纪80年代中后期由北大法学院的沈宗灵和赵震江两位老先生及其带领的几位年轻学人所开创。但因种种原因,其发展并不顺利且一度中断。到了90年代,由于苏力作品的横空出世,法律社会学的发展延续了下来。尽管这一时期

---

① 陈绪刚:《"本土资源"问题与反普适论——评苏力〈法治及其本土资源〉》,载《湘江法律评论》(第3卷),湖南人民出版社1999年版,第273页。

② 苏力:《也许正在发生——中国当代法学发展的一个概览》,载《比较法研究》2001年第3期。

也有其他学者在努力做着同样的工作,但按照刘思达的说法,“而这一阶段法律社会学对于法理学研究范式创新的工作几乎是由苏力一人完成的。”①在强世功看来,如果说苏力作品代表了法律社会学的第二波,可以说当下法律社会学的发展已进入了第三波。第二波的一个明显特征是既有理论也有问题意识,而第三波则困境重重,突出的是,将法律社会学降为一种分析工具从而丧失了问题意识,以及在与部门法进行微观对话的过程中,有可能丧失与社会理论和政治哲学进行宏观对话的机会;并将希望寄托于第四波的发展上。②

上面两点贡献是有关联的,这主要体现在法律社会学的研究方法是反普适论的解毒剂。只要搞的是法律社会学,其关注的都是真实世界的现实问题,而只要是现实问题,都是语境化的,且处在具体时空条件下。比方说,都是农民,美国的和中国的就不同:中国农民基本上都是群居生活,而美国农民几乎不是,因为美国的情况是地广人稀,而中国正相反。③ 即便同是中国的农民,江浙的就和中部的有很大区别;即使都是河南的农民,不同地市也不同,甚至是在同一个村子里,也没谁说这里的农民都一样,因为作为社会阶层的农民,早已分化了,并非像我想象的那样铁板一块。④ 法治的或是其他什么的,道理都是一样的,只是复杂和重要程度不同而已。

三

其次是批评。批评是多样化的。第一,将苏力的观点视为法治保

① 刘思达:《中国法律社会学的历史与反思》,载苏力主编:《法律和社会科学》(第7卷),法律出版社2010年版,第32页。

② 强世功:《中国法律社会学的困境和出路》,载《文化纵横》2013年第5期。

③ 这只是因素之一,尽管可能是最重要的因素,但其实还有其他因素。细致的讨论,参见费孝通:《乡土中国》,北京大学出版社2012年版,第10页以下。

④ 陈柏峰:《土地流转对农民阶层分化的影响——基于湖北省京山县调研的分析》,载《中国农村观察》2009年第4期。

守主义思潮的代表。实际上,是否是法治保守主义以及是何种意义上的保守主义不是这里的重点,重点是这种观点提出了一点具有广泛代表性的疑问——中国本土文化能否成为支持其法治化的主要资源——并认为答案是否定的,而给出的理由则是如果只注重从自己的传统中挖掘,那么,可以结论性地认为中国法治是无法自动演化出来的。另外,批评者也给出了替代性措施:中国法治之路,引进他国经验比整理国故更重要也更为必要。①

如何看待这种观点?分作两步。一方面,说起中国本土文化,也并不意味只能从传统中去寻找,"寻求本土资源,注重本国传统,往往容易被理解为从历史中去寻找,特别是从历史典籍规章中去寻找。……但本土资源并非只存在于历史中,当代人的社会实践中已经形成或正在萌芽发展的各种非正式的制度是更重要的本土资源。"②或许是因为古代中国历史过于悠久,人们一提到文化,或传统,就只想到了过去,而忘记了当下。要知道历史并不只存在于过去,历史的意义都是当下的人们所赋予的,所谓的"一切历史都是当代史"。

另一方面,该观点背后其实想说的是,中国过去没有法治传统,因此借助于过去,就是一个错误;要想实现中国法治,就只能向现代西方引进。这种说法要正确,前提之一是要先证明法治只有一种,而且还只能是西方的。很显然,这就是普适论的表现:把西方的现代法治看成是普适的,并同样适用于中国。如果将法治理解为规则的治理,其实也就是一种有序的生活状态的话,那么,历史中国一直就有法治传统。想一想"普天之下莫非王土,率土之滨莫非王臣"这句话究竟意味什么?③

第二,与上一点相关联。给人的感觉是,一旦强调了借助和利用中国本土的资源搞法治,似乎就意味着必然要排斥和拒绝法律移植。其实并非如此。在苏力看来,要建立现代法治,法律移植是不可避免的,

---

① 谢晖:《法治保守主义思潮评析——与苏力先生对话》,载《法学研究》1997年第6期。

② 苏力:《法治及其本土资源》,北京大学出版社2015年版,第15页。

③ 关于历史中国有自己法治传统的精彩论证,参见苏力:《"法治中国何以可能"背后:伪命题VS真命题》,载《探索与争鸣》2016年第10期。

但问题不是移植与否,而是如何移植,即在什么基础上才能成功移植西方法律。① 大家伙都知道,苏力骨子里是坚定的实用主义者,怎么会简单到只能要这个而不能要那个呢? 换言之,只要是有利于中国现代法治的建设,到底是“白猫还是黑猫”这个问题就不再那么重要了。

尽管如此,苏力内心还是很怀疑主要通过法律移植或借鉴西方经验就可以搞好中国的法治。正是在这一点上,苏力才说自己是个保守主义者,而不是上面提到的那种“保守主义”。在讨论法律移植时,我们认真想过这个问题吗——移植和借鉴的法律只能是符号意义层面的——而法治说到底是实践的。尽管形式是一样的,但内容或许会有差异,因为只要是实践,都是地方性的,也就是与具体约束条件相关联的,而这些具体条件怎么会在不同地方表现出同样的?② 在这个问题上,孟德斯鸠其实早就告诉我们了——“这些法律应该量身定做,仅仅适用于特定的国家;倘若一个国家的法律适用于另一个国家,那是罕见的巧合。”③不是说一点可能性都没有,而是说,即使有可能,也太低了,几乎趋向于零。我们在考虑问题时,概率的维度是不能忽视的。

第三,认为法律社会学的研究方法注重现实问题的研究和解决,但没有价值追求。或者,即使有价值追求,但这种以“有效”或“可行”来取代“善”或“正当”的做法很危险,因为法律的有效或可行并不意味善或正当,这是一种根本上否弃或拒绝任何有关理想图景的思考模式。④ 只要是人,就会行动,而行动是为了实现特定目的。从这个角度看,目的也就是价值追求是人类行为所无法避免的,也是非常重要的。但仅此并不够。主要是因为,你怎么就知道自己的目的或价值追求就是合适的? 如何检验一个想法是一个梦想而不是空想? 离开了人类行为以

---

① 苏力:《法治及其本土资源》,北京大学出版社 2015 年版,第 37 页。

② 苏力:《“法治中国何以可能”背后:伪命题 VS 真命题》,载《探索与争鸣》2016 年第 10 期。

③ [法]孟德斯鸠:《论法的精神》(上卷),许明龙译,商务印书馆 2009 年版,第 12 页。

④ 邓正来:《中国法学向何处去(下)——对苏力“本土资源论的”批判》,载《政法论坛》2005 年第 3 期;许章润:《〈法治及其本土资源〉随谈》,载《比较法研究》1997 年第 1 期。

及行为的结果。换言之,除了通过以有效或可行的方式来判断能否达到既定的目的之外,还看不出有其他方法能够检验一个想法合适与否。①

这种意见背后实际上隐藏着价值等级观,认为这个世界上一定有一些价值必然高于另一些价值,从而较低的价值要服从较高的价值,或者较高的价值是评价较低价值的标准。这也是普世价值论吧。要知道人的追求和欲望是多样化的,且在不同场合会不一样,甚至偏好都是不稳定的。对于一个即将快饿死又没有其他食物来源的人来说,你跟他说偷盗是不好的,是犯罪,他会听你的劝告吗?刑法对他有用吗?对于一个在沙漠中快要渴死的人而言,一瓶水的价值甚至比在中国任何一个城市中的一套房产都高。这都是生活常识。所有的价值是变动的,没有哪一种价值是不变的。稻草如果能救命,它还是稻草吗?至于说什么中国法律的理性图景,我想,马克思的"不应忘记法也和宗教一样是没有自己的历史的"②这一句话就够受用了。

四

尽管如此,但如果要说苏力的回应都是有力的,以及所有批评中没有些许有道理的,这也不是实话。先看苏力的辩护。其实,苏力是非常不情愿就一个词的涵义是什么这样的无聊问题发表自己的看法,哪怕这个词再重要。拿苏力自己的话说,"谁要是争论本土资源的精确含义,那就是太没意思了,也是对我的最大误解。"③然而,"好汉架不住人

① 人们通常认为目的重要,相比较而言,手段不重要。但实际上,目的其实离不开手段,脱离手段而单独考虑目的是一种不成熟的想法。关于手段和目的之间关系的细致讨论,参见[美]约翰·杜威:《评价理论》,冯平等译,上海译文出版社2007年版,第47页以下。

② 马克思、恩格斯:《费尔巴哈:唯物主义和唯心主义观点的对立——〈德意志意识形态〉第一卷第一章》,载《马克思恩格斯选集》(第1卷),人民出版社1972年版,第70页。

③ 苏力:《世纪末日的交代(自序)》,载苏力:《送法下乡——中国基层司法制度研究》,北京大学出版社2011年版,第12页。

多。”最终,迫于无奈,苏力谈到自己关于这个词的一些看法,其中有代表性的一个表述是,“针对中国实际存在的问题和可能性的开放性的,有效率的立法,切实的同时又为法学提供理论发展之素材和动力的司法,以及为此而形成的法律职业共同体和法学学术共同体。我认为,这三个方面的互动一起构成中国法治的本土资源。”①

尽管苏力在进行这一表述前,对此先做出了限定,即“根据本书的三编对本土资源作了一种并不以追求完整为目的的描述。”②也就是说,这里的表述并不排斥和拒绝其他可能构成本土资源的内容或东西。这体现了苏力一贯精细、缜密的行文风格。但在我看来,这并不够,仍然有不足;其弱点是,“这个本来仅仅是用于特定语境表达一个观点的与此就有可能实体化,变成一个独立于语境之外的什么‘东西’。”③换言之,且不论这里表述的内容是否有道理,以及这里表述的具体语境是什么,只要表述的内容是对针对某种实体的描述和概括,实际上就已经身处语词实体化的困境之中了。而这是苏力所反对的。

再看批评。在众多批评意见中,至少有三种值得我们重视。第一,认为苏力举了一大堆例子说法律变革的失败,很显然,反对者也可以同样举出法律变革成功的事例。因此,苏力用法律保守论或法律传统论来反对法律变革论或法律移植论,不过是半斤和八两的关系。④ 实际上,苏力从一开始就已经注意到这个问题了,并坦率承认相反的论断并不错,实践上也促进了中国的法制建设,只不过这些论断在理论上有弱点,并且实践中又可能带来一些问题。⑤ 在做出了这种判断后,苏力对

---

① 苏力:《关于“本土资源”的几点说明》,载《湘江法律评论》(第3卷),湖南人民出版社1999年版,第295页。

② 同上。

③ 苏力:《世纪末日的交代(自序)》,载苏力:《送法下乡——中国基层司法制度研究》,北京大学出版社2011年版,第12页。

④ 强世功:《暗夜的穿越者——对〈法治及其本土资源〉的解读》,载《湘江法律评论》(第3卷),湖南人民出版社1999年版,第389页。另有学者持有同样的观点,参见徐忠明:《解读本土资源与中国法治建设——苏力〈法治及其本土资源〉读后》,载《中外法学》2000年第2期。

⑤ 苏力:《法治及其本土资源》,北京大学出版社2015年版,第4页。

此也进行了论证。只不过,这些论证几乎都是些具体例证,而相反的例证,相信要找,也不会难。因此,结果就如同强世功所说的,“这样一种批评显然不能构成学术批评,倒像两个小孩子在吵架,相互挖老底揭丑。”与之相关的也是更深的一点是,如果让理论承担它的实践效果是没有道理的。①

第二,在讨论国家法与民间法关系这个问题过程中,认为苏力给出了两种截然不同或矛盾的回答。由于苏力将强调政府运用强制力自上而下地推动法制建设的模式称之为“变法”模式,并认为这种模式有重大弱点,以及提倡要更多地从社会生活中的各种非正式法律制度中去寻找本土资源来推动中国法制的建设。因此给人的第一印象似乎是,在苏力那里,相比正式制度的国家法而言,非正式的民间法似乎更重要。事实不是这样的。苏力同时也说过“民间法同样不可能总是合理,不可能总是比国家制定法更优越”,以及“国家制定法和民间法之间必须尽力沟通、理解,在此基础上相互妥协、合作,这样可以避免更大的伤害,获得更大的收益”之类的话。②

正是在这里,邓正来指出苏力的观点存在自相矛盾之处:有时“倾向于”强调国家法;有时“倾向于”民间法更重要,并认为之所以出现这种矛盾是因为背后隐藏着“现代法取向”和“法律多元”两种不同具体进路之间的矛盾。③ 但在苏力看来,问题的重点不是两者孰重孰轻,而是两种不同类型的法之间的冲突关系如何,并且,结果最终究竟如何将取决于社会的公共选择。尽管如此,苏力还是强调了在这两者之间,国家制定法做出妥协也许更为紧要。④ 但是,至于为什么是“也许更为紧要”,苏力却没有给出细致论证。

---

① 强世功:《暗夜的穿越者——对〈法治及其本土资源〉的解读》,载《湘江法律评论》(第3卷),湖南人民出版社1999年版,第389页。另外,姚建宗也持相同观点,参见姚建宗:《如何进行法理学思考? ——读〈法治及其本土资源〉》,载《湘江法律评论》(第3卷),湖南人民出版社1999年版,第374页。

② 苏力:《法治及其本土资源》,北京大学出版社2015年版,第66、67页。

③ 邓正来:《中国法学向何处去(下)——对苏力“本土资源论”的批判》,载《政法论坛》2005年第3期。

④ 苏力:《法治及其本土资源》,北京大学出版社2015年版,第70页。

第三,强调知识的地方性,一定程度上忽视了普遍性知识。强世功认为,苏力简单地将西方知识等同于普遍性知识,将本土资源等同于地方性知识,从而将对普遍性知识的批判转化为对西方知识的批判,对地方性知识的推崇转化为对本土经验的推崇。这样的结果导致了将本土资源“普适化”的危险,以及丧失了重新考察普遍性知识和地方性知识关系的机会。[①] 尽管强世功批评的前提是有问题的,但其得出结论的确是有道理的。在苏力看来,知识具有多种形态,并非只有普遍性命题才称为知识;法律知识更多的是实践理性,因为法律是实践性的事业。这些论断都没错,但同时也的确存在与之相对的另一种知识类型,即普遍性知识。这种知识的作用如何以及这两种知识类型的关系如何,都是苏力没有讨论的。

与此相关的另一种批评意见认为,如果地方性知识都像苏力认为的那样,“到目前为止的一切知识都是阐释学意义上的‘偏见’,每一种知识体系都是一种地方性知识”,那么人类的交往还有可能吗?[②] 换言之,过于强调知识的地方性是否会导致知识的封闭,进而丧失与他人交流和对话的可能?苏力的回答是否定的。理由是只有保持思想开放才能理解地方性知识,而理解知识的地方性是以理解更多其他地方性知识为前提。[③] 但仅仅这样并不够。如果我们进一步追问,如何保持思想开放以及如何理解其他地方性知识,该如何回答?很显然,不同的地方,有着不同的知识。如果没有相同的环境和经历,要想理解和认识其他地方的知识,并进而相互学习来改善自己的生活,这如何可能?既要地方性,又不能太“相对主义”,该如何是好?

---

① 强世功:《暗夜的穿越者——对〈法治及其本土资源〉的解读》,载《湘江法律评论》(第3卷),湖南人民出版社1999年版,第394页。

② 徐忠明:《解读本土资源与中国法治建设——苏力〈法治及其本土资源〉读后》,载《中外法学》2000年第2期。另外,劳东燕也持有此观点。参见劳东燕:《也谈本土资源与法律多元——对本土资源论的一些思考》,载《华东政法学院学报》2000年第3期。

③ 苏力:《世纪末日的交代(自序)》,载苏力:《送法下乡——中国基层司法制度研究》,北京大学出版社2011年版,第8页。

五

我们是否能以及如何回答这些有点道理的批评?"解铃还须系铃人"。或许需要回到"本土资源"这个词上来,并力求有所超越。首先要指出的是,几乎所有的学者在讨论"本土资源"这个词时,都将其认定为是一种理论学说,甚至在桑本谦看来,"本土资源"论是迄今为止中国法理学界最有洞察力、最有深度,并因此也是最有学术价值的理论成果(如果不是"之一"的话)。[①] 可是我发现(也是学者普遍忽视的),苏力本人在任何场合都没明确提到"本土资源"论是理论。难道这是苏力的疏忽?不是的。在我看来,苏力从来就没有想过将"本土资源"当作一种理论来对待。在苏力那里,称得上是理论的,而且是他喜欢的理论只有马克思的唯物史观以及与之兼容的制度经济学和社会学理论。难道是人们关于"理论"的理解不同?或许如此,并且,人们通常的理解往往是一种误解,因为很难想象,仅凭一个词就能成为理论?

所谓理论,简单地说,就是一套相互关联的命题,为事件的发生方式提供说明。这个理论要想成为科学理论,还要求其能通过可观察的证据来验证是否正确。[②] 关于理论的认识和理解是复杂的,也有不少争议。但就要讨论的问题来看,首要的是指出,科学理论,也就是陈述和陈述系统,是以全称命题的形式出现的。例如,"凡是一根线上面放一重量超过这根线的抗张强度,这根线就要断。"[③]理论之所以是全称命题的一个重要原因是,如果不这样,一旦出现与理论命题不一致的情形,就会很容易将之归之于是例外,从而免除对其进行验证的机会。另

---

① 桑本谦:《法治及其社会资源——兼评苏力"本土资源"说》,载《现代法学》2006年第1期。

② [美]肯尼斯·赫文、托德·多纳:《社会科学研究:从思维开始》,李涤非、潘磊译,重庆大学出版社2013年版,第29页。

③ [英]波普尔:《科学发现的逻辑》,查汝强、邱仁宗译,沈阳出版社1999年版,第42页。

一方面,正因为理论是全称命题,才有可能对其证伪;而可证伪性是波普尔称为科学理论的划界标准。例如,“所有的乌鸦都是黑色的”这一全称命题,只需“有只乌鸦是白色的”这一单称陈述就能证伪。

换言之,科学理论是具有一定普遍性的,没有例外。当然了,普遍性并不等同于普适性。前文中说过,普适性是没有任何约束条件限制的,而普遍性的理论是有着自己的适用条件,处于条件之外,理论就不再有效。例如,万有引力定律——任何两个物体之间都存在相互作用的力,该引力大小与它们质量的乘积成正比,与它们距离的平方成反比——就只能适用于宏观领域,而一旦进入微观领域就不再有效了,那是量子力学的天下了;并且只能适用于低速领域,如果是速度过高的话,就只能适用相对论了。另外,普遍性也是有层次的,也就是普遍性本身有高低之分,有些理论的普遍性程度较高,而另一些则较低,并且,普遍性较低的理论能够从较高普遍性的理论中演绎出来。[①] 这是自然科学中的常识了。

但有人会质疑,我说的都是些自然科学的理论的问题,这干法律何事?在我看来,社会科学就其理论构成、功能与标准等与自然科学没什么不同,有区别也只是程度而非性质问题。[②] 回到我们讨论的问题中来,我要表明的是,理论是一种非常重要的知识类型,可将其视为解决问题而发明出来的工具,一种猜测,一种尝试性的解决问题的办法。在这个意义上,可将其称为一种普遍性知识。但这又会引出另一个问题,我们是否有了一个科学的理论,也就是普遍性的知识就能对现象或问题进行解释和解决了?回答是否定的,因为仅此还不够。

除了理论本身,还需要初始条件。我们知道,万有引力定律是普遍性的科学理论,但它解释一个石头和一片羽毛下降的时候,明显就不同。这是因为石头和羽毛各自的初始条件不同,无论是质量还是速度。

① [英]波普尔:《科学发现的逻辑》,查汝强、邱仁宗译,沈阳出版社1999年版,第60页。

② 关于社会科学理论的相关问题的细致讨论,参见[英]卡尔·波普尔:《通过知识获得解放》,范景中、李本正译,中国美术学院出版社1996年版,第95页以下。

也就是说,要想解释一个物体的运动轨迹,有了万有引力定律,还得有描述该物体本身的一些物理指标。正如波普尔所说的那样,如果我们要对一个被说明的事物进行说明,既要有至少一条普遍定律,还需要与该事物相关的初始条件,通过普遍定律和初始条件就能演绎出对被说明事物的结论了。对初始条件的描述就是原因,被说明事物的状态其实就是结果,而理论的一个重要功能就是对原因和结果进行组织。①

正是在这个意义上,我想将这里的初始条件看成是一种地方性知识,或者反过来,我们通常的所谓地方性知识,事实上,无非就是具体事物、现象或问题自身的初始条件,而在社会科学中,更为合适的称呼是约束条件或制约条件。换言之,与事物自身紧密相关的是约束条件,而只要是约束条件,就肯定是具体的从而有别于其他事物的约束条件。这样来看,普遍定律和初始条件所对应的术语是普遍性知识和地方性知识,而这两种知识类型的属性和功能都不同:普遍性知识是普遍的和一般化的,而地方性知识是具体的和特殊化的;普遍性知识是解释现象和问题的大前提,而地方性知识则是小前提。注意,尽管普遍性知识是演绎的大前提,但这个大前提从来都不是确定性的,仅仅是一个假设,是否正确是要从其演绎的结果中得以判断的。

这一切听起来头头是道,有点道理,但与“本土资源”有何关联?陈绪刚在谈到他关于本土资源的看法时,提出:“本土资源”是否是一个可认识的实体?他又将“本土资源”理论看成是关注本土问题、警惕西方普适论的一种方法。② 这两点都重要,但陈绪刚对此没有展开。在我看来,“本土资源”不是一个实体化的具体有所指的一个术语,而只是看问题的一个视角,强调关注本土问题:“资源”可理解为是约束条件,从而可涵盖的范围较广;而“本土”无非是对约束条件具体化的进一步强调。这样一来,本土资源就是我在前文中限定的一种地方性

---

① 这些细致讨论,参见[英]波普尔:《客观知识——一个进化论的研究》,舒伟光等译,上海译文出版社2001年版,第359页以下。

② 陈绪刚:《“本土资源”问题与反普适论——评苏力〈法治及其本土资源〉》,载《湘江法律评论》(第3卷),湖南人民出版社1999年版,第268、271页。

的知识,从而与普遍性的唯物史观等理论命题相对应。想想“马克思主义普遍原理同中国具体实践相结合”这句话,就会明白苏力之所以说要到当代人社会实践中去寻找本土资源,是更为重要的意思了。

换言之,我们要从具体问题的约束条件这个角度来理解“本土资源”,而不要从“本土资源”这个词本身究竟是什么来理解它。关于约束条件,还要说明的一点是,问题不同,约束条件就不同。即便是同一问题,也不意味约束条件必然相同,这要看问题的具体语境究竟如何。当约束条件发生变化时,与问题相关的结论随之变动。这不是相对主义,而是具体问题具体分析的另一种说法而已。因此,对于具体问题来说,要考察的重点就是约束条件及其变化,然后运用相关的理论演绎出相应的结论来。

六

现在回过头,来看看前文中有点道理的批评是否仍然还有道理。第一,说苏力所举了一大堆法律变革失败的例子,但相反的事例也不少,于是苏力要批评的和苏力自身是半斤对八两的关系。对付这种观点,最好的办法是直接说苏力的例子是否合适,以及相反的例子究竟如何。只有具体了,事情才好办。但很遗憾,基本上没有相反的有说服力的例证,而苏力至少有具体的例子。要想反驳苏力,最有效的办法不是直接说他的理论如何,而应直奔他的具体例证去。只有驳倒了例证,才能间接地驳倒其理论,这是科学验证的基本逻辑。①

与之相关的一种论断认为,不应让理论承担其实践的效果。如果说理论就是人们为了解决实际问题而发明出来的尝试性的解决方案,为什么它不能承担由其导致的可能后果?不以理论的实践后果来检验人们所构造的理论究竟如何,理论该如何进步,从而又将如何指导人们进一步的实践?之所以有这种观点,或许是担心这将导致学者与公民

---

① [美]卡尔·亨普尔:《自然科学的哲学》,张华夏译,中国人民大学出版社2006年版,第30页以下。

身份的混淆,学者的任务主要在于科学研究而非政策建议。这种见解有一定道理。当年赵晓力也认为苏力不加区分地讨论关于法制的理论和提出一些政策建言,并将此归之于苏力“既出世又入世”的品格。[①]在这个问题上,我想,张五常的话或许能够带给我们一些启发。他说,“我坚决反对过去那种根据脱离实际的分析和粗糙的调查而提出的政策建议的倾向。但我并不想否定透彻的经济研究在指导公共政策方面的用处。推测政策效果的任何分析都有助于说明政策的价值。……但是,我们不必走得太远,不必去判断政府应该做什么。”[②]

第二,关于国家法与民间法的关系。在这个问题上,邓正来之所以批评苏力,很大程度是因为苏力的行文在不同场合有不同的“倾向”。时而强调民间法,说什么“国家制定法作出妥协也许更为紧要”;时而看重国家法,说什么“促进民间法向国家制定法融合和转变”等,从而给人一种自相矛盾的感觉。在苏力看来,国家法和民间法都是社会公共选择的结果,“而无论公共选择的结果是什么,由于国家制定法和民间法都可能具有不合理的因素,因此无论哪种选择从分析上看都各有利弊。”[③]只不过,苏力没有对这个“各有利弊”展开进一步分析。在这个问题上,既要从总的和边际的角度来看,更要从发展的观点来看。

简单地说,从20世纪80年代中后期开始,国家大力推进法制建设,搞所谓“变法”模式,这也是苏力要批评的。之所以批评,很大程度是因为与现在相比,当时的经济体制改革处于剧烈变动和摸索中,很多重要经济制度仍未确定。在这样条件下,大规模搞法制建设有很多弱点,主要是很多基础性的东西都在大变。如果今天立了法,明天情况有变,问法律是否要跟着变?显然不会。如果超前立法是否可以避免这种情况?当时,大家伙都还在为商品经济是不是市场经济这样的问题发生争执,该如何超前?因此,所谓的民间法,也就是要从社会生活中

① 参见赵晓力为该书的写的序,载苏力:《法治及其本土资源》,北京大学出版社2015年版。

② 张五常:《经济解释——张五常经济论文选》,易宪容、张卫东译,商务印书馆2002年版,第27页。

③ 苏力:《法治及其本土资源》,北京大学出版社2015年版,第67页。

的各种非正式法律制度中，去寻找法制建设的因素就显得更为重要。因为从信息角度来看，当一个社会的秩序尚未定型时，自下而上的分散化知识要比自上而下的垄断型知识，对于促进人们的合作更为有效。

这是就总体而言，是就整个法治而言。具体到某一特定法律来说，或许国家制定法的优势会更为明显。但情况终究会变动。当下，社会主义市场经济体制早已明确，各项重要经济制度也已建立，尽管仍不完善，但大致都已稳定下来。这样的话，民间法的弱点就会更明显，因为市场经济对国家法律统一性的需求很强烈。尽管在局部领域，比方说，民间借贷仍然有着顽强的适应性，但只要沿着社会主义市场经济道路走下去，民间法向国家法融合和转变就只是时间问题。当然了，上面这些说法要想成立，一个基本预设是经济基础决定上层建筑，这是唯物史观的老生常谈了。这也就是为什么苏力在著作中，几次三番提到法制建设过程中市场经济体制的重要性。

换言之，约束条件决定着如何解释现象：一旦约束条件变化了，问题随之而变。如果我们阅读够细致，随时都可以发现苏力在讨论问题时处处都强调了约束条件的重要。例如，在讨论法律活动专业化这一问题时，苏力问，"什么是司法独立或司法机关独立行使职权的原则，得以实在化的社会历史条件？"①在讨论犯罪违法现象时，苏力问，"重要的问题在于了解在市场经济形成和发展中，究竟由于触动了哪些社会因素可能导致犯罪违法的增加呢？"②甚至在一篇被人们普遍忽视的重要文献中，苏力直接讨论的主题就是关于中国法治的约束条件。③由于我在前文将"本土资源"视为关注现实问题的约束条件，这样一来，我们甚至可以说"本土资源"实际上贯穿于该著作始终。

第三，在讨论知识类型的时候，苏力的确只关注了地方性知识而一定程度忽视了其实还有普遍性知识。说一定程度，是指苏力对普遍性知识强调得不够，关键是没有讨论这两者之间的关系，这或许是因为苏

① 苏力：《法治及其本土资源》，北京大学出版社 2015 年版，第 138 页。
② 同上书，第 117 页。
③ 苏力：《当代中国法治的基本制约和可能的格局》，载《北京论坛》2004 年版。

力没有将理论这种重要知识类型作为普遍性知识来对待。这在前文中对此已经讨论过。现在要讨论的一个问题是,地方性知识一定是不同于其他地方性知识,那么不同地方性知识如何交流与对话?在我看来,地方性知识之间是没法直接相互交流的,如果将地方性知识视为问题的约束条件的话。可以交流的其实是普遍性知识,即理论命题,而不是地方性知识,因为我们把理论看成是解决问题的方案,只有解决问题的不同方案才可能进行交流,从而找出更好的解决问题的方案。

那么,地方性知识在人们的相互交流过程中发挥什么作用呢?由于我们把地方性知识等同于约束条件,其实就是问题或现象的原因,而普遍性知识也就是理论的一个功能就是将原因与结果相连接。因此,作为约束条件的地方性知识的重要功能,就在于通过指定不同约束条件来验证理论命题是否正确。换言之,当我们事先指定约束条件A时,在理论的推断下必然出现结果B,可事实上B没有出现,那么,这就意味该理论是错误的。①

波斯纳的一个例证可以对此说明。假如一个地方有一种习俗,即定期将少女投入火山,理由是这能够导致作物生长。而另一个地方没有这种习俗。那么,这两个地方能否以及如何就该习俗进行文化交流?一个简单的办法,就是看投入少女和不投入少女到火山,作物生长是否有不同?我相信结果应该是这样的:没有这种习俗的地方的人们是可以说服有这种习俗的地方的人们放弃该习俗的。② 在一定程度上,这宣告了相对主义的破产。

七

行文至此,我发现了一个"悖论",这就是当苏力尽力替自己辩护

① 在这个意义上,张五常才因此将约束条件看成验证条件。参见张五常:《科学说需求》,中信出版社2010年版,第64页。

② 我对该例子作了引申,但意思没变。参见[美]波斯纳:《道德和法律理论的疑问》,苏力译,中国政法大学出版社2001年版,第25页。

的时候并不成功,相反,除了他所直接辩护的之外,都相当成功地印证了他想辩护的东西其实是有道理的。很少有学者就苏力所讨论的具体问题,诸如私了案件、秋菊的困惑、法律规避、法律活动专门化以及抗辩制改革等进行细致的辨析和反驳。相反,基本上都是讨论“本土资源”这个词,还错把它当成一种理论来看待。我不是说苏力对具体问题的讨论都是有道理的,现在看起来,不少问题都是可以进一步讨论的。而一旦我们开始对具体问题进行认真讨论的时候,真正的学术批评和学术积累才有可能,不仅是因为这种办法可以验证理论,还可以推进理论自身的完善、修改甚至创造出更好的理论,也就是所谓的超越。

最后,必须承认的是,我关于“本土资源”这个词的解读,就其原本的无论是哪一种可能的涵义来看,都显得过于牵强了,并且,这也并非苏力本人在对这一术语解释过程中的理解。但这不是重点。重点是想借助讨论“本土资源”这个词,告诉我们不要“把语词及其意义的问题过于当真,必须认真对待的是事实的问题和关于事实的断定:理论与假说,是它们解决的问题与提出的问题。”①同时也是对我们的一个提醒:要自始至终更多关注中国现实问题,思考在各种约束条件下,如何恰当地解决这些问题,并且,在解决这些问题的过程中,加深我们对中国和中国人民的了解,以及有效地、渐进地推进中国现代化的建设。

① [英]卡尔·波普尔:《无尽的探索——波普尔自传》,赵月瑟译,中央编译出版社2009年版,第17页。

《法律和社会科学》(2017)
第16卷第2辑,第292～307页

“时间”都去哪儿了
——一个“死不悔改”的“实用主义者”不能只“务实”

田　雷*

摘要:“一个民族的生活创造它的法制,而法学家创造的仅仅是关于法制的理论”,在思考中国法律问题时,苏力是最具政治空间感的学者。在古代宪制系列论文中,苏力回到历史和传统,发现一整套曾经行之有效的统治智慧和治理架构,在“本土资源”问题意识之下,基于自己的智识兴趣而做出一次向历史的延伸。但在关于古代宪制的讨论中,苏力看似严丝合缝的论证路径却存在一个关乎根本的逻辑断裂,虽然反复强调“时间的重要性”以及要做“历时性的研究”,但在具体的论述中,苏力笔下的着重点却发生了一个很隐蔽但却非常根本的位移。宪制问题的“时间性”被悄然地搁置起来,宪制只剩下了“空间性”。这正是吊诡之所在——进入了历史,却遗忘了时间。

* 华东师范大学法学院教授。本文的写作,缘起于2016年10月在华东政法大学召开的“法学研究的问题意识与多元格局——《法治及其本土资源》初版20周年学术讨论会”,文章的修改得益于与会同仁的发言和批评,在此一并致谢。

一

2011年夏天，我时常到离家不远的一家新华书店走动。那是国内中型城市里常见的综合书店门脸，书的品种并不少。法律图书占地也不小，大都按照部门法的分类有序地摆放在书架上。即便是五年前，网络购书也已成读书人的习惯。这种闲逛书店乱翻书，哪怕只是驻足停留片刻，反而能有在网购按图索骥之外的意外发现。但我只发现却不斩获，习惯于用手机拍下封面，用于下次网店下单。我清晰地记得有一次，就在我“谋杀时间”成功而准备离开时，听到旁边传来一个声音，“有没有《法治及其本土资源》?”本能地回头望去，印象中是一位女孩子，大一学生的模样，正在问书店的营业员。

对天发誓，这是我亲历的真事，绝不是编出的段子。“事发”后，我一直怀有要在适宜的场合把这件小事讲出来的冲动。这只是一件小事，无论如何，一个在暑假跑到新华书店去询问有没有《法治及其本土资源》的大学生，想来未必是一位学术青年；我能碰到这件事，当然也是小概率的事件。但值得琢磨的是，每次回想起来，这幅画面却从未有一丝的违和感。只要设想，如果我在那个场景内听到是另一本书——即便是苏力教授在此后出版的其他著作/译著，可能都会觉得有些别扭。这也能说明，初版于1996年的《法治及其本土资源》，①早已成为了法学院本科阶段想读点书——未必一定有志于学或学术——的大学生的案头书。它影响了一代人、又一代人；到今天再翻开这本书的法学院学生，相当一部分都是比这本书还要年轻的“90后”甚至“00后”了。当然，真正“想读点书”的大学生，现如今并不是很多，而且读了未必就

---

① 《法治及其本土资源》初版于1996年，由中国政法大学出版社出版，收入梁治平教授主持的“法律文化研究中心文丛”，后于2004年继续留在中国政法大学出版社出版“修订版”；2014年的“第三版”转为由北京大学出版社出版。二十年来，三版历经多次印刷，曾荣获“1978～2014年影响中国十大法治图书”。

能懂,读懂了也未必就被说服或认同。但无论如何,在法学研究日益专业化、碎片化和割据化的今天,我相信,《法治及其本土资源》仍然是最频繁出现在各路荐书目录上的本土学者著作,这是已经属于中国法学学术的一种常识,不用统计,也不需要照例加上修饰词“之一”。

20年前,其时尚在读书的赵晓力为《法治及其本土资源》的初版贡献了一篇“序”,其中提到,“我把苏力的这本文集看作提升中国法学的学术声誉的诸多努力之一”。① 20年来,像是《法治及其本土资源》这样的中国法学著作,其学术影响力并不是要通过各种冷冰冰的统计数据加以模拟和测度的,而是要在我先前讲述的这件事中得以感受的——从初版至今,它就年复一年地出现在法学院想读点书的学生的书架上。这样的书,即便不是绝无仅有,也是屈指可数。

以上,是我基于个体感受写下的一段“致敬词”。但,又不能仅仅是“致敬”。以下所要展开的,是态度严肃的学术批评。

二

如赵晓力教授在“序”中所言,《法治及其本土资源》是苏力的一本“文集”,收录的是作者自1992年回国至1996年所完成的19篇文章(并非全部都是论文)。既然是一本“文集”,我们在阅读时就应当思考一个基本的问题,作者是如何把这些文章“集”在一起,而成为一本书的。在选编自己的首部著作时,作者收录了哪些文章,是否放弃了某些文章,这些被收录的文章又是以何种逻辑被组合在一起。既然成为一本“文集”,那么这19篇文章对于读者而言,就不是散在筐子里的马铃薯,而更像是一串相互连在一起的葡萄。

但本文并不拟回答这个问题——这么提出问题,是为了引入一个更微小的立论前提。在这类文集中,放在首位的开篇文章无疑应是特

① 苏力:《法治及其本土资源》,中国政法大学出版社1996年版,第I页。

别重要的，这就好像我们要体系化地阅读中国《宪法》，第一条当然是整部宪法的统领性条款——无论学者自己喜欢不喜欢，它都在那里，不多不少。第一篇很重要，这是一种常理，不证自明。这样看，《变法，法治及本土资源》这篇文章，被作者放在全书同时也是第一编“变法与法治”的开首，一定意义上就构成了整本书理论框架的论纲。更何况，“书名源于本书的第一篇的题目”，如果说全书基本上是围绕着“法制的本土资源”展开的，那么这第一篇文章显然构成了全书的理论前设——初步阐发了什么是“本土资源”为什么要“本土资源”这些至今在法学研究议程上越来越紧要的问题。

重读这篇文章，尤其是带着因为要写点什么而首先要找点什么的压力时，最让我意外也因此有所思的是文章的最后一段。若是我们也能同意一篇文章的结语段往往是最有料的部分的话，那么请允许我全文引用这段论述：

> 中国现代法治的建立和形成最需要的也许是时间，因为任何制度、规则、习惯和惯例在社会生活中的形成和确立都需要时间。孔子曾说过：“七十而从心所欲，不逾矩”；萨维尼曾说过，“一切所有权都是因时效而成熟的他主占有”；而早在萨维尼之前，伯克就曾将“时效”这个罗马法中的私法原则改造成为适用于宪法的公法原则之一，可以说是现代法治的原则之一。而这些哲人、学者所强调的都不过是，在人们的观念和行为模式形成过程中，在社会的一种制度和合法性的确立中，时间的重要性。而时间是超出任何个人的能力的，是“上帝”的事业。
>
> 事实上，时间本身并不可能有什么神力，而只是一种简单化的标记，它标记的是各种资源的积累、传统的承接或转换、合法性的确立。我们的责任只是，在中国经济改革的大背景下，注重研究和解决中国的实际问题，这就是在创造、积累资源。还是中国人的老话，“尽人事，听天命”。这调子也许不

那么高,可是理未必错。①

出现在这个位置,上引的这段话可以说是全书最重要的一处论述。但至少让我感到"意外"的是,在这篇论证"本土资源"的文章中,苏力把最终的落脚点放在了"时间"这个概念以及由时间之展开而打开的历时性维度上。这事实上颠覆了长久以来我对"本土资源"这个概念以及苏力理论框架的印象。或许因为我个人阅读不精以及思考在别处,"本土资源"在我的想象中首先是一个"空间"上的概念。"一个民族的生活创造它的法制,而法学家创造的仅仅是关于法制的理论",②

在此问题意识下,苏力的"套路"——至少是我个人所理解的套路中的苏力——始终是在追问并追寻中国法制以及在此基础上的法学的主体性。这个中国的"主体性",当然首先以及主要是空间上的主体性。在数年前的一篇论文中,我也曾这样写道:"回到法学界,苏力是在思考中国法律问题时最具政治空间感的学者。"③读过苏力的人都知道,在讨论中国法治问题时,苏力的一个根本理论前提就是毛泽东所讲的"中国是一个大国"——"中国是一个政治经济发展不平衡的……大国"。事实上,也不仅仅是苏力,或者说正是在苏力以及"本土资源"论的感召下,"大国"作为中国国情最基本的规定,也因此我们必须有空间感地思考中国法治的历史、当下和未来,已经成为一部分——也许仍只是一小部分——法学者的共识。

但万万没想到的是,至少在苏力自己的表述中,他对"本土资源"的论述最终却回到了"时间"——而非空间——的维度上。

---

① 苏力:《法治及其本土资源》,中国政法大学出版社1996年版,第21~22页。

② 苏力这句话的手笔,让人难免想到霍姆斯,它最初出现在《法治及其本土资源》中的《后现代思潮与中国法学和法制》一文,又因赵晓力所作序言对这句话的引用而广为传播。

③ 田雷:《"差序格局"、反定型化与未完全理论化合意》,载《中外法学》2012年第5期,第934页。

三

也许,就此我们可以理解,为什么苏力近年来会陆续写作并发表一系列关于中国古代宪制的论文。[①] 也许,我们可以用“宪政及其本土资源”来标签这些开脑洞的学术成果。因为至少就苏力自己的表述而言,“本土资源”并不意味着中国已经实现了法治这一目标——在1996年没有,在20年后的今天也没有,甚至在未来也不会存在可以宣布法治完成时的那一天。“一个民族的生活创造它的法制”,最关键的重读在于“创造”,只要生活是生生不息的,那么法制建设——作为一种国家建设或者国家基本制度的建设——就永远处在一种现在进行时当中,应当是一种“苟日新,日日新,又日新”的状态。

“本土资源”,也是“反定型化”的,它并不认为或者隐含地认为存在一种先验的“中国模式”可以追求,当然也没有什么现成的“美国模式”或“德国模式”可供仿效,正如诗人苏力自己所言,“一切都理解过,一切又都在重新理解之中”。[②] 法制建设的道路是要用自己的脚走出来的,这里的“自己”是谁,当然是中国的民众,但不仅是活在当下的国人,而是一代又一代的中国人。他们的实践智慧和理性,构成了中国法制的本土资源,也构成了中国法学研究取之不尽的素材。

在此意义上,我们不妨把这一系列的古代宪制研究文章,理解为苏力在重新发现中国宪制的“本土资源”。只是这里的“本土”,不再是空间意义上的当代中国的实践,而是回到历史和传统中,去发现那一整套曾经行之有效的统治智慧和治理架构。这样看来,古代宪制研究的系列论文,仍然是在“本土资源”问题意识之下,作者基于自己的智识兴趣而做出的一次向历史的延伸。而在这方面,苏力教授最具代表性的

---

① 苏力的古代宪制系列论文已经陆续公开发表,在此不做一一列举,这一系列论文结集为《大国宪制》(北京大学出版社2015年版)。

② 苏力:《法治及其本土资源》,中国政法大学出版社1996年版,第XI页。

作品当数2004年发表于《中国社会科学》的论文:《当代中国的中央与地方分权——重读毛泽东〈论十大关系〉第五节》。[①] 学术研究当从"正名"开始,尤其是要谈论一个不可避免要同政治和学术意识形态(苏力在《法治及其本土资源》曾将 ideology 翻译为"意蒂牢结")纠缠在一起的"宪政/宪制"问题时,在这篇文章中,苏力不仅阐释了自己所理解的"宪制",而且对主流宪法学界研究的积弊做出了入木三分的学术批评,最难得的是,他并没有空谈"方法",而是身体力行地展示出了如何进行中国宪法的研究。

在苏力的表述中,这是一种发现"实在宪法"并且解释其演化机制的研究路径,是"实然"而非"应然"的:

> 在这个意义上,每个相对长期存在的国家,不论其结构组合和治理是否为你我所欲,都必定有其内在结构和相应权力配置,都有其制度逻辑,这就是我要研究的实在宪法(effective constitution)。也因此,一个国家也许没有系统阐述的宪法理论,但它一定存在政制问题;没有成文的宪法,也会有政制实践,必然有制度意义上的宪法,或实在宪法,因此可能进行社会科学的实证性研究……这种广义的政制研究也研究应然问题,但更研究实然问题,更重要的是研究政制是如何演化发展起来的。它追求一种有说服力的解说,而不是一种有感召力的修辞或传教。[②]

以上所引的这段话,某种程度上构成了"古代宪制"系列论文的理论前言。这是苏力在面向宪法研究时所持的一种最基本的态度。早在《法治及其本土资源》中,在全书看起来最不合群的一篇评论哈佛法学院却伯教授的《美国宪法》的文章中,苏力就已经写道:"我国的宪法研究过多地注意了规定性,而不注意对中国历史和现实的社会政制运作

① 苏力:《当代中国的中央与地方分权——重读毛泽东〈论十大关系〉第五节》,载《中国社会科学》2004年第2期。

② 苏力:《当代中国的中央与地方分权——重读毛泽东〈论十大关系〉第五节》,载《中国社会科学》2004年第2期。

的概括和描述……这种观点的最大误区是否认任何社会政治运作都具有制度性的因素,它进而使我们不重视对我国历史和现实的政治运转的考察总结和概括。”[①]这也许是苏力为古代宪制研究所埋下的最早的伏笔。

正是在这一发现“实在宪法”的问题意识下,苏力教授完成了一篇又一篇实证分析古代宪制的论文。而在这些接连刊出的文章中,苏力虽然是在进行历史学的研讨,但却没有带入他本人一贯强调的“历时性的研究”。在研讨古代宪制时,苏力的学术策略是“以案说法”式的。在我们目前能读到的此系列论文中,他以极敏锐的学术眼光和高明的手法选择了古代宪制的最基本制度,诸如古代中国的军事宪制、文化宪制,以及在这里很难用现代宪法学范畴去概括的宗法封建制和古代精英政治参与的实践,最终呈现出了古代宪制的各种“部门法”。[②] 在此,我无法去概括每篇文章的论题及其论证,但每篇文章都有着大致相同的立论前提,其套路基本如下:

首先,中国是大国,而且考虑到古代的社会经济条件,尤其是前现代的交通和通讯手段,中国之大,一如既往的是思考政法问题的基本前提;其次,宪法(constitution)的词意应取其原意,也即“一国的‘构成’”。这样看来,中国古代宪政的根本问题是中国作为一个政治文化共同体如何可能的问题,也就是何种政治治理构架可以使得中国能长期存续的问题。苏力在其中一篇颇有“总论”观感的文章中是这样概括的:“所谓宪制问题,是指一国以基本政治法律制度,应对的本国的重大、长期和根本的问题,如国家的统一、人民的团结和国内各民族的团结等本文关注的宪制问题,因此一定有关一国的政治构成,有关一国的长期政法制度实践而不仅仅是法律实践,直接有关该共同体的发生

---

① 苏力:《法治及其本土资源》,中国政法大学出版社1996年版,第264页。

② 苏力:《宪制的军事塑造》,载《法学评论》2015年第1期;《文化制度与国家构成——以“书同文”和“官话”为视角》,载《中国社会科学》2013年第12期;《齐家:父慈子孝与长幼有序》,载《法制与社会发展》2016年第2期;《精英政治与政治参与》,载《中国法学》2013年第5期;等等。

和持续。”①

但也是在这里,苏力看似严丝合缝的论证路径却存在一个关乎根本的逻辑断裂。在苏力将要进入“古代宪制”这个从智识上激动人心的学术课题时,他反复强调“时间的重要性”以及要做“历时性的研究”,在界定何为“实在宪法”时,他所讲的是“每个相对长期存在的国家”。但到了“古代宪制”的论文产出后,苏力笔下的着重点却发生了一个很隐蔽但却非常根本的位移。宪制问题的“时间性”被悄然地搁置起来,宪制只剩下了“空间性”。这正是吊诡之所在——进入了历史,却遗忘了时间。

四

以上所开始的批评,并不是为了批评而批评。为什么要澄清这一点,是因为长期以来,我分享着苏力教授对宪制/宪政的定义,首先强调的是宪法对共同体的整合以及对政治过程的构成功能。② 我甚至认为,在现实的政治实践中,宪法/宪政的限权功能同其构成功能并不是截然分开的,而经常是一体两面的。换言之,没有宪法规范作为高级法规则对当下政治的制约,政治就失去了自己的法度和规矩,因此是不可能有持续性的。

也正因此,在这一点上,我完全认同苏力教授对国内宪法学研究的批评,我同样认为,“如果我们看不到诸多制度变化中蕴含着的政制变化,那只能说我们还缺少政制和法治意识,缺乏眼力,或者说我们头脑中的宪法还是一些高度政治化、道德化的理念”。③ 确实如此,我们也

---

① 苏力:《何为宪制问题?——西方历史与古代中国》,载《华东政法大学学报》2013年第5期,第92页。

② 田雷:《最坏的政体——古德诺的隐匿命题及其解读》,载《华东政法大学学报》2013年第5期。

③ 苏力:《当代中国的中央与地方分权——重读毛泽东〈论十大关系〉第五节》,载《中国社会科学》2004年第2期,第55页。

能看得到,有些宪法学研究所忠于的“教义”,其实就是“一些高度政治化、道德化的理念”,某些不那么专业的宪法学被做成了粗糙的自由主义教条的推演。就此而言,在同这种将宪法理论和政治意识形态以及私人偏好混为一谈的研究路径作斗争时,我追随苏力教授的“实在宪法”进路。

但这种追随不是无保留的,追随者也必须要问“什么是你的贡献”,必须要时刻保持自己的理论反思能力。如果说古代宪制系列论文的问题在于苏力进入了历史,却抛弃了时间,在于这些研究背后隐藏着一种没有时间的宪法史观,考虑到苏力在进入这一研究工程时对“时间的重要性”的讨论,那么我的指控就并不是细枝末节的技术问题,接下来的行文必须慎重些,在我能力所及的限度内表达得更清楚些、更周全些。

首先,也许我可以把水搅浑一些。不妨借用主流宪法学界对这种“实在宪法”路径的批判——去伪存真之后,这种批判确实抓住了“实在宪法”论的一处关键问题。在政法理论的建构中,“存在”和“当为”存在着鸿沟,在逻辑上,我们无法直接从某制度的存在——即便是长期稳定的存在——推演出该制度的正当性。存在的,不一定就是合理的;强权也未必就是真理或就能制造真理。或者说,存在和当为在实践中可能是纠结在一起的,但我们确实不好直接讲,存在的就是合理或正当的——除非这位学者自己就是一位“实用主义者”。

而苏力,如他本人在《法治及其本土资源》之最新版的序言中的自白,是一位“务实的实用主义者”,甚至“死不悔改”。① 抽象地看,实用主义是一个哲学概念,是一整套定是非、断得失的“三观”,但就事论事地看,苏力本人也给他的实用主义者身份做了最好的说明:实用主义者要“务实”。在另一篇文章中,苏力也写道,“我有学术的追求,更有社会责任感,做事讲求后果。”②实用主义者的务实就是“做事讲求后果”。

---

① 苏力:《法治及其本土资源》(第3版),北京大学出版社2014年版,新版序。

② 苏力:《中国司法中的政党》,载《法律和社会科学》(第1辑),法律出版社2006年版,第284页。

所以在苏力的叙述脉络里,那些可以被称为古代宪制的,在空间维度处理的是有关国家统一和民族团结这类国之大事,而在时间维度内,应当是“相对长期存在”的。在苏力的三观里,相对长期存在的,就应当是合理的,因为任何不合理的制度,当然没有可能会长期存在。

但问题在于,对于一位实用主义者来说是顺理成章的论证,对于一个并不分享这种三观的人来说就存在一个无法闭合的跳跃。苏力对古代宪制的论述,尤其是从相关基本制度之长期存在来论证其合理性的路数,像极了波斯纳法官对英美普通法之效率理性的论证。[①] 如同古代宪制是构成中国的根本法,普通法之缘起和演进也是扫荡封建割据的英国版送法下乡;如同古代宪制从一开始就不是设计出来的,普通法也首先是一套自生自发的政治秩序;而最关键的还是最后的落脚点:中国的古代宪制是长期行之有效的一整套制度安排,英国的普通法也在其历史进程中神奇地贯穿着“财富最大化”的指导原则。

这就是苏力作为一种实用主义者的历史观:他取消了时间。更准确地说,苏力在进行理论建构时是考虑到“时间”的,而在进入具体的案例分析时,在最关键的短兵相接时刻,“时间”就转而不见了。古代宪制在历史中的实践,在苏力的处理中,基本上变为社会科学分析的一种素材或材料。三皇五帝和秦皇汉武或唐宗宋祖,并没有性质上的差别;事实上,即便是古希腊、英国和美国,也都可以在同一种历史尺度来社会科学地分析它们的宪制发生学。随着历史的跨度越拉越大,苏力的时间感就越摊越单薄,时间最终成为一种空洞的坐标系,同规范的生成和秩序的发生已经不再有关系,因此也就不再重要,也是在分析过程中可以忽略不计的因素。

而一旦时间被空洞化之后,历史就不过是一种已经过去的现实而已;反过来说,现实是一种现在进行时,但它会稍纵即逝,你根本抓不住它,因为说时迟那时快,当下的这一刻在下一刻也就成为历史。在这种

① 波斯纳的这一命题散见于他的各种论述,比如 Richard Posner,“The Ethical and Political Basis of the Efficiency Norm in Common Law Adjudication”, *Hofstra Law Review*, Vol. 1980(8,487)。

缺乏延展性的历史观内,苏力违背了他一贯倡导的语境论,不再是一位语境论者,他的很多分析所基于的前提就只能是普天之下,人同此心,历史的复杂性和偶然性就让位于人类社会发展的某种规律。

正是基于这种没有时间感的历史观,苏力教授才多次在讨论宪制时引入"必要之法"这个概念。比如在《当代中国的中央与地方分权》一文中,苏力就提道:"在一个非常规时期,权力架构要服从的首先也许不是某个抽象的政制原则,而是波斯纳所谓的'必要之法'(law of necessity)。"[①]而到了2014年发表的《何为宪制问题?》文章中,苏力就更为重视"必要之法",他是这样写的:"宪制并非充满道德意味的自然法,也并非朝着某个道德终极目标的坚定和持续迈进,而很可能是,甚至更可能是,一国和平治理的'必要之法'。而要支持和验证上面的断言,我们则必须走向历史。"[②]至少在我看来,这句话很关键,但也很成问题,因为如果走向历史是为了确证宪制首先是"必要之法",那么这样的历史至少不再是文化论者的历史,而是普遍论者的历史。[③]

事实上,必要之法这个概念,波斯纳时常讲,到了比波斯纳更年轻一辈的美国新保守主义法学家那里,更是风行一时的概念。回到美国宪法历史的传统中,"必然之法"有着更悠长的谱系。1810年,卸任总统杰斐逊在写给友人的信件中曾论证他主政时路易斯安那购买的合宪性,信中就是这么说的:"严格遵守成文法,无疑是一位良好公民所承担的义务,但并非最高义务。必要之法,自我保存之法,在危机中挽救我们国家的法律(laws of necessity, of self-preservation, of saving our country when in danger),所施加的是更高的义务。"就此而言,所谓"必要之法",也就是不存在任何裁量空间,不得不如此的法律——更准确

① 苏力:《当代中国的中央与地方分权——重读毛泽东〈论十大关系〉第五节》,载《中国社会科学》2004年第2期,第49页。

② 苏力:《何为宪制问题?——西方历史与古代中国》,载《华东政法大学学报》2013年第5期,第93页。

③ 关于文化论者和普遍论者的区分,可以参考埃里克森教授为《无需法律的秩序》所写的中译本序,而这本书恰恰是苏力教授所翻译的,参见罗伯特·埃里克森:《无需法律的秩序:相邻者如何解决纠纷?》,苏力译,中国政法大学出版社2016年版。

地说,是法则,是历史发展的铁律。如果用汉密尔顿在《联邦党人文集》第一篇的设问,必要之法,作为一种"宪制"(political constitutions),是由"偶然"(accident)和"强力"(force)所决定的,无关乎"慎思"(reflection)和"选择"(choice),是由历史发展的进程所决定的,无关乎个人的奋斗。

反而是在历史跨度更小的论文中,苏力的时间感没有被稀释,因此也更认真地对待"时间"这个概念。比如在《当代中国的中央与地方分权》这篇文章中,苏力虽然强调大国,但同样注重"相对时间较长"的历史进程。相对较长,是一个非常模糊的概念,什么是较长,而且是相对较长,完全视乎于语境。香港回归后"舞照跳、马照跑",五十年不变,就个体的生命体验来说,五十年是漫长的,但放回到地球往事中,只不过是短暂的一瞬而已。

相应地,美国宪法发展的时间单位,如果同中国古代宪制的时间尺度相比较,压根就不是个事。美国召开制宪会议的1787年,对应到中国历史上是乾隆帝五十一年,不可同日而语。但苏力教授在这时的"相对时间较长"是有理论所指的,如他所言,"任何制度要成为一种规范都需要时间,政制意义上的规范尤其如此,对于政权的常规化并形成政制则更是如此。"①在这样的分析中,时间就不是空洞的坐标系,没有时间,就不足以形成规范。而宪制的生成,在实在宪法的意义上,就是政治规范/规则/规矩的形成。

说得更具体点,回到苏力该文的论域内,就是要求革命政权的常规化,而其中关键的问题就是要考虑到"毛泽东去世之后怎么办"。也是在这篇文章中,苏力不仅赋予了时间以延展性,认为宪制的道路在于"革命政权的常规化",而且已经开始区分两种政治时间,"真正起作用的制度往往是'寻常看不见,偶尔露峥嵘'的,'看不见'(常规)和'露峥嵘'(冲突或例外)都是制度起作用的方式;一个需要时时'露峥嵘'

---

① 苏力:《当代中国的中央与地方分权——重读毛泽东〈论十大关系〉第五节》,载《中国社会科学》2004年第2期,第49页。

的制度反倒可能意味着这里还没有严格意义上的制度。"①但在古代宪制的系列论文中,随着历史跨度的拉大——急剧被拉大,时间也在被相应地冲淡,以至于终于成为空洞的坐标系。

在此说句并非跑题的话,反而是苏力在北大的同事、邓小南教授的《祖宗之法:北宋前期政治述略》,更像是一部规范法学的作品,如题所示,祖宗之法所指向的就是一种可以称之为古代宪制的政治秩序是如何生成的。②

在我看来,"相对长期存在"是一个至关重要的概念,再一次借用苏力的隐喻来说明,它要求"偶尔露峥嵘"的立宪时刻,但更需要"寻常看不见"的常规政治。任何一个政治共同体,其政治要存续,不仅要求地理空间意义上的大一统,还要求政治规则在过去、现在和未来之间实现最基本的连续性。换言之,总有一些政治规则、安排或结构必须是长存不变的。

而这种政治连续性的创制,当然是不可能通过一次又一次的"冲突"或"例外"而实现的,而是要求服从由"冲突"所形成的政治规矩,也正是经过"寻常看不见"的常规政治,才实现了从制度上升为规范的过程。说得简单些,如何判断是否"相对长期",主要在于政治过程的参与者是否形成了某种不可名状的心理和情感状态,到了此时,历史上所形成的政治规矩和安排,被认为是不可轻易变革的,在任何情况下,每一代人所想到的首先是回到一整套先定的高级法规范中去解决当下的政治冲突,是为宪政的生成。

五

回到苏力本人在 20 世纪 90 年代中的表述,我们不难发现其中存

① 苏力:《当代中国的中央与地方分权——重读毛泽东〈论十大关系〉第五节》,载《中国社会科学》2004 年第 2 期,第 52 ~ 53 页。

② 邓小南:《祖宗之法:北宋前期政治述略》(修订版),生活·读书·新知三联书店 2014 年版。

在着模棱两可的态度。一方面,苏力强调“时间的重要性”,“任何制度、规则、习惯和惯例在社会生活中的形成和确立都需要时间”,如前所述,当一个民族的生活在“创造”它的法制时,这是一个生生不息、也永无止境的过程。法治,就其本意而言,是一种保守主义的治理模式,一个不断变法的社会是不可能形成“法治”或“宪制”的。还要看到另一方面,时间虽然重要,但苏力也紧接着补充:“时间本身并不可能有什么神力,而只是一种简单化的标记。”即便时间是有关于“合法性的确立”的,其作用只限于“标记”。

但我们必须指出的是,若是时间的意义仅限于“标记”,那么时间就谈不上任何特别的重要性。仔细琢磨,这段话里似乎有两个苏力,一个是作为实用主义者的苏力,另一个是作为保守主义者的苏力。而这段话的脉络,多少显示出苏力为自己选择了实用主义者的角色,因为也许是自觉地,也许是不自觉地,苏力放弃了保守主义的核心教义——时间本身有其神力,规范不仅因时间而内化为有效的习惯法,也能因时间而经由某种机制上升为正当的高级法。

而回到宪制的界定上,苏力的洞见在于打开了法律人思考宪法时的空间维度,给出一个法律学人如果无视就迟早要付出代价的学术判断:宪制是一种政治架构,一种让共同体得以可能的架构。但洞见的另一面就是盲点,在他一系列论述古代宪制的文章中,苏力对“时间”是口惠而实不至的。如果说前文的分析并没有误会苏力的话,那么当苏力在上下五千年的文化中国进行自由穿越时,①他的笔触甚至必须要压制宪制的时间维度,或者说苏力的时间是断裂的,是一个又一个在历史轴线上可以准确定位的时间刻度。

但只要我们再深入追问一点,思考某些实定的政治规矩是如何成为我们认为必须要服从的规范的,那么我们必须在一种连绵的时间维度内展开讨论,而苏力的讨论恰恰就是在这一点上遗忘了时间。当然,作为一个实用主义者,苏力可以只“务实”,如波斯纳一样,将

---

① 苏力:《时空穿越中的文化中国认同》,载《读书》2016年第12期。

纷繁复杂的法律问题化约到经济分析的一元尺度内，但在分析古代宪制，苏力也许更应当像一个保守主义者去思考，“君子务本，本立而道生”。[①]

① 《论语·学而》。

《法律和社会科学》(2017)
第 16 卷第 2 辑,第 308 ~313 页

编辑手记

受邀编辑这一辑"法律与认知科学"专号,觉得诚惶诚恐。在上海交通大学,我的工作大体上是使用社会认知心理学范式研究传播行为。虽写过几篇有关法学的文章,那是因为法律判断确实与社会认知密不可分。更是因为结识了一些年轻法学研究者,开始是应飞虎和侯猛,继之是成凡、贺欣、吴旭阳、王凌皞、郭春镇、宾凯、冯建鹏,后来又有李学尧和林喜芬。他们的鼓励和压力,激发了我对法律认知问题的兴趣。兴趣终归是兴趣,面对大哉伟哉的法学,说自己知道了沧海一粟,其实已是过于自恋的说法。

不过,一个外行人的议论也会有些价值,一种从法学之外的参考系来观看法学研究的价值。这样的想法让我对编辑这个专号,写这篇手记,多少有了些信心。

我感到,从认知科学的角度研究法学会遇到不少困难。第一类困难应该是教学与研究的关系。大多数法学研究者是法学院的教师。而法学院,按照西方的分类,是职业学院,其主要目标是培养专门职业的人才。付出学费和时间,学生们多是为了找到一份专业工作,如律师、法官等。熟悉法律条

文,判决案例是从事这些工作的基本功,对基础问题的知识则在其次。无,略有缺憾,有,则锦上添花。如果这种推测有些道理,注重基础理论的认知进路,很难获得法学院学生的热烈拥抱。

第二类困难和我们的教学体制,以及绩效评价有关。从高中开始,学生就被文理分流。入了大学,除了政治教育和外语,课程更是集中在本专业领域。而究其主流,认知科学使用科学(通常是量化)方法。体制培养出来学生,也是目前法学研究中正在成为中坚力量的中青年学者,从事这样的研究会遇到知识积累和方法准备方面的缺憾。做一次实验,耗时费力,处理数据,四处求人,疲于甚至很难应付每年以多快为指标的考核。我熟悉的朋友中,有过堪称“悲壮”故事者不乏其人。

第三类困难可能更为深刻:认知科学与传统法学生产知识的范式有着重要区别。19 世纪末开始,一些心理学开始尝试与其传统母体哲学告别,加入科学的阵营。20 世纪 50 年代兴起的认知心理学,在出现伊始就自觉采用科学研究的范式。按照托马斯·库恩的说法,所谓范式,指研究群体普遍接受的一组典型研究范例,包括公理、理论模式、论证观点和解释的方式,乃至测量仪器等。一项研究遵循了特定的范式,特定研究群体才会接受和认同它。认知学者会努力模仿(或自认为是)自然科学家,将实验作为基本和首要的研究手段,只承认那些能够获得经验证据支持的理论或观点。引经据典,纯粹的逻辑思辨,甚至在无控制条件下被观察到的“事实”,都被认为值得怀疑。而后者却常是法学家论证观点时的利器。或由于此,将认知科学范式应用于法学,会不时被贴上科学主义的标签,遭遇质疑乃至蔑视。几年前在一次会议上,一位我颇尊重的法学期刊主编当众说:“这种文章(指采用认知进路的法学论文),我是不会用的(大意)。”

更恼人的是,认知研究中相当大的一部分以求“真”为唯一目的。法学研究,特别是对具体问题的研究,则在求“真”的同时还必须关注“做”,关注尽快解决一个实际的法律问题。接受概率论的道理,认知研究者在判断某种行为是否发生时,通常不会给出绝对答案。当他们宣称该行为不会发生的可能性小于 1%,他们其实是想说这种行为会发生。法官判定犯罪嫌疑人实施了犯罪,理论上,需要排除嫌疑人未实施犯罪的所有可能。但在很多条件下,这种排除很难做到,法官判定因此不必是科学判断,至少,不必是符合概率原则的判断。请想象,如果法官宣布:"由于你未实施犯罪的概率太小,因此宣判你有罪",法庭上会出现何等惊诧、不解乃至愤怒的场面?问题在于,社会要运转,法律裁决便必须做出。从"做"的角度去看,凡做事都去追求科学式的精确,结果可能是一事无成。

若上述分析不无道理,为什么要从认知进路研究法学?做得很辛苦,前景颇迷茫,这值么?

在《人性中的善良天使》一书中,①史蒂芬·平克想要回答社会中暴力为何能不断减少这样一个宏大问题。他列举了许多可能的影响变量,其中一个(多少让我意外)是小说的出现。在他看来,若欲一个群体对另一个群体实施大规模杀戮和虐待,需要将对方"非人化"(dehumanization),否认他群具有人类美德,却拥有野兽或魔鬼的特征。描写不同人群生活、心理活动的小说在欧洲城市中的流播,印刷术的进步对于这种流播更是起到推波助澜的效果。人们由此获得了更多他人生活的细节知识,意识到不同人群共有的人类特征。在一定程度上,这会稀释非人化带来的影响,抑制曾被认为是合理、合法的暴力的范围和强度。假定平克的判断有历史根据,可推测,法学之外的知识增长最终也会或多或少,或直接或间接影响到社会和司法人员对法律的看法。当医学证明精神病患者无法对自己的行为承担责任之后,严酷惩罚精神病患者便被认为违反人道。当越来越多的人不再认为同性恋是自主选择的结果,政府就不能不为图灵受到的制裁做出道歉。

从范式角度看,一种范式能够保持活跃的生命力,在于它对绝大部分已知现象拥有解释力。随着对相关现象知识不断增加,无法解释的现象也会增加,范式解释力会相应减弱。日积月累,作为范式根基的基本假说,论证方式可能招致反思和质疑,带来所谓"范式的危机"。在

---

① [美]斯蒂芬·平克:《人性中的善良天使:暴力为什么减少》,安雯译,中信出版社2015年版。

某个关节点上，由于研究领域内部或外部的原因，旧有范式还可能发生所谓“范式的转变”，经过改良乃至革命的新范式随之出现。

20世纪是认知科学由出现到蓬勃发展的世纪，有关人类信息加工、判断和行为过程的知识被大幅度改写。这些新的知识难免入侵其他人类知识的疆域，对经济理性人假说的撼动，或是这种入侵最夺人耳目、且至今尚未结束的一幕。法学能够例外吗？当认知实验证明，许多认知偏见在信息加工过程中难以避免，法学家可能需要回答法官的判决怎样才能做到公正不倚。当记忆研究表明，回忆是一类不可靠的重构过程，法学家大概需要想想，怎样避免，至少是抑制虚假证言的影响。前不久，认知学者已显示催产素可以使人们更加合作顺从，也许有一天，法学家有必要判断一下，雇主测量员工催产素分泌水平的行为是否合法。

如此下去，传统法学的研究范式会不会出现危机？或许，认知领域知识已经积累到无法全然忽视的地步。法学研究者已开始思考这些知识能否激活对法学研究的另类思考，并最终被法学消化，影响立法和司法实践。恰是在这样的时刻，《法律和社会科学》编辑这样一辑专号。与此同时，我们还成立上海交通大学法律与认知科学研究中心，为因应专号举办了一次“法律与认知”工作坊。

本专号中，有五篇论文旨在使用认知科学的发现——有些还是近二十年来的新发现——来审视法律制度、程序和司法行为的合理性。何易梳理了认知神经科学对于社会脑区功能的研究成果，意在说明人类拥有演化而来的社会认知能力和局限，制度的设计与实施须要考虑到这些心智特征，才可能有效提高社会合作的可能，更好解决社会科学家为之苦恼的社会困境问题。胡诗雪关注美国对涉华投资的安全审查问题，与传统的“利”“义”分析模式有别，她使用认知心理学中的双重加工理论框架，从人类固有偏见出发，观察与事实明显相悖的看法，通过怎样的政治制度运作机制来影响政府决策，并最终成为国家行为。

同样使用认知视角来观看法律问题，刘东亮与何启豪的出发点是质疑经济学的理性人假设。使用有限理性分析框架，刘亮东审视如何判别法律程序正当性的问题。在他看来,由于很难得到结果或实质的最优解,追求程序的“满意解”才能获得正当性。同样基于有限理性框架,何启豪还使用了前景理论分析消费者选择巨灾保险时的心理和行为。以此为据,从保护消费者和促进保险产业健康成长两方面,提出了规制建议。

柯振兴更多分析了认知研究结果与司法实践之间的矛盾。20世纪最后的二三十年,社会心理学十分关注隐性认知现象。与传统的刻板印象和歧视研究相结合,这种关注引发了对隐性歧视问题的讨论。然而,由于心理学界本身对隐性歧视与歧视行为之间的联系强度尚未取得共识,美国法庭对基于隐性歧视的证据,采取了“区别对待,基本抵制”的态度。在我看来,该态度是在现时拒绝的条件下,为未来的变化留下了可能。

人工智能也常被认为是认知科学的一个领域。近一个多世纪以来,它不断取得重要,但颇为低调的进展。由于近二十年前“深蓝”击败卡斯帕罗夫,不久前阿尔法狗(AlphaGo)大胜李世石之后,人工智能将为人类带来什么,迅速成为社会广泛关注的问题。人工智能“法官”上岗的新闻也不绝于耳。岳林相信,目前出现的这类“法官”仅拥有弱水平智能,属于不具颠覆性的“维持性技术”。不过,展望未来,作者也不无忧虑。他推测:未来的挑战“可能并不在于机器人法官与人类法官之间的竞争,而在于究竟由谁来设计和控制人工智能技术”。

上述文章涉及用认知科学的知识审视法学问题,在若干具体领域显示出新知识的贡献与困境。王硕与其他作者不同。针对轰动一时的辱母杀人案中公众心理的媒体报道,他采用实验方法,检验了被试形成判断的心理过程,发现了媒体的偏颇,也据此审视相关法条与实然状态的契合程度。换言之,他试图采用明显有别于传统法学研究范式的论证方式,来观察和解释公众对涉法事件的判断,并勾勒公众心理和现行法律条文之间的张力。

与以上论文有别,秦裕林执笔的述评是通过样例分析,全面介绍认知科学知识在基础研究和司法应用两个层面对法学造成的影响。对于认知科学证据与司法实践的冲突和妥协,这篇述评也有较为细致的讨论。此外,秦教授先是学习人工智能,继而在赫伯特·西蒙指导下获认知心理学博士，近二十年来又主要从事认知神经科学研究，故能够为读者解释认知科学技术操作的细节。文中介绍脑指纹测谎技术、分析法官如何对待神经学证据案例、剖析行为模拟技术原理，为认知科学方法在在法学研究中的应用提供了有趣样例。

成凡把自己的论文命名为《权利来自哪里——法律和认知的视角》。显然，他不计算如上述一些作者那样，从认知的角度来分析具体的法律事件，而是想以情感、效率和公平三个相互作用但又各具独立性的认知过程为框架，对于人们如何认识，感受和判断权力这样一个更加基础的现象做出理论解说。作者旁征博引，涉猎广泛。虽然文中提出的不少问题，远超出我能够评价的范围，但其中浮现的问题意识和理论建构的勇气，让人印象深刻。

需要说明，这里发表的论文不是统计意义上的样本，故无法判断它们能否代表中国认知法学研究的现状。据我所知，一些在这个领域耕耘有年的研究者已取得了不错成果，但他们没有为本专号提供论文。或许，这是个积极信号，表示更多法学期刊开始采用认知法学的论文，好此道者便不必将舞台局限于《法律和社会科学》。

就本专号而论，这里的论文表明，认知科学的知识已经开始被运用于不同领域的法律规章、制度建设的解释和分析之中，甚至也被用在未来预测之中。或许在整体上，研究者多处在质疑阶段，即用认知科学知识揭露出已有理论无法难以很好解释的涉法现象。这种质疑能否或在何等程度上让法学共同体意识到认知科学知识的重要性，意识到需要调整传统的研究范式——特别是理性人假说，尚不得而知。可以知道的是，除了秦裕林和我本人算是步入老年，另有两位“70 后”作者，其余均是“80 后”，乃至“90 后”生人。毕竟，认知法学能否发展、会怎样发展，是一个在今后二三十年中才能得出答案的问题，也是由这些作者和同龄人才能给出答案的问题。

他们已经在准备之中。

葛　岩

2017 年 9 月

图书在版编目(CIP)数据

法律和社会科学. 第16卷. 第2辑 / 苏力主编. --
北京 : 法律出版社, 2018
ISBN 978-7-5197-1975-3

Ⅰ. ①法… Ⅱ. ①苏… Ⅲ. ①法律-文集 Ⅳ.
①D9-53

中国版本图书馆 CIP 数据核字(2018)第024852号

法律和社会科学(第16卷第2辑) **FALÜ HE SHEHUI KEXUE** **(DI 16 JUAN DI 2 JI)**	苏　力 主编	责任编辑 韩满春 装帧设计 马　帅

出版 法律出版社	**编辑统筹** 学术·对外出版分社
总发行 中国法律图书有限公司	**开本** 720毫米×960毫米 1/16
经销 新华书店	**印张** 20
印刷 三河市龙大印装有限公司	**字数** 272千
责任校对 郭艳萍	**版本** 2018年1月第1版
责任印制 陶　松	**印次** 2018年1月第1次印刷

法律出版社/北京市丰台区莲花池西里7号(100073)
网址/www.lawpress.com.cn
投稿邮箱/info@lawpress.com.cn　　销售热线/010-63939792
举报维权邮箱/jbwq@lawpress.com.cn　　咨询电话/010-63939796

中国法律图书有限公司/北京市丰台区莲花池西里7号(100073)
全国各地中法图分、子公司销售电话:
统一销售客服/400-660-6393
第一法律书店/010-63939781/9782　　西安分公司/029-85330678
重庆分公司/023-67453036　　上海分公司/021-62071639/1636
深圳分公司/0755-83072995

书号:ISBN 978-7-5197-1975-3　　**定价**:60.00元